“十三五”江苏省高等学校重点教材(编号：2019-2-218)
应用型本科系列教材

# 跨境电商创业实务

主　编　陆玉梅　杨　晋
副主编　刘　宁　田真平　崔　睿

西安电子科技大学出版社

## 内 容 简 介

本教材采用校企联合开发模式，将跨境电子商务的基本业务流程反映在教材框架之中，同时融入跨境电商运营模式的更新与变化。本教材内容分为上、下两篇，即跨境电商运营基础和跨境电商创业实战。其中，跨境电商运营基础篇涵盖了跨境电子商务概述以及跨境电商运营过程中的选品与定价策略、物流管理、支付与结算、营销方式、数据分析、客户服务、风险管理与法律法规等七个环节；跨境电商创业实战篇基于亚马逊平台，就跨境电商创业实战操作进行了讲解。

本教材系统展现了跨境电子商务的原理、方法和步骤，不仅可以促进在校学生利用跨境电商平台进行创业实践，也有助于培养适应企业需求的跨境电商人才。

**图书在版编目(CIP)数据**

跨境电商创业实务 / 陆玉梅，杨晋主编. —西安：西安电子科技大学出版社，2021.10
ISBN 978-7-5606-6123-0

Ⅰ. ①跨… Ⅱ. ①陆… ②杨… Ⅲ. ①电子商务—高等学校—教材 Ⅳ. ①F713.36

中国版本图书馆 CIP 数据核字(2021)第 134948 号

策划编辑 高 樱
责任编辑 郑瑞环 高 樱
出版发行 西安电子科技大学出版社(西安市太白南路 2 号)
电 话 (029)88202421 88201467 邮 编 710071
网 址 www.xduph.com 电子邮箱 xdupfxb001@163.com
经 销 新华书店
印刷单位 西安创维印务有限公司
版 次 2021 年 10 月第 1 版 2021 年 10 月第 1 次印刷
开 本 787 毫米×1092 毫米 1/16 印张 15
字 数 350 千字
印 数 1～2000 册
定 价 36.00 元
ISBN 978-7-5606-6123-0 / F
**XDUP 6425001-1**
***如有印装问题可调换

## 西安电子科技大学出版社
## 应用型本科管理类专业系列教材
## 编审专家委员名单

# 前　言

近年来，跨境电子商务新业态从无到有，体量从小到大，实现了快速发展，成为带动我国产业结构转型升级和经济增长的重要引擎。相关企业对既懂外贸又懂电子商务的跨境电子商务人才的需求激增。由于跨境电子商务发展时间短、行业跨度大，且技术及平台规则更新快，只有借助切合实际的“理实一体化”实践教材，才能培养出符合跨境电子商务工作岗位需要的应用型高素质专业人才。

本教材以培养学生实践能力为导向，强调操作性知识的学习，旨在帮助学生深入理解跨境电子商务的模式、流程和规则，提升其实务操作能力、知识运用能力和创新创业能力。教材内容以跨境电子商务实际业务操作流程为主线，整合各环节所涉及的基础知识，融入相关学科的前沿研究成果，嵌入企业实务操作，有效提升了教材的系统性和时代感。为了突出独立思考能力的培养，满足跨境电子商务企业创业、就业岗位需要，更好地帮助学生学好这门课程，本教材采用了“边学边练”的编排形式：首先，每一章开始都设有学习目标，明确需要掌握的重难点内容；其次，书中按照跨境电子商务业务流程，系统阐述相关基础知识，并注重穿插企业实务操作，激发学生的学习兴趣；最后，通过章末的课后练习题，进一步提升学生的创新思维和应用能力。

本教材的编写注重提升内容的新颖性、系统性和实用性，同时，将创新与创业、理论与实践相结合，培养学生的创新精神、创业意识，传递社会主义核心价值观。

本教材的编写原则是：

**1. 遵循学术规范原则**

跨境电子商务作为一种新兴的商业模式，正处于快速发展阶段。现有教材从不同视角构建跨境电子商务的知识框架，但尚未形成严密的逻辑体系。本教材以跨境电子商务的实际业务操作流程为主线，有效融合国际经济与贸易和电子商务专业知识，严格遵循专业知识的体系性、逻辑性和科学性要求。整本教材的编写过程严格遵守学术诚信和学术规范标准。

**2. 遵循继承发展原则**

尽管跨境电子商务发展时间不长，但商业模式更新很快。本教材在系统梳理跨境电子商务基本知识的基础上，对一些新的跨境电子商务业务模式和功能变化加以介绍，以应对跨境电子商务快速发展带来的挑战。教材在编写过程中，借鉴了现有优秀教材的编写体例和知识案例，并在编写思路、内容体系、呈现形式等方面力求有所创新，适当增加了一些新知识、新规则。

**3. 遵循科学实用原则**

跨境电子商务具有很强的实践性特征。本教材的编写采用校企合作的教材开发机制，对接跨境电商企业的用人和创业孵化需求，在教学内容安排上突出其实用性和实战性。本教材基于 Amazon、eBay 等平台，由跨境电商企业技术人员参与教材编写，并提供企业经营素材，依照“理论先行、实训跟进、理实一体”的原则，循序渐进地展开教学内容，注重提高学生的应用能力。

本教材编写团队由具有丰富创新创业教育和指导实践的中青年教师组成。大家以高度的社会责任感和敬业精神，参与了整个教材的多次论证。教材各章节编写分工为：第一章(部分)、第九章由陆玉梅编写，第四章、第六章、第十章(部分)由杨晋编写，第二章、第三章、第十章(部分)由刘宁编写，第五章、第八章由田真平编写，第一章(部分)、第七章由崔睿编写。

尽管在整个过程中，编写团队反复协商沟通，秉持质量至上的理念，但是由于水平有限，难免出现疏漏和不足之处，恳请有识之士批评指正。

编　者

2021 年 6 月

# 目　　录

## 上篇　跨境电商运营基础

## 下篇 跨境电商创业实战

# 上篇　跨境电商运营基础

# 第一章 跨境电子商务概述

## 学习目标

1. 掌握跨境电子商务的一般概念。
2. 熟悉跨境电子商务的基本流程。
3. 了解跨境电子商务的发展历程。
4. 掌握跨境电子商务的主要模式。
5. 了解不同跨境电商平台的特征。

## 第一节 跨境电子商务的概念

### 一、跨境电子商务的定义

跨境电子商务(Cross-border E-Commerce，简称跨境电商)，起初被作为一种新型贸易方式来对待，是指不同国家或地区的交易双方利用计算机网络和现代信息技术，将传统贸易中的展示、洽谈和成交环节数字化，从而实现产品进出口的一种贸易模式。随着跨境电子商务的快速发展和不断演进，跨境电子商务的概念也有所延伸。

广义上讲，跨境电子商务是指分属不同关境的交易主体(企业或个人)，通过电子商务平台达成交易、进行支付结算，并通过跨境物流送达商品、完成交易的一种国际贸易活动，也常被称为在线贸易或国际电子商务。广义的跨境电商既包括企业与企业间的跨境贸易(B2B)，也包括企业与个人(B2C)、个人与个人(C2C)间的基于电子商务平台的跨境网络零售。

狭义的跨境电子商务，一般特指跨境的网络零售，是指分属不同关境的交易主体，借助计算机网络达成交易、进行支付结算，并采用快件、小包等方式，通过跨境物流将商品送达消费者手中的交易过程。由于现实中对小型商家用户与个人消费者进行明确区分界定的难度较大，所以跨境零售交易主体中往往还包含了一部分碎片化小额买卖的商家用户。

作为推动经济一体化、贸易全球化的重要媒介，跨境电子商务不仅冲破了国家之间的地域障碍，使商品贸易从传统区域贸易走向无国界贸易，同时也正在引领世界经济贸易格局的巨大变革。对于企业来说，跨境电子商务构建的开放的、多维的、立体的多边经贸合作模式，极大地拓宽了企业进入国际市场的途径，促进了多边资源的优化配置，使企业间的合作达到了真正的互利共赢；对于消费者来说，跨境电子商务使他们可以更加便利地获取其他国家的货品信息，可以通过多种渠道获得更加物美价廉的商品和服务。

## 二、跨境电子商务的基本流程

在经济全球化和互联网技术的影响下，国际贸易不再是传统的链状结构，而呈现网状结构。在不同国家和地区的贸易活动中，由于地理位置、市场和法律制度的不同，跨境电子商务通常要由多种商业角色来完成。一个典型的跨境电商生态圈以跨境电商平台为中心，除了包括卖家、买家、跨境电商服务机构、政府监管部门等主要参与者外，还应包括金融服务企业、技术服务企业、物流服务企业、代运营商、产业园区、专业市场等，同时也包括网络基础设施、配套政策、市场准入制度、公共服务平台等环境要素。

从贸易流向来看，跨境电子商务分为出口电商和进口电商。如图 1-1 所示，跨境电子商务出口流程主要有六类不同的参与者：商品生产商或制造商、跨境电商企业、支付企业、物流商、海关以及用户(企业或消费者)。商品被生产商或制造商上线并展示于跨境电子商务企业的平台上，一旦用户选定、决定下单并完成购买支付后，跨境电子商务企业便会将商品交付给相关物流企业进行投递，经过两次(出口国和进口国)海关通关商检后，最终商品被派送到消费者或企业手中。也有的跨境电子商务卖方会直接与第三方综合服务平台合作，让第三方综合服务平台代办支付之后的一系列环节的工作，从而完成跨境电子商务的整个交易过程。跨境电子商务进口流程与出口流程的方向相反。

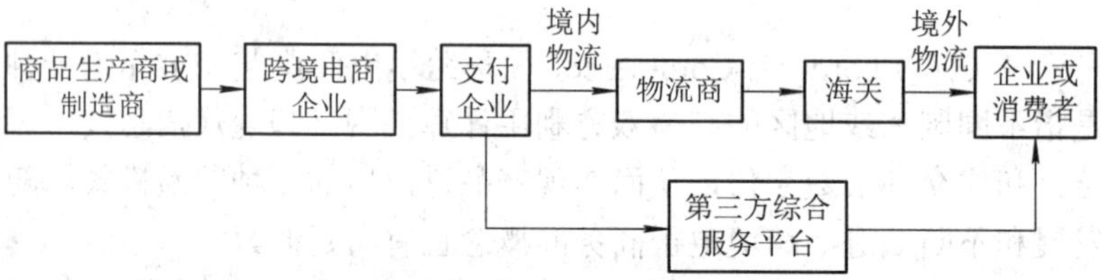


图 1-1 跨境电子商务出口流程

综上所述，跨境电子商务主要涉及信息流、产品流及资金流。

(1) 信息流：卖方能够在互联网上发布产品或服务信息，而买方则可以在互联网上浏览所需的产品或服务信息。

(2) 产品流：买方在互联网上下单，支付后商品所有权转移至买方，商流完成。然后卖方委托跨境物流公司将产品输送到目的地。因此，产品流主要指物流。

(3) 资金流：买方通过第三方支付平台，可以快速、安全、准确地付款，卖方收汇结汇。

## 三、跨境电子商务的特性

与电子商务相似，跨境电子商务基于网络空间发展起来。相对于物理空间来说，网络空间是一种新的空间形态，是一个由网址和密码组成的虚拟但客观存在的世界。网络空间独特的价值标准和行为模式深刻地影响着跨境电子商务，使其因不同于传统的交易方式而呈现出自己的特点。跨境电子商务是电子商务的一个重要分支，除了电子商务所具有的服务性、方便性、协调性等一般特性外，还有其独到之处。

### 1. 全球性

跨境电子商务大大拓展了国际贸易的自由度，因此具有全球性和非中心化的特性。跨境电子商务与传统的交易方式相比，一个重要特点在于它是一种无边界交易，突破了传统交易所具有的地理因素限制，互联网用户不需要跨越国界就可以把产品，尤其是高附加值产品和服务提供给市场。网络的全球性特征带来的积极影响是信息的最大程度的共享，消极影响是用户必须面临因文化、政治和法律的不同而产生的风险。任何人只要具备了一定的技术手段，在任何时候、任何地点都可以让信息进入网络，相互联系进行交易。只要消费者接入了互联网，就很难界定这一交易究竟是在哪个国家内发生的。

### 2. 无形性

网络的发展使数字化产品和服务的传输更加便利。数字化传输通过不同类型的媒介(如数据、声音和图像)在全球化网络环境内集中进行，这些媒介在网络中往往以计算机数据代码的形式出现，因而是无形的。数字化产品和服务基于数字传输活动的特性必然具有无形性。传统交易以实物交易为主，而在电子商务中，无形产品可以替代实物成为交易的对象。以书籍为例，传统的纸质书籍，其排版、印刷、销售和购买被视为产品的生产销售，然而在电子商务交易中，消费者只要购买网上的数据使用权便可以使用书中的知识和信息，同样实现了产品的生产销售。

### 3. 无纸化

跨境电子商务主要以无纸化操作为主要交易方式，这是以电子商务形式进行交易的主要特征。在跨境电子商务中，电子计算机通信记录取代了一系列的纸面交易文件，用户发送和接收信息的整个过程实现了无纸化。无纸化带来的积极影响是使信息传递摆脱了纸张的限制，但由于传统法律的许多规范是以“有纸交易”为出发点的，因此，无纸化带来了一定程度上的法律空白和管理真空。

### 4. 即时性

对于网络而言，传输的速度和地理距离无关。传统国际贸易交易模式中信息交流方式(如信函、电报、传真等)在信息的发送和接收间存在着不同的时间差。而跨境电子商务中的信息交流，无论实际时空距离远近，一方发送信息则另一方几乎同时接收到信息，就如同生活中面对面交流一样。跨境电子商务可以通过跨境电子商务交易平台，实现多国企业之间、企业与最终消费者之间的直接交易。这使传统贸易中一些重要的中间角色被弱化甚至被替代，使得国际贸易供应链更加扁平化，形成了制造商和消费者“双赢”的局面。

### 5. 虚拟化

网络经济时代的国际贸易活动从以物理空间为主转向以数字媒体空间为主，出现了诸如虚拟要素市场、虚拟商品市场、虚拟金融机构等虚拟经济场所和经济主体。跨境电子商务通过网上“虚拟”的信息交换，开辟了一个更加开放、多维、立体的市场空间。虽然跨境电子商务交易过程在虚拟的场景中进行，但这种“虚拟”并不等于“虚无”，贸易活动仍然实实在在地进行着。跨境电子商务在整个交易过程中，议价、下单、物流、支付等信息都会有记录，消费者可以实时追踪自己的商品发货状态和运输状态。这样既提高了通关效率，又保障了商品质量。

**知识拓展**

**跨境电子商务与国内电子商务的区别**

(1) 参与主体性质不同。跨境电商的交易主体分属不同关境，鉴于各个国家和地区在风俗习惯、消费特征等方面的显著区别，跨境电商企业在产品展示、品牌推广、服务流程设计等方面要符合各国用户的需求。

(2) 业务流程繁简不同。跨境电商的实质是国际贸易，涉及海关、检疫检验、外汇结算、出口退税、进口征税、跨境运输等多个环节。电商平台及电商企业除遵循一般的电子商务操作规则外，还必须及时了解国际贸易中的相关操作细则。

(3) 风险触发因素不同。跨境电商交易不仅受到国际经济政治和各国贸易政策等因素的影响，在交易过程中的跨境支付、跨境物流、纠纷解决等方面，跨境电商企业也需要比国内电商企业承担更高的风险。

### 6. 多边化

跨境电子商务整个贸易过程的信息流、物流、资金流已经由传统的双边逐步向多边的方向演进，呈网状结构。跨境电商可以通过 A 国的交易平台、B 国的支付结算平台、C 国的物流平台，实现国家与国家间的直接贸易。中小微企业不再简单依附于单向的交易或是跨国大企业的协调，而是形成互相动态连接的生态系统。依托于跨境电商生态圈，中小微企业之间可以不断达成可能的新交易，不断以动态结网的形态来组织贸易，也可以从中不断分享各类商务知识和经验。跨境电子商务降低了国际贸易的门槛，使得贸易主体更加多样化，丰富了国际贸易的主体阵营。

## 四、跨境电子商务与传统国际贸易

相对于传统国际贸易而言，跨境电子商务进入门槛并不高。从整个交易流程来看，其与境内 B2B 及 B2C 也没有太大区别，只是需要经过跨境物流、通关、商检等国际性程序。表 1-1 对跨境电子商务与传统国际贸易进行了全方位比较。相对于传统国际贸易，跨境电子商务有诸多优势，最主要的优势体现在以下三个方面。

### 1. 降低国际贸易成本

国际贸易成本主要是指在买卖过程中涉及信息搜寻、合同签订执行、售后服务等方面的花费。在跨境电子商务平台的支撑下，由于信息在互联网上流动的便捷性和快速性，国际贸易卖家可以直接面对来自不同国家的消费者，因而最大限度地减少了传统贸易所必须涉及的交易环节，降低了买卖双方在信息搜寻方面的花费，缩减了渠道成本。

### 2. 提高交易效率

跨境电子商务使传统贸易实现了电子化、数字化和网络化，提高了国际贸易活动的效率。买卖双方可采用标准化、电子化的格式合同、提单、保险凭证、发票和汇票、信用证等，使各种相关单证在线上实现信息瞬间传递，不仅节省了单证的传输时间，而且也能减少因纸面单证中数据重复录入而导致的各种错误，对提高交易效率的作用十分明显。另外，跨境订单的生成、支付结算等业务也可以在线完成；一些数字化产品同样可以直接通过网络完成支付。相比传统的贸易活动，跨境电子商务的服务效率大大提高了。

**3. 提升客户满意度**

跨境电子商务促使国际贸易订单从少品种、大批量的交易模式，向多品种、小批量、高频度转变。由于跨境电子商务平台具备产品类目多、信息丰富、产品更新快、支付结算手段灵活多样、信息交互及时、信息处理速度快等特点，因此跨境电商企业有能力为海外各类买家提供更加个性化的产品和服务。同时，跨境电子商务可实现全天候、不间断运作，全球范围内的客户随时可以得到所需的信息，可显著提高交易成功率、客户满意度以及客户忠诚度。

**表 1-1　跨境电子商务与传统国际贸易对比**

| 项目 | 传统国际贸易 | 跨境电子商务 |
|---|---|---|
| 交流方式 | 面对面，直接接触 | 线上交流，间接接触 |
| 运作模式 | 基于商务合同 | 需借助电子商务平台 |
| 交易环节 | 复杂，涉及众多中间商 | 简单，涉及较少中间商 |
| 市场规模 | 受地域限制，增长速度缓慢 | 面向全球市场，增长速度快 |
| 订单类型 | 批量大，批次少，订单集中，周期长 | 批量小，批次多，订单分散，周期短 |
| 价格利润 | 价格相对较高，利润率低 | 价格相对较低，利润率高 |
| 产品类目 | 产品类目少，更新速度慢 | 产品类目多，更新速度快 |
| 支付方式 | 正常贸易支付 | 需借助第三方支付 |
| 运输形式 | 多通过空运，集装箱海运 | 通常借助第三方物流企业 |
| 通关结汇 | 享受正常通关、结汇和退税政策 | 通关受限，退税和收汇结汇政策有限制 |
| 争端处理 | 健全的争端处理机制 | 争端处理不畅，效率低 |

# 第二节　我国跨境电子商务的发展

## 一、跨境电子商务的发展历程

随着互联网技术的日益进步，国际贸易的模式正在发生改变，传统国际贸易不断电子化、网络化、信息化，越来越多的企业和消费者参与到跨境电子商务形态的贸易之中，人类历史上新的贸易阶段如期而至。跨境电子商务作为国际贸易的新手段，是电子商务发展到一定阶段产生的新型贸易形式。由于电子商务在国际贸易的发展历程中不断渗透(见图1-2)，跨境电子商务也经过了多种概念的演变。

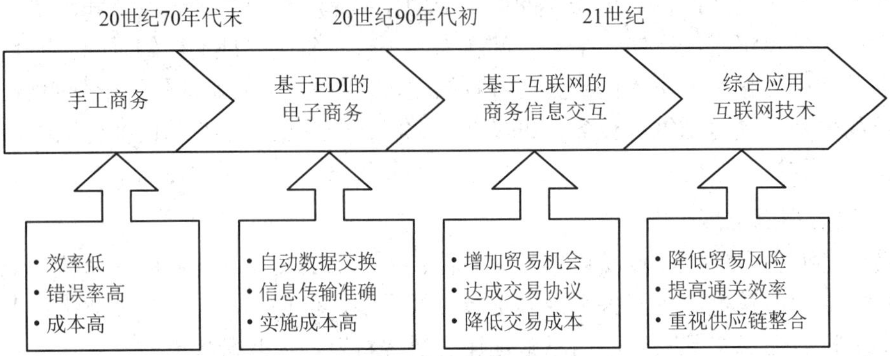


图 1-2　电子商务在国际贸易中的发展历程

### 1. 无纸贸易

20 世纪 70 年代，电子数据交换(Electronic Data Interchange，EDI)技术的出现引起许多国家的注意。70 年代末和 80 年代初，美国、英国和西欧一些发达国家逐步开始采用 EDI 技术进行贸易，形成涌动全球的“无纸贸易”热潮。到 1992 年年底，全世界 EDI 用户大约有 13 万名，市场业务约 20 亿美元。2004 年，在 APEC 第 16 届部长级会议上，电子商务指导小组提出《APEC 跨境无纸贸易行动策略》，为 APEC 无纸贸易的实施制定了行动框架和时间表：至 2006 年，感兴趣的经济体可参与电子原产地证书、电子卫生证书和电子检疫证书跨境传输的探路者计划；到 2010 年，大多数成员经济体应实现国内无纸贸易，并进行跨境海关数据传输试点项目；到 2020 年，将在整个亚太地区建立一个全面的无纸化贸易环境。

### 2. E 国际贸易

20 世纪 90 年代以后，随着网络、通信和信息技术的突破性进展，互联网在全球爆炸性增长并迅速普及，使得国际贸易持续适应不断增长的供货能力、客户需求和全球竞争。在这一新趋势下，一种基于互联网、以交易双方为主体、以银行电子支付和结算为手段、以客户数据为依托的 E 国际贸易(E-International Trading)模式出现并发展起来。E 国际贸易主要是相对传统贸易活动(如电话、传真等)而言，其核心仍然是国际贸易所涵盖的内容，电子商务只是其承载的工具和手段。它以网络为所有信息的载体，完成信息流的快速传送，从而最大限度地缩短以往物流传送所耗费在信息流上的时间。其间如何保证信息的准确、保密而不被修改，成为交易双方共同认可的信息，是 E 国际贸易是否成功的关键。

### 3. 全球电子商务

全球电子商务是指在全世界范围内进行的电子交易活动，参加电子交易的各方通过网络进行贸易。在全球贸易活动中，交易行为一般涉及政府的行政管理部门、贸易伙伴和相关的结算、运输、商检等商业部门。全球贸易的交易行为和过程本身并不直接针对市场上的消费者。因此，全球电子商务只是包括了商业机构对商业机构、商业机构对行政机构的电子商务活动。贸易伙伴之间以及贸易伙伴与相关银行、运输部门、保险部门、商检、海关和政府部门等传输订单、相关单据和文件就成为全球电子商务活动的主要内容之一。

在全球电子商务阶段，跨境电子商务的规则制定得以推动。2005 年 12 月 9 日，联合国第 60 届会议通过了《联合国国际合同使用电子通信公约》，对营业地位于不同国家的当事人之间订立或履行合同使用电子通信做出了具体规定，旨在对国际合同中使用电子通信的情形增强法律确定性和商业可预见性。截至2016年8月，全世界共有20个国家签署了这份公约。2016年7月6日，联合国贸法会第四十九届会议审议通过《关于网上争议解决的技术指引》。中国代表团平衡美欧，协调各方，成功推动联合国贸易法委员会达成以中国方案为基础的共识文件。这是中国在国际经贸领域引领规则制定的一次有益尝试。

## 二、中国跨境电子商务的发展阶段

1999年，阿里巴巴首次利用互联网技术连接中国供应商与海外买家后，中国对外出口贸易逐步走向了互联网化。中国跨境电子商务行业随之兴起并蓬勃发展，渠道和平台不断增多，经营模式和营销创意层出不穷，逐步实现了从信息服务到在线交易、全产业链服务的产业转型。

### 1. 跨境电商1.0阶段(1999—2003年)

跨境电商1.0时代的主要商业模式是网上展示、线下交易的外贸信息服务模式。在跨境电商1.0阶段，第三方平台主要的功能是为企业信息以及产品提供网络展示平台，在网络上并不涉及任何交易环节。此时的盈利模式主要是收取信息展示企业的会员费(如服务年费)。在跨境电商1.0阶段发展过程中，也逐渐衍生出为企业提供竞价推广、决策咨询等一条龙服务的信息流增值服务。

在跨境电商1.0阶段，阿里巴巴国际站平台以及环球资源网是典型代表平台。其中，阿里巴巴成立于1999年，以网络信息服务为主、线下会议交易为辅，是中国最大的外贸信息黄页平台之一。环球资源网1971年成立，前身为Asian Source，是亚洲较早的贸易市场资讯提供者，并于2000年4月28日在纳斯达克证券交易所上市。

在此期间还出现了中国制造网、韩国EC21网、Kellysearch等大量以供需信息撮合为主的跨境电商平台。在跨境电商1.0阶段，虽然通过互联网解决了中国贸易信息面向世界买家的难题，但是依然无法完成在线交易，仅能完成外贸电商产业链的信息流整合环节。

### 2. 跨境电商2.0阶段(2004—2012年)

2004年，随着敦煌网的上线，中国跨境电子商务2.0阶段来临。这个阶段，跨境电商平台开始摆脱纯信息黄页的展示行为，将线下交易、支付、物流等流程实现电子化，逐步搭建起在线交易平台。这一时期的跨境电商平台大多局限于零售方式的外销，被业界形象地称为“国际版淘宝”。

2006—2007年，出现了依托境外电商平台进行进口商品消费的活动，被称之为“海淘”或“代购”。随后中国大陆本土一些专门提供境外商品选购的网络平台也应运而生，如洋码头、跨境通、万国优品等，国内消费者可通过这些电子商务平台足不出户逛遍全球商超。这些平台的出现，从形态上完善了跨境电子商务，实现了零售业的无国界运行。

相比第一阶段，跨境电商2.0更能体现电子商务的本质，借助于电子商务平台，通过服务、资源整合有效打通上下游供应链，包括B2B(平台对企业小额交易)平台模式以及B2C(平台对用户)平台模式两种模式。跨境电商2.0阶段，B2B平台模式为跨境电商主流模式，通过直接对接中小企业商户实现产业链的进一步缩短，提升商品销售利润空间。

在跨境电商 2.0 阶段，第三方平台实现了营收的多元化，同时实现后向收费模式，将“会员收费”改成以收取交易佣金为主，即按成交效果来收取百分点佣金，同时还通过平台上营销推广、支付服务、物流服务等获得增值收益。

**3. 跨境电商 3.0 阶段(2013 年至今)**

2013 年是中国跨境电子商务行业的重要转型年，跨境电商全产业链都出现了商业模式的变化。随着跨境电商的转型，跨境电商 3.0 时代随之到来。

首先，跨境电商 3.0 阶段具有大型工厂上线、B 类买家成规模、中大额订单比例提升、大型服务商加入和移动用户量爆发五方面特征。与此同时，跨境电商 3.0 服务全面升级，平台承载能力更强，全产业链服务在线化也是 3.0 时代的重要特征。

在跨境电商 3.0 阶段，用户群体由草根创业向工厂、外贸公司转变，具有极强的生产、设计和管理能力。平台销售产品由网商、二手货源向一手货源好产品转变。主要卖家群体正处于从传统外贸业务向跨境电商业务艰难转型期，生产模式由大生产线向柔性制造转变，对代运营和产业链配套服务需求较高。

跨境电商 3.0 阶段需要构建覆盖跨境贸易全产业链的一站式外贸综合服务平台。这些平台在大数据的支持下，为从事跨境贸易的企业提供包括在线交易、跨境支付与结算、进出口报关、出口退税、贸易融资海外仓跨境物流等完整的跨境贸易供应链服务解决方案。

**知识拓展**

**影响我国跨境电商发展的重要事件**

全球互联网发展的重要事件影响、推动了我国跨境电商的高速发展。按照时间顺序列举如下：

1994 年 Amazon 成立。

1998 年 Google 成立，于 2002 年第一次正式推出了基于关键词排名的 AdWords 广告系统。

2003 年 eBay 通过并购易趣，正式进入我国市场，对我国的电子商务进行了启蒙，也促成了我国第一批跨境电商卖家的产生。

2004 年 Facebook 成立，开启了社交媒体的时代。2012 年 Facebook 发布了第一条信息流广告，标志着信息流广告时代的开启。

2007 年 iPhone 发布。这是互联网两个时代的分水岭。在 iPhone 发布之前，是传统的 PC 互联网时代，在 iPhone 发布之后，移动互联网的大幕迅速开启。

2012 年亚马逊正式推出“全球开店”，同时开启亚马逊美国、加拿大、法国、德国、英国、意大利、西班牙七大站点的卖家招募。

2015 年 Wish 等第三方平台蜂拥而至，跨境电离开始朝着规范化、精准化和品牌化方向发展。

2015 年 6 月，国务院办公厅印发了《关于促进跨境电子商务健康快速发展的指导意见》。同年，设立了中国(杭州)跨境电子商务综合试验区。在利好政策的支持下，中国跨境电商进出口规模增长趋势明显。

## 三、中国跨境电子商务的发展现状

### 1. 中国跨境电商的发展概况

经过数十年的发展，内贸电子商务已经形成一套较为成熟的模式，且市场份额几乎被几个电商巨头占据，市场竞争相对激烈。而新兴的跨境电子商务为企业提供了更为广阔的国际市场，去掉中间环节，直接与海外零售商和消费者进行交易，节约了时间成本，具有更为丰厚的利润空间。

(1) 跨境电商交易规模逐年增长。从 2010 年开始，在中国进出口交易增速平缓的情况下，跨境电子商务凭借新型贸易模式，反而取得了高速发展。很多传统企业发现了这一优势，从 2013 年开始进入跨境电商领域。2013 年的跨境电商交易规模达到 3.1 万亿元，而 2008 年的跨境电商交易额仅为 0.8 万亿元，中国跨境电子商务市场呈现出井喷式增长。

中国电子商务研究中心发布的数据显示，2010—2019 年我国跨境电商交易规模、占比呈现逐年增长的态势。值得注意的是，在我国 2014—2016 年货物出口贸易下降的趋势下，中国跨境电商仍上升发展，这主要得益于国内电商巨头布局跨境电商行业以及传统外贸企业集体向跨境电商转型。2018 年我国跨境电商的交易规模达到 9.0 万亿元，占进出口贸易总额的 28.3%，跨境电商交易增速远超同期的传统外贸增速。

(2) 跨境电商交易结构不断优化。从交易对象看，我国跨境电商业务以 B2B 为主。B2B 领域的市场格局相对稳定，阿里巴巴国际站占据了 43%的市场份额，其余竞争者除了慧聪网外，份额均不到 5%。在出口增速放缓的背景下，信息服务型电商成长瓶颈出现，纯信息服务模式需迫切升级为一站式综合服务模式。

从交易品类看，跨境电商的交易品类较为集中。相关机构研究表明，成本优势强、标准化程度高的 3C 电子和服饰类产品的占比较高，其中 3C 电子产品占比高达 41.2%。另外，健康美容和母婴类产品增长势头强劲。据艾瑞咨询 2018 年报告显示，进口食品和美妆个护为中国跨境网购用户最常购买的品类，在个人经常购买的物品中占比分别为 55.0%和 49.0%；其次为服装鞋帽和箱包，占比为 48.3%。

从出口跨境电商贸易对象看，美国和欧盟市场较为稳定，一些新兴市场，如东盟、俄罗斯、印度、巴西等地区和国家的交易也在迅速增长。当前，美国、欧盟、东盟成为我国的三大跨境电商贸易对象，交易额分别占到 16.6%、15.3%和 11.0%。

(3) 跨境电商试点试验逐步增多。

**知识拓展**

**跨境电商综合试验区**

2015 年 3 月，国务院决定设立中国（杭州）跨境电子商务综合试验区，这是全国首批综合试验区。综合试验区着力以深化改革、扩大开放为动力，在跨境电子商务交易、支付、物流、通关、退税、结汇等各环节的技术标准、业务流程、监管模式和信息化建设等方面先行先试，通过制度创新、管理创新、服务创新和协同发展，破解跨境电子商务发展中的深层次矛盾和体制性难题，打造跨境电子商务完整的产业链和生态链，逐步形成一套适应和引领全球跨境电子商务发展的管理制度和规则，为推动我国跨境电子商务的发展提供可复制、可推广的经验。

2020 年 5 月，国务院批复 46 个城市和地区设立综合试验区，并要求复制推广 2015 年 3 月、2016 年 1 月、2018 年 7 月、2019 年 12 月获批的 59 个综合试验区的经验做法，推动产业转型升级，引导跨境电子商务全面发展，并稳住外贸外资基本盘，推进贸易高质量发展。同时要加强协调配合，着力在跨境电子商务企业对企业(B2B)方式相关环节的技术标准、业务流程、监管模式和信息化建设等方面探索创新。

2012 年 12 月，海关总署在郑州召开跨境贸易电子商务服务试点工作启动部署会，上海、重庆、杭州、宁波、郑州 5 个试点城市成为承建单位，标志着跨境贸易电子商务服务试点工作的全面启动。2013 年 10 月，我国跨境电子商务城市试点开始在全国有条件的地方全面铺展，从试点城市分布特点来看，试点城市主要集中在物流集散地、口岸或是产品生产地等。

2015 年 3 月，国务院设立中国(杭州)跨境电子商务综合试验区。2016 年 1 月，国务院决定新设一批跨境电子商务综合试验区，将先行试点的中国(杭州)跨境电子商务综合试验区初步探索出的相关政策体系和管理制度，向更大范围推广。这些城市包括天津、上海、重庆、合肥、郑州、广州、成都、大连、宁波、青岛、深圳、苏州，加上之前的杭州，跨境电商综合试验区扩大到了 13 个城市。在随后的几年间，试验区建设不断扩容，在市场与政府的共同推动下，跨境电商的发展进入快车道。

**2. 中国跨境电商的发展瓶颈**

随着跨境电商的飞速发展，跨境电商平台、跨境电商物流、跨境电商支付、跨境电商通关和融资等相关的外贸综合服务诞生，贸易的便利化程度大大提高，但是在商品、物流、通关和法律法规等方面也存在一些行业性难题，这些难题成为制约跨境电商发展的重要因素。

(1) 商品同质化严重，品牌意识不强。跨境电商发展迅速，吸引了大量商家的涌入，行业竞争加剧。一些热销且利润空间较大的商品，众多跨境电商公司都在销售，商品同质化严重，行业内甚至出现恶性的价格战。跨境电商的发展在很大程度上要依靠价格低廉的商品来吸引消费者。大部分跨境电商企业还未进入品牌化建设阶段，知识产权意识不够，导致很多商品因为知识产权问题不能出口。

(2) 通关结汇难，物流时间长。随着跨境贸易逐渐向小批量碎片化发展，小额贸易存在难以快速通关、规范结汇、享受退税等问题。虽然目前国家针对跨境电商零售出口实行“清单核放、汇总申报”的通关模式，但该政策仅针对 B2C 企业，大量从事小额 B2B 的外贸中小企业仍存在通关困难的问题。在进口过程中，存在进口商品品质难以鉴别、消费者权益得不到保障等问题。

跨境电商由于涉及跨境和路途遥远，而且各国间政策差异较大，因此物流时间较长。商品从我国到美国和部分欧洲国家一般要 7～15 天，到南美、俄罗斯需要 30 天左右。除了物流时间长，收货时间波动也很大，消费者有时 7 天可收到商品，有时 20 天才能收到。跨境电商的物流服务亟待改善。

(3) 信息网络安全体系不完善。电子商务的运作涉及多方面的安全问题，如资金安全、信息安全、货物安全、商业机密等，特别是有关网上支付结算的信息安全性和可靠性，一直困扰着跨境电子商务的发展。网络安全是发展电子商务的基础，网络传输的误码以及网络连接的故障率都应尽可能低。当前我国一些电子商务网站在安全体系上没有设防，很容易受到计算机病毒和网络黑客的攻击，为电子商务的发展带来很多安全隐患。跨境电商还面临交易安全的挑战，在跨境电子商务活动中，合约价格等信息事关商业机密，而网络病毒和黑客侵袭会导致商务诈骗、单据伪造等行为。许多外贸公司不敢上网签约或交易结算，严重影响了跨境电子商务的发展。

(4) 电子商务法律制度不健全。虽然在跨境电商方面国家出台了一些政策和法规，但是在跨境电商征税、网上争议解决、消费者权益保护等方面的法律法规还较为缺乏。跨境电子商务是一项复杂的系统工程，它不仅涉及参加贸易的双方，而且涉及不同地区、不同国家的工商管理、海关、保险、税收、银行等部门。跨境物流存在运费高、关税高且安全性低等问题，支付环节则涉及外汇兑换和资金风险，如何公平仲裁、保障贸易纠纷双方利益，需要有统一的法律和政策框架以及强有力的跨地区、跨部门的综合协调机制。但是，目前我国有关电子商务的法律并不健全，如知识产权保护问题、信息资源与网络安全问题、电子合同的效力和执行问题等都需要法律方面的进一步完善。此外，在跨国家、跨地区、跨部门协调方面也存在一些问题，需要不断完善。

(5) 跨境电商人才缺口大。跨境电子商务在快速发展的同时，逐渐暴露出综合型外贸人才缺口严重等问题。这一方面是因为语言方面的限制，当前做跨境电商的人才主要来自外贸行业，英语专业人才居多，一些小语种跨境电商人才缺乏；另一方面是因为市场对跨境电商人才的综合能力要求高，跨境电商从业者除了要熟悉电商和外贸的基本知识外，还要了解国外的市场、交易方式、消费习惯以及各大平台的交易规则和交易特征。因此，符合跨境电商要求的人才较少，跨境电商人才缺乏已经成为业内常态。

## 四、中国跨境电子商务的发展趋势

跨境电子商务构建的开放、高效、便利的贸易环境，极大地拓宽了跨境贸易企业进入国际市场的路径，优化了外贸产业链，为产品创新和品牌创立提供了便利的平台和宝贵的机遇。随着跨境电子商务的发展，成千上万的中小微企业涌入外贸市场，这必然会诞生更多国际品牌，也很有可能彻底改变中国外贸格局。

### 1. 跨境电子商务助力传统国际贸易快速发展

当前，“中国制造”正处在转型升级的关键时期，跨境电子商务不仅可以优化产业链、扩展中小企业发展空间、增加就业机会，还具有重塑国际产业链、提升品牌竞争力的作用。

中国跨境电子商务将逐渐形成一条涵盖营销、支付、物流和金融服务体系的完整产业链，为我国外贸代工企业转型升级起到有力的促进作用，帮助传统跨境贸易企业向高附加值的研发设计、销售服务以及自主品牌的建立转型升级，增强跨境贸易企业自身核心竞争力，实现可持续发展。

跨境电子商务模式可以有效打破渠道垄断、节约交易成本、缩短交易时间、开拓营销渠道，为我国企业创建品牌、提升品牌知名度提供有效途径，尤其是给一些“小而美”的企业创造新的发展空间，让其借助跨境电子商务平台，创立更具国际竞争力的中国品牌。通过跨境电子商务平台，中国制造将产品以跨国在线零售方式或者小额批发的方式直销到海外，打开一条通往全球的便捷通道。

2. 商品品类和销售市场更加多元化

随着跨境电商的发展，跨境电商交易商品向多品类延伸，交易对象向多区域拓展。从销售商品品类看，跨境电商销售的商品品类主要为服装服饰、电子商品、计算机及配件、家居园艺、珠宝、汽车配件、食品药品等方便运输的商品。不断拓展销售品类已成为跨境电商业务扩张的重要手段，品类的不断拓展，不仅使“中国商品”和全球消费者的日常生活联系得更加紧密，而且也有助于跨境电商抓住最具消费力的全球跨境网购群体。

从销售目标市场看，以美国、英国、德国、澳大利亚为代表的成熟市场，由于跨境网购观念普及、消费习惯成熟、整体商业文明规范程度较高、物流配套设施完善等优势，在未来仍是跨境电商零售出口产业的主要目标市场，且将持续保持快速增长。与此同时，不断崛起的新兴市场正成为跨境电商零售出口产业增长的新动力，如俄罗斯、巴西、印度等国家的本土企业并不发达，但消费需求旺盛。中国制造的商品物美价廉，在这些国家的市场上优势巨大。在中东欧、拉丁美洲、中东和非洲等地区，电子商务的渗透率依然较低，有望在未来获得较大突破。

3. B2C 占比提升，B2B 和 B2C 协同发展

跨境电商 B2C 这种业务模式逐渐受到企业重视，近年来出现了爆发式增长，究其原因，主要是跨境电商 B2C 具有一些明显的优势。相对于传统跨境模式，B2C 模式可以跳过传统贸易的所有中间环节，打造从工厂到商品的最短路径，从而赚取高额利润。在 B2C 模式下，企业直接面对终端消费者，有利于更好地把握市场需求，为客户提供个性化的定制服务。与传统商品和市场单一的大额贸易相比，小额的 B2C 贸易更为灵活，商品销售不受地域限制，可以面向全球 200 多个国家和地区，可以有效降低单一市场的竞争压力，市场空间巨大。与此同时，B2B 在通过推动制造业企业上线、促进外贸综合服务企业和现代物流企业转型等方面，从生产、销售端共同发力，成为中国跨境电商未来发展的主要业务模式。

4. 移动端成为跨境电商发展的重要推动力

移动技术的进步使线上与线下商务之间的界限逐渐模糊，以互联、无缝、多屏为核心的“全渠道”购物方式将快速发展。从 B2C 方面看，移动端购物使消费者能够随时、随地、随心购物，极大地拉动了市场需求，增加了跨境零售出口电商企业的机会。从 B2B 方面看，全球贸易小额、碎片化发展的趋势明显，移动技术可以让跨国交易无缝完成，卖家可随时随地做生意。基于移动端媒介，买卖双方的沟通将变得越来越便捷。

5. 产业生态更为完善，各环节协同发展

跨境电子商务涵盖商检、税务、海关、银行、保险、运输各个部门，产生物流、信息流、资金流、单据流等数据，在大数据时代，这些都是可利用的信息，企业通过对数据的分析，为信用、融资、决策提供了依据。随着跨国电子商务经济的不断发展，软件公司、

代运营公司、在线支付公司、物流公司等配套企业都开始围绕跨境电商进行集聚，其服务内容涵盖网店装修、图片翻译描述、网站运营、营销、物流、售后服务、金融服务、质量检验、保险等，整个行业生态体系将越来越健全，分工更清晰，并逐渐呈现出生态化的特征。

## 第三节 跨境电子商务模式与平台

### 一、跨境电子商务模式

#### 1. 按交易主体划分

跨境电子商务的模式与传统电子商务类似，基本上分为 B2B、B2C 和 C2C 三类。早期的 B2B 跨境电子商务模式，企业运用电子商务平台发布广告和信息，达成合同和物流基本上在线下完成，本质上与传统贸易没有差别，已纳入海关一般贸易统计。

1) B2B 跨境电商

B2B 模式类似网上广交会，是供需方以贸易为目的的撮合平台；通过网络用更低的成本覆盖更多的目标客户；监管方式等同于传统的进出口贸易，即货物范畴。B2B 模式是目前跨境电商的主导，中国跨境电商 B2B 交易占比约为 80%。

跨境 B2B 平台主要有两种基本模式：一种是企业之间直接进行的商务活动，如敦煌网、中环出口易；另一种是通过第三方跨境平台进行的商务活动，如中国制造网、阿里巴巴、环球资源、ECVV 外贸电商平台。跨境 B2B 平台以海量产品数据库及企业数据库为依托，推出站内搜索关键词排名、海外买家直邮、网络广告等服务。如，世界各国的中小企业均可以在阿里巴巴国际站注册会员，在自己的主页中发布企业和产品信息，也可以通过平台找到需要的货源。敦煌网经过多年努力，形成了整合交易、支付、物流、服务甚至融资的外贸网络外销系统。这样的平台形成了一个流畅简易的销售供应链，商品可从中国批发，一周之内销往国外任何地区。

根据平台性质和侧重的功能，跨境 B2B 平台分为两类：信息型和交易型。阿里巴巴国际站、环球资源网、中国制造网侧重于信息服务，为境内外会员商户提供网络营销平台，传递供应商或采购商等商家的商品或服务信息，促成双方完成交易；敦煌网和东方机械网则实现了全流程服务，支持在线交易。

2) B2C 跨境电商

B2C 跨境电商，是商家与顾客间的交易，即我国企业直接面对国外消费者，或者国外的企业直接面对我国消费者，又称网络零售。跨境零售增长强劲，其进口增速远超出口增速。

跨境 B2C 模式以销售个人消费品为主，通过跨境电商平台，商家可以直接找到终端消费客户；物流一般通过航空快递寄送，以物品方式清关，采用行邮的监管方式，尺度较松，灰色清关难禁。这种模式出现较早，比如戴尔公司的网上直销，消费者可以直接登录戴尔公司美国网站，在线配置所需的计算机等，支付和售后服务均通过在线完成。

以阿里全球速卖通为代表的跨境出口 B2C 平台，主要服务于国内卖家与国外消费者之间的交易流程。通过这种模式，消费者能够直接在跨境平台上选购中国商品，实现快速订货、在线下单支付、完成交易并收货，而不用通过中间批发商、零售商的环节来获得商品。

3) C2C 跨境电商

C2C 跨境电商是指不同国家的个人与个人之间进行的外贸交易。所谓“海外代购”就是这种模式下的产物。海外代购是基于互联网应用及国际物流，为购买者提供代理购买海外产品并从中赚取代理费等相关费用的服务。据智研咨询数据显示，2009 年我国海外代购市场交易规模仅 50 亿元，到 2018 年我国海外代购市场规模达到了 2601 亿元，海外代购保持高速增长，由一、二线向三四线消费群体延伸。

其中的典型代表是洋码头。时下，很多年轻人手机中装载着一款叫做“洋码头扫货神器”的应用软件。在该软件中，每天有海外买手在境外进行现场直播，销售他们在国外百货店或者奥特莱斯看到的商品。这些商品多数是服装、鞋、配饰和母婴用品。国际上的知名品牌，甚至是奢侈品，都可以在上面采购到，价格相当吸引人。其购物流程是：消费者先付定金，之后海外买手进行代购，代购到商品后消费者付全款，买手通过国际快递进行发货，消费者收到商品后确认。

**知识拓展**

**B2B2C 模式**

跨境电商依交易模式主要划分为跨境 B2B 和跨境零售，也存在 B2B2C 和 M2C 等模式。所谓 B2B2C，B1 指任何的商品或服务供应商，B2 指互联网电子商务服务提供商，C 指消费者。跨境电商 B2B2C 模式，如第三方保税平台(品牌商、制造商和分销商经海关备案和国检检查后，在保税区仓库备货，通过空海陆等国际物流进入国内保税仓，客户下单后，仓库进行分拣、配货、包装，向海关申报订单后，由国内物流派送到消费者手中)。

### 2. 按交易方式划分

根据不同的业务形态，我们将跨境电子商务现有的运营模式归纳为以下 7 类。

1) “保税进口＋海外直邮”模式

典型案例：天猫国际。

模式概述：天猫在跨境方面通过和自贸区的合作，在各地保税物流中心建立了各自的跨境物流仓。它与宁波、上海、重庆、杭州、郑州、广州等多个城市试点跨境电子商务贸易保税区、产业园签约跨境合作，全面铺设跨境网点，规避了基本法律风险，同时获得了法律保障，压缩了消费者从下单到接货的时间，提高了海外直发服务的便捷性，使得跨境业务在“灰色地带”打开了“光明之门”。据中国跨境电子商务网监测显示，2014 年“双 11”期间，天猫国际一半以上的国际商品就是以保税模式进入国内消费者手中的，这是跨境电商的一次重要尝试。

2) “自营＋平台”模式

典型案例：京东国际、苏宁国际。

模式概述：京东国际是京东旗下的跨境电商平台，原名“京东全球购”“海囤全球”，于2015年4月正式上线。京东国际在日本、韩国、美国、澳大利亚、法国、泰国等地设立办事处，深入产品原产地，直接对接品牌方、工厂、大型商超和全球顶级供应商，并由京东物流国际供应链承运，从源头杜绝假货，保证商品质量。

苏宁采用“自营＋招商”的模式，一方面在传统电商方面发挥其供应链、资金链的内在优势，另一方面通过全球招商来弥补国际商用资源上的不足。

3) “综合自营”模式

典型案例：考拉海购。

模式概述：网易考拉海购主打自营直采，成立专业采购团队深入产品原产地，并对所有供应商的资质进行严格审核，设置了严密的复核机制，从源头上杜绝假货，进一步保证了商品的安全性。网易考拉海购已与全球数百个优质供应商和一线品牌达成战略合作。网易考拉海购在杭州、郑州、宁波、重庆四个保税区拥有超过15万平方米的保税仓储面积，为行业第一。在海外，网易考拉海购初步在美国、中国香港地区建成两大国际物流仓储中心，并将开通韩国、日本、澳大利亚以及欧洲部分国家和地区的国际物流仓储中心。

4) “直销、直购、直邮”的“三直”模式

典型案例：洋码头。

模式概述：洋码头是一家面向中国消费者的跨境电子商务第三方交易平台。该平台上的卖家可以分为两类：一类是个人买手，模式是C2C：另一类是商户，模式是M2C (Manufacturers to Customer)，它帮助国外的零售企业与中国消费者对接，也就是海外零售商直销给中国消费者，中国消费者直购，其物流方式是直邮。

5) “垂直型自营跨境B2C平台”模式

典型案例：蜜芽。

模式概述：垂直自营跨境B2C平台，是指平台在选择自营品类时会集中于某个特定的领域，如美妆、服装、化妆品、母婴等。

蜜芽主导“母婴品牌限时特卖”，每天在网站推荐热门的进口母婴品牌，以低于市场价的折扣力度，在72小时内限量出售，致力于打开跨境电子商务业务。据中国电子商务研究中心研究发现，蜜芽的供应链分为四种模式：① 从品牌方的国内总代采购体系采购；② 从国外订货直接采购，经过各口岸走一般贸易形式；③ 从国外订货，走宁波和广州的跨境电子商务试点模式；④ 蜜芽的海外公司从国外订货，以直邮的模式报关入境。

6) “导购返利平台”模式

典型案例：55海淘。

模式概述：55海淘网是针对中国消费者进行海外网购的返利网站，其返利商家主要是美国、英国、德国等B2C、C2C网站，如亚马逊、eBay等，返利比例为2%～10%不等，商品覆盖母婴、美妆、服饰、食品等综合品类。

7) “跨境C2C平台”模式

典型案例：淘宝全球购、美国购物网。

模式概述：“全球购”平台于2007年建立，是淘宝网奢侈品牌的时尚中心，旨在帮助会员实现足不出户、淘遍全球的目标。全球购期望通过严格审核每一位卖家，精挑细选每

一件商品，为淘宝网的高端用户提供服务。

美国购物网成立于2005年11月，是国内最早致力于跨境购物的互联网公司，中国第一家可以帮助客户免除美国消费税的商家。通过十年的努力，美国购物网成功入驻中国(上海)自由贸易试验区项目与河南保税物流中心，与众多知名商家、知名品牌建立了合作关系，并且在美国纽约、美国洛杉矶、美国俄勒冈等地设有分支机构。该网站使用人民币支付，专业双语客服在线服务，为客户提供完善的售后服务，实现无障碍跨国购物，主打直邮代购，代购的商品均由美国分公司采用统一的物流配送——纽约全一快递，由美国发货直接寄至客户手中，无须经过国内转运。

## 二、跨境电子商务平台

跨境贸易电子商务平台是跨境网上交易的媒介，是不同地区或国家的卖家和买家进行跨境交易的主要通道和途径。2014年海关总署第56号文《关于跨境贸易电子商务进出境货物、物品有关监管事宜的公告》明确了三类跨境交易电子商务平台：电子商务通关服务平台、电子商务通关管理平台和电子商务交易平台。其中，电子商务交易平台是指跨境贸易电子商务进出境货物、物品实现交易、支付、配送并经海关认可且与海关联网的平台。近年来，中国跨境电商已经逐渐起步并快速发展，跨境电商交易平台企业也随之不断涌现。

### 1. 平台提供服务

跨境电商平台为跨境企业营销提供服务，包括信息发布、信息提供、邮件营销、网络广告、咨询服务等；为跨境企业原材料采购提供服务，包括信息提供、网上信用评价、物流服务、网上支付等。在不同商业模式下平台所提供的服务有所不同，详见表1-2。

**表1-2　不同商业模式下平台所提供的服务**

| 商业模式 | 平台分类 | 服 务 模 式 |
|---|---|---|
| B2B模式 | 信息服务平台 | 交易撮合服务、会员服务、增值服务、竞价排名、点击付费、展位推广 |
| | 交易服务平台 | 佣金制、展示费用、按效果付费、交易数据、线上支付、佣金比例 |
| B2C模式 | 开放平台 | 开放平台、生态系统、数据共享、平台对接、仓储物流、营销推广 |
| | 自营平台 | 统一采购、在线交易、品牌化、物流配送、全流程、售后保障 |

### 2. 平台选择标准

各种类型的跨境电商平台都各有特色，创业者需要根据自己的实力进行权衡，选择最适合自己的模式。企业在选择跨境电商平台时，如果专业人才不足，切勿贪多，专心经营一两个跨境电商平台的店铺即可。

(1) 目标市场和产品定位。首先，创业者需要明确目标市场，是美洲、欧洲还是非洲市场等。其次，明确企业产品类别、数量、特点等。创业者应根据自身特点合理选择加入综合型还是垂直型电商平台。例如，如果是专业性很强的医药或者化工行业的企业，就应该选择加入垂直型电商平台。

(2) 平台的规模和影响力。起步早、规模和影响力大的跨境电商平台，在平台运营、会员管理、信息管理和网络推广等方面大多拥有丰富的经验，可以为卖家提供专业化服务。

(3) 平台自身的宣传推广能力。跨境电商平台可以通过参加国际展会、搜索引擎推广、广告投放、对外合作等方式扩大自身的影响力，让更多海外买家和采购商有所认知，吸引海外买家和采购商应用平台。创业者如果选择不知名的跨境电商平台时，需要考虑该平台的宣传推广投入力度。

(4) 平台提供的附加值。跨境电商平台提供的附加值大、优惠活动多时，创业者可以充分利用平台服务降低自身成本、获取较大收益。

(5) 平台服务项目的收费情况。目前，各大跨境电商平台根据其提供的业务种类开展收费服务，价格从一两万元到几十万元不等。虽然各种跨境电商平台仍有免费会员服务，但免费服务对照片、认证、排名等服务有苛刻限制，开展跨境业务的企业要根据自身需求和购买能力来选择合适的跨境电商平台及其服务项目。

## 三、进口跨境电商平台简介

中国进口跨境电商市场平台类企业起步较早，加之平台模式更容易形成规模，因此目前跨境零售进口市场以平台类为主，占比达 74.5%。随着消费者对于品质的关注，未来自营类企业数量将不断增加，并逐步扩大规模，自营类占比将有所提升。

从运营模式来看，跨境零售进口电商平台主要分为综合平台类与垂直平台类。综合平台类讲求多而全的平台化运作，参与企业多为内贸电商巨头，平台利用自身的强大流量优势为平台引流，包括 B2C 和 C2C 两种模式。垂直类平台电商目前参与者主要集中于服饰、美妆垂直领域，多为 C2C 模式。天猫国际目前仍然在第三方入驻型跨境电商中独树一帜。京东国际、考拉海购在自营型跨境电商中排列前茅。洋码头在买手型的跨境电商中领先。

### 1. 天猫国际

#### 1) 平台简介

天猫国际在进口跨境电商市场份额稳居第一，它是海外商家在天猫上开店的平台，天猫国际的店家来自大陆以外国家地区的实体店，并具有良好资质。天猫国际销售的商品均是海外原装进口商品，品牌囊括美国、英国、澳大利亚及中国香港地区的众多知名品牌产品。

2014 年 2 月 19 日，阿里集团宣布天猫国际正式上线，天猫国际为国内消费者直供原装进口商品。香港卓悦、香港草莓网、东森严选、Kenko 等 B2C 网站以及安娜苏、NYR 等知名品牌均已在天猫国际开设了旗舰店。天猫国际作为阿里集团旗下子公司独立运营，归属于国际 B2C 事业部，该事业部还包括面向海外消费者的全球速卖通平台，以及面向中国台湾、香港地区消费者的淘宝海外。

2019 年，跨境电商迎来大爆发，为响应国家大进口战略，满足不断增长的用户需求，天猫国际宣布将持续加大投入，在 5 年内实现超过 120 个国家与地区的进口覆盖，商品从 4000 个品类扩充到 8000 个品类以上。

#### 2) 平台特点

(1) 主营商品。天猫国际所销售的商品为 100%海外原装正品，卖家 100%为海外商家，并提供 100%直邮服务。入驻天猫国际的商家均为中国大陆地区以外的公司实体，具有海外零售资质；销售的商品均原产于或销售于海外，通过国际物流经中国海关正规入关。目前，天猫国际拥有母婴用品、食品保健、美容护肤和服饰鞋包等主要品类。

(2) 服务与保障。天猫国际为消费者提供全新的海淘服务，大大降低了购买海外商品的操作难度。所有天猫国际入驻商家均为其店铺配备旺旺中文咨询，并提供国内的售后服务。在物流方面，天猫国际要求商家 72 小时内完成发货，14 个工作日内到达，并保证物流信息全程可跟踪。这意味着，消费者可以像在淘宝购物一样使用支付宝轻松买到海外进口商品。

保障：① 正品保障；② 海外直供；③ 环球必达；④ 当地退货；⑤ 七天放心退。

(3) 商业模式。天猫国际的跨境电商采用海外直供模式，通过跨境平台将海外经销商与国内消费者直接联系起来。平台制定适合跨境电商进口交易的规则和消费流程，打造良好的用户体验，主要盈利模式在于商家的入驻费用和交易佣金。天猫国际采用此种模式的根本建立于买卖双方的聚集程度上，该类模式平台的流量和服务要求较高。例如，对于供应商一般要求具有海外零售资质和授权，入驻的资质要求较高。该模式为消费者提供了丰富的商品选择及便捷高效的购物体验，加之平台背书，用户的信任度较高，商品一般采用海外直邮的方式送达国内消费者手中。对于品牌端的管控及供应链的缩短是海外直供模式发展的主要趋势。此外，天猫国际与淘宝直播、微博、小红书等多渠道联合，扩宽内容触达渠道，与多机构建立达人机制，为全球品牌打造内容化营销阵地。

### 2. 苏宁国际

#### 1) 平台简介

作为苏宁集团旗下国内领先的跨境电商平台，苏宁国际专注于打造高品质的生活方式，品类涵盖美妆、母婴、食品、保健、3C 数码、家居日用、服饰、箱包等各大品类，以满足消费者不出国门购遍全球的需求。依托集团的八大产业优势，苏宁国际持续打造跨境智慧零售模式。

#### 2) 平台特点

(1) 商业模式。苏宁国际的商业模式分为线上、线下两种。

① 线上。苏宁易购自身的品牌、服务、供应链优势，加上其在天猫开设的官方旗舰店所提供的流量、数据、生态圈优势，都能很好地为苏宁国际的品牌进行赋能。苏宁体育旗下的 PP 体育拥有的顶级的体育赛事版权，通过视频购、直播购等形式，赋能国际品牌，带动品牌和销售提升。

② 线下。截至 2019 年 3 月底，苏宁易购合计拥有各类自营及加盟店面 12 329 家，这些门店将充分助力苏宁国际进行跨境智慧零售布局。以苏宁小店为例，目前，苏宁小店在全国有 5000 多家。苏宁国际依据自身需求，对所有小店进行筛选，选出符合跨境电商用户画像目标的苏宁小店，通过店内社交裂变玩法，小店内橱窗广告、收银广告，单页宣传，推客传播等手段，对苏宁国际的产品进行线上、线下引流。苏宁国际也充分利用苏宁广场业态，定制针对进口不同类目产品的线下引流及销售渠道。

此外，苏宁国际开始全面线下布局极物店中店，即苏宁国际专区。在国外，苏宁集团旗下的乐购仕是日本最大规模的综合免税企业，在日本拥有 41 家门店，90%的消费者都是来自世界各地的访日外国游客，也可利用游客群在线上、线下全量拉新复购。

(2) 供应链。2018 年年初，苏宁正式启动了“2018—2020 年千亿海外采购计划”，2018—2020 年间，苏宁在全球范围内，重点在欧洲、澳洲、北美以及日本进行大规模采购，采购范围覆盖饮食类、日化类、电子类等进口贸易商品，版权、专利技术等贸易服务。在首届进口博览会上，苏宁海外采购的订单达150亿欧元，采购范围覆盖饮食类、日化类、电子类等进口贸易商品，版权、专利技术等贸易服务，预计5000个海外品牌将被引入中国市场，打造智慧零售驱动下的全球智能供应链。

2014年，苏宁推出了“全球买手”战略，深入挖掘海内外高品质商品，全力打造“为消费者寻找全球优质好货”的首选平台。基于“自营＋直采”模式，苏宁已形成了国际贸易和跨境电商联合的双重海外供应链建设及品牌引入机制，并完成了在美国、日本、韩国、澳大利亚、欧洲多国、中国港台地区等的供应链覆盖。苏宁在保证正品的同时，尽量减少流通成本，以便让消费者花更少的钱买到更多优质好物。苏宁专门成立千名买手团，深入全球147个国家和地区、100多个海外基地精选全球优质好货。例如，苏宁与澳大利亚最大的便利店供应商和连锁便利店运营商Metcash集团通过合作，将澳洲生鲜、奶制品、生活用品等优质商品引入中国。在德国，苏宁是德国博西家用电器集团在中国最大的销售渠道，早在2017年9月，苏宁和博西就签订了三年近70亿欧元的销售计划。

(3) 物流仓储。为了提升顾客的消费体验，苏宁通过建设海外仓、保税仓、自建仓、协同仓共同服务跨境业务，完成“15＋15仓”的布局(15个海外仓，15个国内仓)，并完成全程溯源系统的建设，为国内消费者提供更丰富、更可靠的商品及更完善的服务，保障正品的同时将原汁原味的海外生活带到用户身边。

### 3. 考拉海购

1) 平台简介

“网易考拉”原为网易旗下的跨境电商平台，于2016年3月29日上线，被阿里收购后更名为“考拉海购”。为了向消费者提供低价保真的产品，考拉采用产地批量直采和海外直邮的两种方式，以销售日常生活用品以及保健品为主。考拉主打“B2C自营＋保税区”的模式，在全球分别设有分支机构，成立了专业的采购团队到原产地采购，提高审核难度，挑选高品质的供应商，并将经过海关审核的合格产品储存在保税区仓库。这在保障商品质量的情况下，还能杜绝假货，省去了许多中间环节，使消费者能够购买到低价正品，而且在最短的时间内收到有保障的高质量产品。图1-3为考拉产品核心的业务流程。

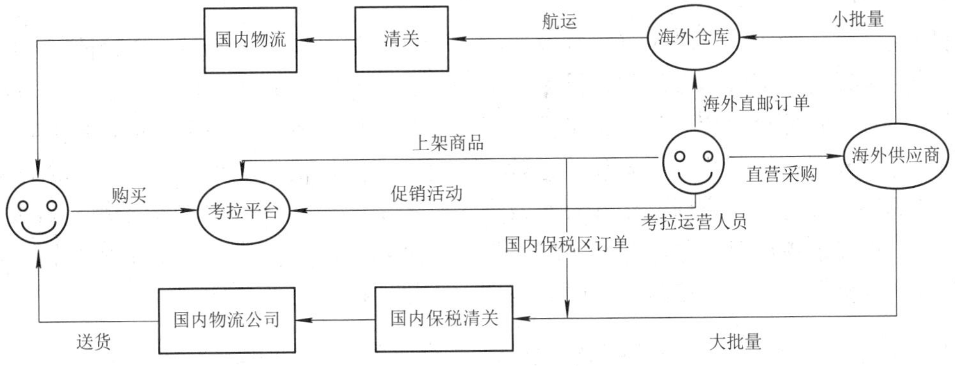


图1-3　考拉产品核心业务流程

2) 平台特点

(1) 自营模式。自营直采是考拉的主要经营和采购模式，不仅能使用户购买到低价优质的海外产品，还能详细地了解产品的图片、品牌、价格、产地和质量等，满足用户的基本需求。为了杜绝假货，考拉启用的是专业的采购团队直接到产品原产地进行采购的方式，并且严格审核所有供应商的资质，利用严密的复核机制，来保障产品的安全性和高质量。

(2) 品牌合作。考拉通过加码供应链，与全球知名品牌达成战略合作，有利于其不断扩充商品品类、降低成本。同时，网易考拉一站式的海外品牌入华服务，极大地减轻了海外品牌进入中国市场的风险和成本。其大批量直采、优异付款条件、高效跨境仓储物流、线上/线下品牌营销等一站式入华服务保障，深受海外品牌青睐，也为网易考拉赢得了“全球品牌在华最佳合伙人”的称号。

(3) 物流仓储。考拉在2016年与亚马逊全球物流合作，凭借着亚马逊遍及全球的物流运营点，大大提高了物流效率，使得消费用户可以在更短的时间内收到商品，这一合作使网易考拉在激烈的市场竞争中获得先机。这种仓储运营模式，使考拉海购可以实现商品的退换服务，支持7天无忧退货，用户会更放心地在考拉海购购买海外商品。

截至目前，考拉已在全国范围内拥有超过百万平方米的保税仓稀缺资源，位列行业第一。2018年下半年，网易考拉先后与国际航运物流巨头马士基、国内领先物流服务商万科物流达成战略合作。这一系列战略合作，一方面将大幅提高网易考拉跨境物流海外段的运输时效和可控性，另一方面也将加速考拉在国内多个跨境综合试验区和试点城市的布局。

(4) 品质服务。考拉的保姆式服务使得国外商家进入国内电商的过程更为简单，解决了他们在进入国内电商时所遇到的各种问题，如语言、文化等，因此吸引了很多国外知名品牌厂商与之建立了合作关系。考拉拥有着专业的客服团队和售后服务体系，因为是保税仓发货，若是用户不满意产品，可以选择退货至保税仓，这一系列的服务，使得用户享受到了优质的服务体验。考拉建有正品信息溯源系统，消费者可以通过APP内订单查询、二维码扫描等多种方式实时查询商品的启运港、启运时间、运输方式、进口和报关口岸、监管单号等详细信息。

(5) 资质认证。考拉拥有“B2C商品类电子商务交易服务认证证书”的四星评级，在我国，网易考拉是第一家得到这一认证的跨境电商平台。

### 4. 洋码头

1) 平台简介

洋码头成立于2010年，是中国独立海外购物平台的领军者。作为一站式海外购物平台，洋码头专注于连接全球零售市场与中国本土消费，致力于将世界各地优质丰富的商品以及潮流的生活方式和文化理念同步给中国消费者。洋码头通过海外买手商家实时直播的海外购物场景，以及跨境直邮快速、安全的运输，为消费者提供正品保障、假一赔十的服务，为消费者解决后顾之忧。目前，全球有8万多名专业买手入驻洋码头，他们是资深的专业买手达人，拥有敏锐的时尚眼光，与全球品牌、大型商超、奥特莱斯开展各种合作，从海外源头为国内消费者带来物美价廉、时尚美丽、质量过硬的海外商品。

2) 平台特点

(1) 买手商家模式。洋码头是业内首个创立买手商家制的电商平台，通过买手商家模式建立碎片化的弹性全球供应链，用扫货直播的方式，为国内消费者提供全球值得买的好商品。一直以来，洋码头不断夯实买手商家制模式，凸显平台差异化特征，同时注重赋能买手商家，定期提供各项培训，并不断完善服务制度，进一步服务好消费者。目前，洋码头认证买手商家超过 8 万名，覆盖全球六大洲，分布于美国、英国、日本、韩国、澳大利亚、新西兰等 83 个国家，每日可供购买的商品数量超过 80 万件。

(2) 大数据监管。洋码头在源头上，通过线上/线下、多部门联合监督，不断完善提升买手商家入驻门槛和审核机制，引入供应链、运营、客服、市场四大部门共同审核，身处海外的买手也将接受当地国家法律监管，同时定期组织海外团队实地回访，核查相关资质，保证消费者购买到的商品均为海外正品；技术上，它利用大数据监管体系，综合千万交易数据与海量用户反馈，严格甄选出海外正品好货，上线“码头优选”优中选优，帮助消费者轻松决策。

(3) 物流仓储。洋码头是跨境行业中率先自建国际物流的跨境电商平台之一，借助旗下官方物流贝海国际，布局全球服务网络，与海关全面对接入境包裹信息，大大提高了清关效率，并通过在线查询运输状态实现“海外正品”溯源，保证运送过程完全封闭，避免拆包、掉包，形成了业内难以效仿的核心竞争力。同时，通过与国际航空公司合作，洋码头控制了空运时效成本，同时提升了海关清关运能，极大地保证了物流速度。

(4) 售后保障。洋码头加大投入建设本土服务中心，其中一个重要体现就是首创“本土退货”概念，建立国内退货仓，支持“7 天无理由本土退货”，包括商家端保税发货与海外直邮两种入境方式的商品退货，保障消费者的完整服务体验。洋码头还增设了本土客服，“洋管家”随时待命，应对世界各地语言与时差差异，解答消费者购物、退换货等各类咨询，极大地保障了良好的客户服务体验。

**知识拓展**

### 沃尔玛跨境电商平台

沃尔玛是世界上最大、收入最高的零售商之一。沃尔玛网上交易平台于 2012 年上线，并严格管理卖家。目前沃尔玛平台提供了约 1100 万种产品，而其计划是每个月向平台增加约 100 万种新产品。

沃尔玛的电商发展方向与亚马逊截然不同。亚马逊把大量资金用在了发展和宣传自己的线上平台上，而沃尔玛的电商策略却是不断收购和入股各国最具影响力的线上平台，这样既可以获得收益，又可以让自己的线下产品获得更多的线上销售渠道。沃尔玛在全球 27 个国家开设了 10 000 家分店，通过把这些零售商店作为“物流中心”，来与其他网上竞争对手竞争，并在电商策略上更加有野心。

在美国，沃尔玛收购了发展迅速的全新平台 jet.com，并投入巨额资金让 jet.com 在纽约、波士顿、旧金山等一线城市扩大宣传。现在 jet.com 鼓励客户购买商品(有点像山姆会员店)，并已经成为美国中上阶层线上购物的一种时尚。在印度，沃尔玛巨资入股印度最大电商平台 Flipkart.com，而入资后 Flipkart 在印度迅速与亚马逊拉开更大距离，现在 Flipkart 在印度占据 35%的市场份额，亚马逊占据 27%的市场份额。在中国，沃尔玛首先收购了一号店，之后入股京东，现在京东和一号店都在全部销售来自沃尔玛的生鲜和其他产品。

沃尔玛开放第三方平台后，为卖家提供了更多的销售渠道。沃尔玛平台目前远未饱和，一些品类的产品非常稀缺，平台所面向的用户也与亚马逊和 eBay 不同，所以对于想扩大发展规模的卖家来说，沃尔玛平台提供了一个非常诱人的机会。由于沃尔玛平台卖家必须处理物流、退换货、客服等问题，因此只有一部分有能力的卖家才能在平台销售产品。但如果有正确的策略、计划和执行方案，任何类型的卖家都有可能通过沃尔玛扩大业务，从而提高自己的销售额。

## 四、出口跨境电商平台简介

出口 B2C 电商起步于早期中小卖家通过 eBay、亚马逊向国外消费者销售具有低价优势的“中国制造”产品，凭借中国制造红利和初期低流量成本，在跨境电商市场中迅速成长。2008 年金融危机爆发，出口电商行业在面临需求不振、成本大幅提升的双重危机下第一次洗牌，经营效率高、用户体验好的企业顺利度过危机，开始探索差异化的产品策略。

### 1. Amazon 平台

1) 平台简介

Amazon，知名 B2C 平台，以销售书籍和音像制品起家，其平台页面如图 1-4 所示。2000 年，Amazon 开始通过品类扩张和国际扩张，致力于成为全球最大的网络零售商。其用户多为国外中高端消费群体，目前是全球第二大互联网公司。亚马逊长于供应链管理和成本控制，尤其是其全球化的系统仓储物流体系。

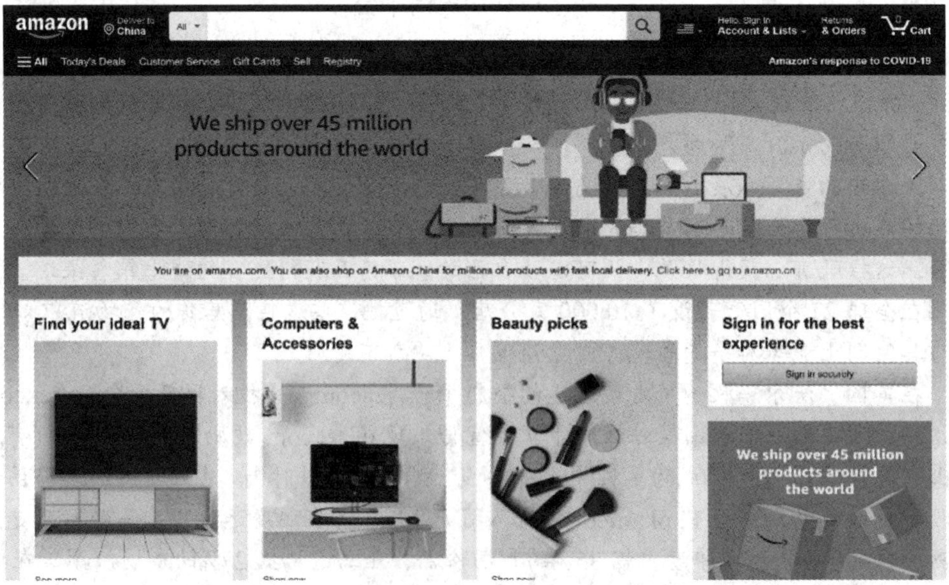


图 1-4　亚马逊平台页面

2) 平台特点

亚马逊平台主要有 4 大特点：① 重推荐轻广告，重产品轻店铺；② 重产品详情，轻客服咨询；③ FBA 亚马逊仓储物流；④ 支持货到付款。

(1) 平台定位。亚马逊对新手来说是一个很友好的平台，也是一个卖货和利润都很不错的平台，卖家的店铺等级不会影响到商品销量和声誉，因为亚马逊是没有店铺等级之分的，亚马逊重视的是产品质量，主要面向的是中产阶级的客户。

(2) 平台费用。亚马逊对接多个国家，每个站点的收费标准是不一样的，北美站是 39.9 美金，欧洲站是 25 英镑，日本站是 4900 日元，兑换成人民币不到 300 元。亚马逊在店铺注册时只收取租金和佣金的抽成，没有押金，货款的周转时间为 14 天。

(3) 平台运营。在亚马逊平台上没有店铺的概念，卖家只是单纯地在平台上卖货，哪怕卖家只上传了一件产品，只要你运营得当，产品的质量过关，照样是会出单的。亚马逊的转化率和利润率是同类平台中最高的。

## 2. eBay 平台

1) 平台简介

eBay 除了 C2C 以外，B2C 和 B2B 交易也相当活跃，每一个分类都有一个批发专区，通过首页底部的全球站导航，可以进入到 26 个国家刊登批发信息。eBay 不提供仓储物流服务，仅为卖家推荐第三方跨境物流服务。eBay 以拍卖网站起家，更像是一种社交型电子商务网站，其优势在于 PayPal。PayPal 全球性的一站式支付，对中小卖家很有吸引力，业务覆盖全球 190 多个国家和地区。eBay 平台页面如图 1-5 所示。

图 1-5　eBay 平台页面

2) 平台特点

eBay 平台主要有 4 大特点：① 重店铺及产品，与国内淘宝平台类似；② 平台为卖家提供了 3 种刊登方式——拍卖方式、一口价方式、拍卖+一口价综合方式，卖家可以根据自己的需求和实际情况来选择物品刊登方式；③ 重客户体验，例如高速的浏览体验和个性化界面友好用户体验；④ 是二手货销售的主要平台，eBay 起家卖的就是二手商品。

(1) 平台定位。eBay 平台对于产品的质量要求比较高，同时也比较注重价格。在平台上，卖家产品质量相同的情况下，价格越低的就越有优势。因此，如果卖家有物美价廉的产品，就可以选择 eBay 这个平台。

(2) 平台费用。eBay 店铺分为初、中、高三个级别。初级的店铺收费约为 180 元，包括上传一口价产品 250 个和拍卖 250 个，然后再上传是一口价产品每个约 1.5 元，拍卖产品每个约 1.8 元；中级店铺收费约为 530 元；高级店铺收费约为 2500 元，eBay 另外还有着很多收费项目。

(3) 平台运营。在同一个 eBay 店铺中可以上传很多不同类目的产品，也可以卖二手商品。

### 3. 速卖通平台

#### 1) 平台简介

全球速卖通是阿里巴巴旗下面向全球市场打造的在线交易平台(如图 1-6 所示)，被广大卖家称为国际版“淘宝”。速卖通于 2010 年 4 月上线，经过 3 年多的迅猛发展，目前已经覆盖 220 多个国家和地区的海外买家，每天海外买家的流量已经超过 5000 万，最高峰值达到 1 亿，已经成为全球最大的跨境交易平台。

从 2016 年 4 月 1 日开始，新卖家在入驻时需要有企业身份，不再允许个人(包括个体工商户)卖家入驻。同时，类目准入也需要企业身份的账号才能申请。

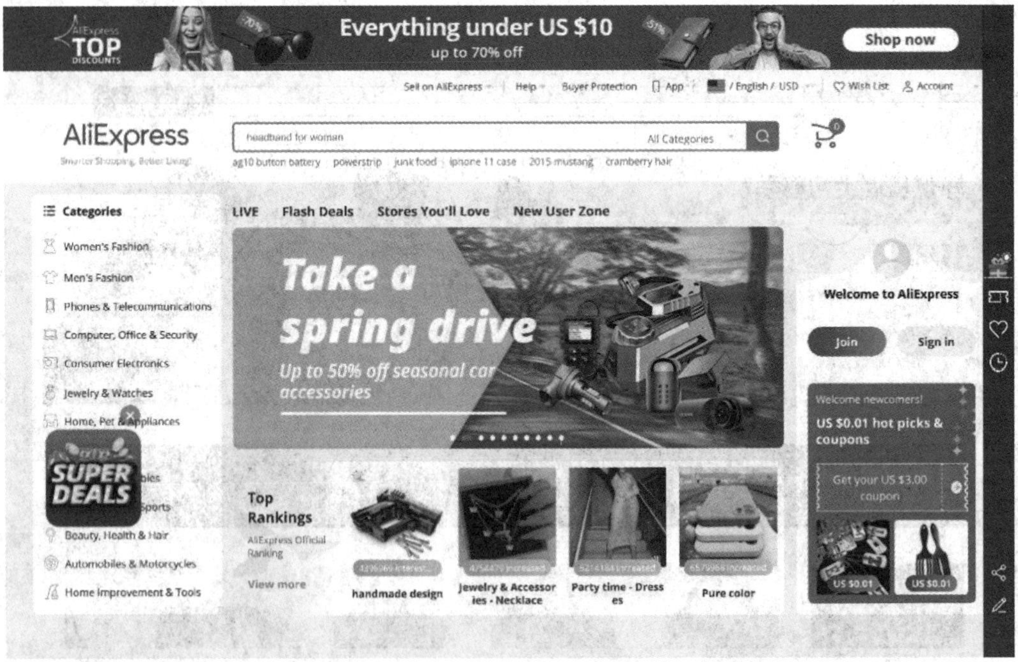


图 1-6　速卖通平台

#### 2) 平台特点

速卖通平台主要有 4 大特点：① 重视买家体验；② 重视产品详情及客户咨询；③ 重视平台的营销推广活动；④ 重店铺及产品。

(1) 平台定位。速卖通面对的主要客户是发展中国家和一些较落后的国家，客户的群体主要面向中低端，主营电子产品和饰品类，价格竞争十分激烈，利润方面不太理想，但是卖家有实力的话，也是一个不错的选择。

(2) 平台费用。入驻速卖通平台最低需要缴纳年费 1 万，根据类目不同费用不一，然后产品收取 5%的佣金。根据店铺的运营情况，速卖通的年费会有一定返点。

(3) 平台运营。速卖通的平台运营需要精耕细作，与淘宝一样，需要重视店铺与产品的整体运营。

## 本 章 小 结

本章着重介绍了跨境电子商务的概念、特点、作用和基本流程，以及我国跨境电子商务的发展历程和存在的问题。跨境电子商务具有全球性、无形性、无纸化、即时性、虚拟化和多边化等特性。相对于传统国际贸易，跨境电商在降低国际贸易成本、提高交易效率、提升客户满意度的同时，也暴露出商品同质化严重、品牌意识不强、通关结汇难、物流时间长、信息网络安全体系不完善、电子商务法律制度不健全、跨境电商人才缺口大等诸多问题。跨境电商按照交易主体主要划分为 B2B、B2C 和 C2C 三类。按照交易方式，跨境电商主要划分为保税进口 + 海外直邮、自营 + 平台、综合自营、“三直”、垂直型自营 B2C 平台、导购返利平台和跨境 C2C 平台 7 类模式。本章梳理了跨境电商全球开店广泛使用的一些平台及其特点，包括天猫国际、苏宁国际、考拉海购洋码头等进口平台，以及亚马逊、eBay、速卖通等出口平台。

## 课 后 练 习 题

### 一、判断题

1. 跨境电子商务有助于传统外贸企业转型升级，对保持我国外贸稳定增长具有深远意义。（　）

2. 狭义的跨境电子商务仅仅包括企业与个人、个人与个人的基于电子商务平台的跨境网络零售。（　）

3. 2013 年是中国跨境电子商务行业的重要转型年，跨境电商全产业链均出现了商业模式的变化。（　）

4. 从进出口结构来看，我国跨境零售进口在跨境电商交易中占主导地位。（　）

5. Amazon 属于 B2B 跨境电子商务平台。（　）

6. eBay 平台不支持个人二手物品交易。（　）

7. 相较于速卖通，Amazon 更加注重店铺管理。（　）

8. Wish 平台的大部分流量和订单来自 PC 端。（　）

### 二、思考题

1. 简述你对跨境电商的理解。

2. 试比较不同跨境电商模式的优缺点。
3. 试述跨境电商与传统外贸的区别与联系。
4. 外贸企业如何应对跨境电商的竞争？

**三、实训题**

1. 总结 Amazon、eBay 和速卖通三个平台的优劣势。
2. 列举 3～5 个跨境电商进口平台，简要描述其特色。
3. 试注册一个 eBay 账号，并绑定 PayPal。

## 本章参考文献


[1] 邓志新，崔慧勇，莫川川. 跨境电商理论、操作与实务[M]. 北京：人民邮电出版社，2018.
[2] 周志丹，徐方. 跨境电商概论[M]. 北京：机械工业出版社，2020.
[3] 张函. 跨境电子商务基础[M]. 北京：人民邮电出版社，2019.
[4] 秦良娟. 跨境电子商务理论与实践[M]. 上海：华东师范大学出版社，2019.
[5] 胡令. 电子商务理论与实务[M]. 2 版. 北京：人民邮电出版社，2017.
[6] 徐凡. 跨境电子商务基础[M]. 北京：中国铁道出版社，2017.
[7] 张瑞夫. 跨境电子商务理论与实务[M]. 北京：中国财政经济出版社，2017.
[8] 于立新. 跨境电子商务理论与实务[M]. 北京：首都经济贸易大学出版社，2017.
[9] 杨立钒. 跨境电子商务教程[M]. 北京：电子工业出版社，2017.
[10] 关继超. 跨境电商[M]. 广州：广东人民出版社，2016.
[11] 李鹏博. 揭秘跨境电商[M]. 北京：电子工业出版社，2015.

# 第二章 跨境电商选品与定价策略

## 学习目标

1. 了解跨境电商选品的考量因素及注意事项。
2. 了解跨境电商选品的分类和方法。
3. 熟悉跨境电商货源选择的途径和方法。
4. 掌握跨境电商商品的价格构成。
5. 掌握跨境电商商品的定价策略。

## 第一节 跨境电商选品分类与方法

### 一、品类的定义

品类即商品种类。一个品类是指在顾客眼中一组相互关联的和(或)可相互替代的商品和(或)服务。一般情况下品类分为四个品类角色：目标性品类、常规性品类、季节性品类、便利性品类。不同的品类角色意味着不同的品类策略和品类目标。

从大类角度选择，品类主要有以下几个方面：儿童用品、摄像器材、汽车配件、手机周边、服装服饰、电脑周边、电子、美容保健、家居园艺、首饰手表、办公用品、体育用品、玩具收藏品、游戏配件等，见图 2-1。

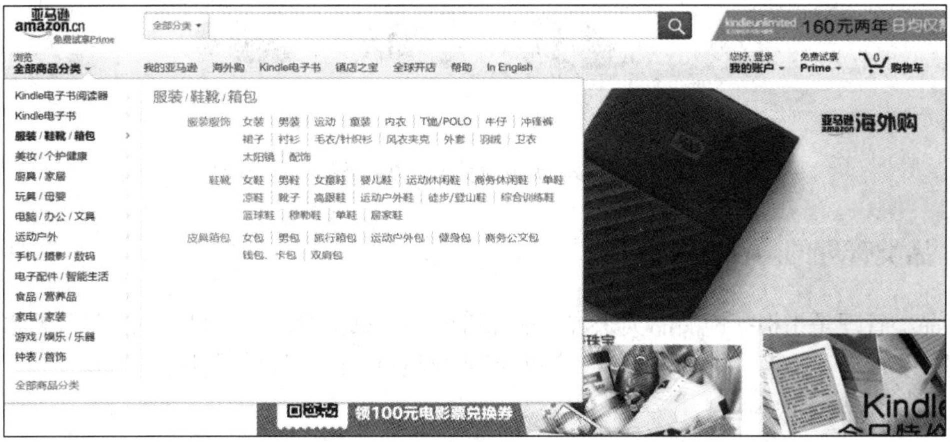


图 2-1 亚马逊首页左侧的品类目录及子类目

## 二、选品分类的方法

### 1. 主动选品

主动选品指卖家通过了解目标市场或者目标行业，主动去研发或者寻找商品。例如，熟悉数码类消费电子商品的卖家，对数码类商品的选择会精细到：数码类商品→手机周边商品→音响→蓝牙音响。以蓝牙音响为例，进行主动选品时，卖家需要对整个市场的蓝牙音响商品都了如指掌。例如，哪款是新开发的，哪款是低价走量的，哪款是走高端、高利润策略的。

### 2. 被动选品

被动选品指卖家参考平台上大多数卖家的数据，查看近期销量比较大的爆款是哪些，从而决定自己销售的商品。这样做比较省事，但会永远比别人慢一步，所以卖家在选品时如果能做到主动选品与被动选品相结合更佳。

以亚马逊为例，在亚马逊前端点击“Departments(全部商品分类)”，点击目标产品所在的细分类目，直接点击“Best sellers”，如图 2-2 所示。通过以下排行榜，卖家可以知道产品的诸多信息。

(1) “Best sellers(卖得最好的)”：卖家可以知道具体类目中，卖得最好的产品有哪些。

(2) “Hot new releases(热门新品)”：卖家可以知道现在最新、最热的产品有哪些。在分析时结合季节、节日、推广等因素，可以对热卖品以及趋势有一个判断。

(3) “Top rated(评价最高的)”：了解评价最高的产品都有哪些。

(4) “Most wished for(愿望清单)”：了解消费者想要什么。

图 2-2　Amazon 美国站女生牛津鞋类销售排行榜

## 三、品类管理的方法

品类管理是指根据产品品类来进行的品牌管理，品类管理包括品类的宽度管理和深度管理。宽度一般指商品的大类数量，深度指某一类商品的品种数量(见图 2-3)。

### 1. 品类的宽度管理

对品类的宽度管理包括两个方面：一方面，需要充分研究该类别，拓展品类开发的维度，全面满足用户对该类别产品的不同方面的需求，既要拓宽品类的宽度，又要提升品类的专业度。另一方面，应考虑该品类与其他品类之间的关联性，提高关联销售度和订单产品数。

**2. 品类的深度管理**

对品类的深度管理包括四个方面：一是每个子类的产品数量要有规模，品相足够丰富；二是产品有梯度，梯度体现在价格、品相、质量等方面；三是挖掘有品牌的产品进行合作，提高品类口碑和知名度；四是对目标市场进行细分研究，开发针对每个目标市场的产品。

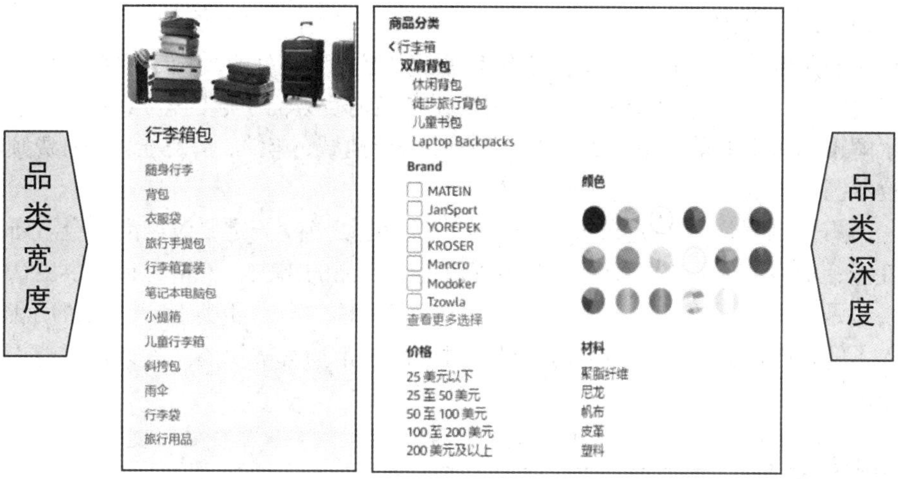


图 2-3　Amazon 美国站行李箱包类商品的品类宽度与深度

# 第二节　跨境电商选品考量与注意事项

## 一、选品的考量因素

从市场角色关系看，选品指选品人员从供应市场中选择适合目标市场需求的商品。一方面，选品人员要把握目标需求；另一方面，选品人员还要从众多供应市场中选出质量、价格、外观最符合目标市场需求的商品。成功的选品，应该达到供应商、客户、选品人员三者共赢的结果。选品是决定跨境电商成功与否的关键。由于需求和供应处于不断变化中，因而选品也是跨境电商企业的日常工作。选品的考量因素有以下几个方面。

**1. 从货源角度选择**

涉及货源的角度主要有两个方面：价格和对货源质量的把控。

(1) 从价格角度考虑。产品价格从来都是买卖双方首要考虑的问题，对于跨境电商产品的价格，由于要考虑到各种税费，总体上单品价格适宜在 50～500 美元之间。

首先，跨国交易需要考虑到国际运费，如果商品单价太低，运费比产品价格要高出很多，那么买家在选择是否购买时，就会犹豫不决，在其他产品的诱惑下，很容易下单给其他商家。另一方面，产品单价过低，利润就不会太高，即使做成一单，但利润比快递费用还少，就会打消卖家继续经营的决心。同时，由于产品价格低、利润薄，也很容易引起其他竞争者跟风，扰乱市场。

此外，如果产品单价过高，如一些奢侈品、贵重物品，客户在选择时，会对其与实体店的商品进行比较，很难形成信任关系，快速形成订购。

(2) 从对货源质量的把控情况考虑。销售的本质就是以产品的质量换利益，特别是对于跨境电商来说，质量就是信誉。如果售卖假冒的、质量不合格的产品，或者货不对板，必然会失去大量客户，甚至会被平台封店。这样一来，只能是两败俱伤。所以，选好产品，还要能控制产品的质量，使销售能良性循环，越做越大，越做越好。

**2. 从市场角度选择**

从市场的角度选择产品，就需要综合考虑国内市场和国外市场由于地域文化的差异、消费习惯的不同、主流推广平台的不同等因素在产品消费方面引起的差异。做好需求调查，在充分了解市场需求的前提下，做好市场细分，分析地域、年龄、消费能力、消费倾向性、消费品位等因素，综合考虑选择哪种产品。

(1) 了解产品特性。在决定选择一样产品进行销售之前，一定要对产品本身有所了解，包括其性能、价格、市场需求情况以及国外对这个产品的需求、价格、市场供应情况等。当然，兴趣是根本，开始时一定要选择一个自己感兴趣的产品和类别，这能帮助我们更好地去深入了解这个产品的特性和市场。只有对产品和市场有敏锐的洞察力，才能更好地去把握买家的心理需求。

**知识拓展**

**跨境电商海外新兴市场分析**

1. 澳大利亚

据电商平台 Bronto Software 的海购意向调查显示，来自美国、中国和英国的跨境商品最受澳大利亚消费者青睐。其中，中国的商品在澳大利亚的最终实际成交率高达56%，远超其他国家商品。因此，亚马逊澳大利亚站被认为是中国卖家的新机遇所在。与中国电商有所不同，澳大利亚的网络市场并没有被划分为某个年龄段的主场，而是每个年龄段的网民分布都很平均。这也就意味着，针对不同性别和每个年龄段的商品，都有十分好的开拓前景。

2. 以色列

以色列人口不足 900 万，国土面积也不大，但以色列市场的电商交易发展潜力巨大。由于以色列国内日常消费品相较国外而言，性价比低，物流效率低下，为了节省生活成本，同时获得更优质的购物体验，跨境购物成为以色列人的必然之选。更重要的是，在所有海淘国家中，75 %的以色列网购消费者首选购买的是中国商品，其次是美国、英国和巴西等国商品，这对准备进军以色列电商市场的中国卖家而言，是个巨大的优势。

3. 中东

中东是电商发展最快的地区之一，在过去十年里，该地区的销售量增长了 1500 %。中东地区电商起步较晚，该地区有着大量的富裕人口，总体消费能力高但物资匮乏，因此人们网购热情高，客单价较高。在中东地区热卖的产品包括三大类：一是服饰类，但这类产品在中东地区退货率较高；二是鞋子类；三是电子产品类。

(2) 考察地域差异。在选择好产品以后，就需要对产品适合的市场进行研究。要考察文化、地理、消费习惯等问题，尤其是消费者的消费习惯、产品特性以及目标客户人群特征。由于地理和文化的差异，有时候，在国内热卖的爆品，在国外却没有人理睬，反而一些很冷门的商品却成为爆款。

(3) 针对平台特点。此外，面对不同的产品，不同的市场，不同的消费对象，在选择推广平台的时候，也需要我们根据具体产品和消费对象的不同来确定，详见表 2-1。例如，eBay 平台比较适合一些欧美、澳大利亚、英国等发达国家，它的优势在于其拥有一些比较有特色的产品，产品质量要求相对较高，但价格优势不明显。而速卖通则比较适合做发展中国家、欠发达国家的市场，比如巴西、俄罗斯等市场。它的优势是可以利用价格优势攻克更多客户。同时，速卖通另一个优势是即使是单一品类，其供应链也是非常齐全的。对卖家要求最高的是 Amazon，它对产品质量要求极高，其目的是为了集中优势品牌做最好平台。所以想做 Amazon，就必须有品牌意识，以高质量的产品建立品牌，以品牌换取利润。同时还需要特别关注各个平台关于禁止销售的商品规定(见图 2-4)，选品时要避开相关商品。

**表 2-1　主流跨境电商平台的主要销售市场**

| 跨境电商平台 | 主要目标市场 |
|---|---|
| 亚马逊 | 北美洲、欧洲、南美洲、大洋洲、亚洲等 |
| eBay | 美国、英国、大洋洲、中国、阿根廷等 |
| 速卖通 | 俄罗斯、巴西、美国、西班牙、法国以及南美等 |
| Lazada | 东南亚地区 |
| Wish | 北美地区 |

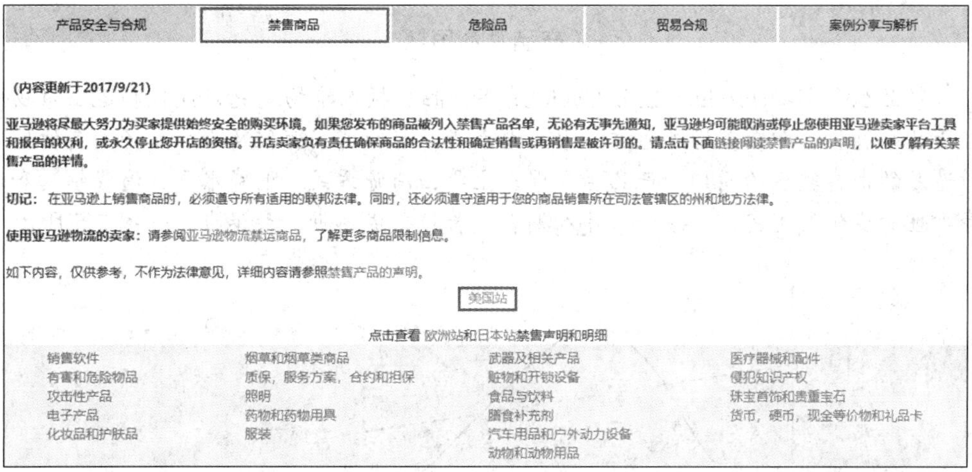


图 2-4　亚马逊卖家中心发布的禁售品说明

(4) 重视销售反馈。所有这些考虑因素，都可以直接或间接获得数据及销售反馈。要仔细深入地对销售数据和消费者反馈进行分析，特别是在不能去国外实地考察的情况下，一定要关注客户和市场的反应情况，做好记录，总结经验教训。尤其要经常留意和分析市场和平台上的数据，根据数据来源分析问题实质，及时根据客户、市场的回应做出相应的应对措施。

3. 从热门类别选择

(1) 优先选择“小、便、轻”的产品。首先，在选择产品的大类时，需要综合考虑选择那些“小、便、轻”(体积小、便于运输、重量轻)的产品类别，因为只有这些产品才能与从价格方面考虑的产品(单价低)进行结合。

其次，“小、便、轻”的产品具有运费成本优势。考虑到国内国际快递的运费价格，快递公司在收取运费的时候，会考虑到重量和体积的关系，选择对他们有利的一面收取运费，体积太大而重量轻的产品，会产生抛货重量，因而产生抛货价格，最终抬高运费，促使总价更高。这样一来，产品在价格方面的优势就没有了。

最后，“小、便、轻”的产品方便运输，经营风险低。选品总的原则是以不易在运输中损坏为宜。不然，因运输导致产品损坏，进而导致客户退换货的情况下极易产生交易纠纷。这样一来，一方面需要投入大量的人力和物力去解决纠纷，另一方面跨国运费跟国内运费也有很大区别，一来一回很可能使运费方面的损失增多，从而降低总体利润。

(2) 选择处于成长期的产品。选择处于成长期的产品，顾名思义就是选择有发展前途的适销产品。成长期是指产品生命周期中的第二个时期，在这个时期商品市场潜力大、利润率高。一些成长期商品利润率高达 50%，甚至 100%。成长期是介入市场的最佳时期。

因此，根据产品生命周期理论，卖家选品的策略是：从产品的成长期开始介入，而且越早介入市场越好。导入期介入，推广难度大，销售进展缓慢，初期利润通常偏低或为亏损；成熟期介入，虽然市场规模大，但竞争激烈，利润达到顶点并逐渐走下坡路；衰退期销售量显著衰退，盈利也会大幅度下降，竞争对手纷纷退出，更不宜介入市场。因此，对于跨境电商来说，应该选择处于成长期的产品早早介入，这时最容易打造热销商品。

**知识拓展**

**产品生命周期**

产品生命周期(Product Life Cycle)是指产品从投入市场到更新换代和退出市场所经历的全过程，即在市场流通过程中，由于消费者的需求变化及影响市场的其他因素所造成的由盛转衰的周期。产品生命周期主要由消费方式、消费水平、消费结构和消费心理的变化所决定，一般分为导入期、成长期、成熟期、衰退期，如图 2-5 所示。

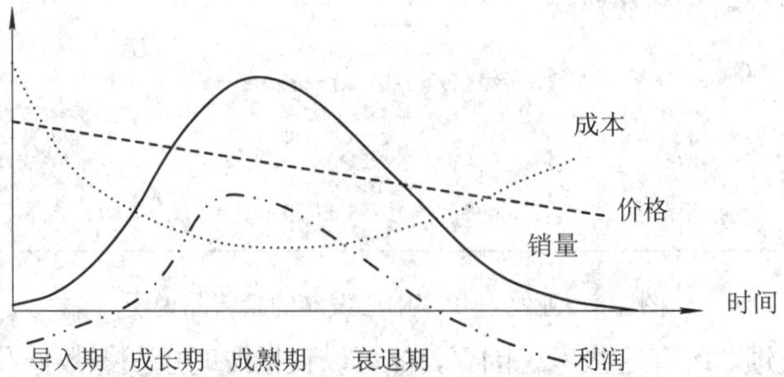


图 2-5　产品生命周期

(3) 选择蓝海行业。现存的市场由“红海”和“蓝海”两种“海洋”所组成。红海行业是指那些现有的竞争白热化的行业，如饰品行业、婚纱、假发行业等。蓝海行业是指未知的、有待开发的市场空间，属于竞争不大但又充满买家需求的行业，充满新的商机和机会。

新手卖家应该在接触平台的时候寻找一级蓝海行业或者红海行业当中的蓝海行业去经营，这样会避免遇到更多竞争者，获得更大的竞争优势，实现快速成长。

(4) 优先选择易通关的产品。在海关通关和清关方面，要注意有些产品是不能通过海关或者不被国际快递接受的。例如，除了国家法律禁止的物品外，液体、粉末状物品、药品(需要专门的快递)、易燃易爆品等都是不能快递的。另外，还需要搞清楚哪些国家不接受哪些产品进口(如澳大利亚不接受化妆品、珠宝等物品的清关)。具体规定可以根据自己的产品咨询相关的物流公司，也可咨询同行业资深人士。

(5) 优先选择易耗型产品。优先选择易耗型产品也就是选择一些生命周期比较短的产品。这样的产品容易引起重复购买，形成用户黏性，一说到什么产品，自然而然地就想到某某店铺。这样一来，很顺利地形成了品牌，从而更有利于该产品消费信息的传播和留住老客户。

## 二、货源选择

商品货源的选择有两种渠道：一种是线下货源，另一种是线上货源。

### 1. 线下货源

线下货源是指在当地可以找到的实体店货源，包括专业批发市场和工厂货源。

(1) 专业批发市场。如果资金比较充裕的话，卖家应该首先在当地专业市场进货。这样做有两个好处：一是可以亲自验看商品的质量；二是确保有库存，不会出现买家想购买某商品却断货的情况。例如，卖家要找电子商品就到深圳，要找服装类商品就到广州、虎门，要找 LED 灯饰类商品就到中山等。如果能够和批发市场的老板多次交易的话，卖家还有可能拿到较低的批发价，在有新货或热销款时也会较早得到通知。但是无论选择在哪里进货，一定要记住，首次进货一定要多品类，同一款商品几件即可，如果销售情况好再去进货。专业批发市场货源的优点是方便、运输成本低、可见实物、可议价，且比较稳定。

(2) 工厂货源。如果能和工厂达成合作，工厂货源是最好的货源渠道，不但可以节省成本，商品售后也有保障，而且工厂货源是人性化的，可定款、定价、定量。对于未来的发展，工厂货源是最佳选择。采用工厂货源的缺点是：如果是小批量拿货，很难与工厂建立合作。

### 2. 线上货源

(1) 网上商城批发。网上商城批发是一个比较常见的渠道，因为没有地域限制，所以进货比较方便，成本也较低，且货源比较稳定，操作简单，缺点是见不到实物。例如，阿里巴巴 1688 上聚集了各类厂家，很多厂家都提供批发业务，商品也配有图片。不过这些厂家都要求卖家大量进货，如果店铺前期资金和经验不足，可以在阿里巴巴的小额批发区进货，虽然进价高些，但是风险低，以后销量提高再寻找好的货源相对容易。

(2) 做网店代理或代销。现在很多电子商务网站不仅做批发，还提供代理或代销服务。网店代理比较适合电商新手，开店成本较低。但是卖家在找这类代理的时候一定要多对比，可以先买一两件样品试试，因为现在很多网站提供的商品在质量上缺乏保障。如果代理了存在质量问题的商品，遭到投诉，不仅会亏本，还可能会降低店铺的信誉。

### 三、选品注意事项

从外贸进出口统计数据来看，一直比较热门的几个大类主要有食品、服装、3C 电子及周边、假发、电子烟、汽车配件、家居、饰品、健康美容瘦身产品等。一般情况下，越是热门的商品，竞争也越激烈，越需要用独到的眼光去挑选产品。这些产品最好既能凸显张扬自我个性，如个性饰品、特色箱包、定制礼服等，又能抢占较多人群市场，最好能形成一种消费潮流，长期、快速、稳定地抢占市场。

总的来说，挑选产品对于新手来说确实是比较困难的事情。市场上种类繁多的产品，哪个更容易售出，很难预测或全部掌握。有时，别人卖得比较好的产品自己并不一定卖得好。所以，对于新手来说，在选择适合自己的产品后，可以采用删选法，即在经营初期大量铺货，而且隔一段时间就换一轮产品；销售一两个星期后，再通过分析数据撤换掉销售表现差的产品。通过反复优胜劣汰、大浪淘沙的方式，最终挑选出好卖的产品，然后再进一步丰富其产品类别，做强品牌、做优服务。

## 第三节　跨境电商商品的价格构成及定价策略

### 一、跨境电商商品的价格构成

从事跨境电商经营的核心目的是盈利，而利润＝商品价格－成本，也就是说商品价格取决于成本和利润。所以，首先要非常清楚商品的实际成本，这也是商品定价策略的基础。商品的实际成本一般由下面几部分组成：

进货成本(商品价格＋快递成本＋破损成本)＋跨境物流成本＋跨境电商平台成本(包括推广成本、平台年费、活动扣点)＋售后维护成本(包括退货、换货、破损成本)＋其他综合成本(人工成本、跨境物流包装成本等)。

1. 进货成本

进货成本指从国内供应商处采购商品的成本，一般包括工厂进价和国内物流成本。进货成本取决于供应商的价格基础。在进行跨境商品定价之前首先应该了解商品采购价格处于这个行业价格的什么水平，也就是供应商的价格水平是不是具备优势。选择一个优质的供应商是跨境电商经营的重中之重，优质的商品品质、商品研发能力、良好的电商服务意识都是选择供应商要考虑的因素，但最核心的因素是供应商的价格必须具备一定的市场竞争力，这样才可能拥有足够的利润空间去做运营和推广。

2. 跨境物流成本

跨境物流成本是商品实际成本的重要组成部分，根据跨境物流模式的不同而有所不同。在跨境物流费用的报价上，商品标价里通常会写上“包邮(Free Shipping)”，这样的标价方式比较吸引客户。所以，卖家一定要将跨境物流费用计算在商品价格之中(物流成本的核算方法见跨境电商物流部分)。

#### 3. 跨境电商平台成本

跨境电商平台成本是指基于跨境电商平台运营、向跨境电商平台支付的相关费用，一般包括入驻费用、成交费用、推广费用、平台年费和活动扣点，其中的核心是推广费用，如阿里巴巴速卖通平台的P4P(Pay for Performance)项目推广费用。如果卖家的资金实力不够雄厚，对于商品的推广投入更应该谨慎且要有非常详细的预算。一般资金投入建议是：(工厂进价 + 国际物流成本) × (10%～35%)。就入驻费用而言，目前除敦煌网和Wish外，其余平台都要收取，且每年在1万元以上。就成交费用而言，阿里巴巴速卖通按每笔成交额的5%收取，而亚马逊则是按成交额的一定比例收取，一般为8%～15%，其他的平台也有相应规定。跨境电商平台成本越高，商品的价格就会越高，就越不具备价格竞争力。

#### 4. 售后维护成本

售后维护成本是很多跨境创业新人最容易忽视的一个成本。很多中小跨境卖家在我国境内发货，线长、点多、周期长，经常会出现商品破损、丢件、客户退货退款的纠纷。因为跨境电商的特性，这样的成本投入往往比较高，我们在核算成本的时候应该把这个成本明确核算进去。核算的比例一般是：(进货成本 + 国际物流成本 + 推广成本) × (3%～8%)，如果超过这个比例建议放弃这类商品。

#### 5. 其他综合成本

其他综合成本包括人工成本、办公成本、物流包装成本等。

**知识拓展**

**价格构成的几个名词**

我们在分析定价之前要先了解以下几个名词：

(1) 上架价格（List Price，LP）：即商品在上传平台的时候所填的价格。

(2) 销售价格即折后价（Discount Price，DP）：即商品在店铺折扣下显示的价格。

(3) 成交价格（Order Price，OP）：即用户在最终下单后所支付的单位价格。

这几个价格的关系是：

销售价格 = 上架价格 × 折扣率

成交价格 = 销售价格 − 营销优惠（满立减、优惠券、卖家手动优惠）

## 二、跨境电商商品的定价策略

要决定如何给一个电商商品定价，对一些卖家来说可能是一个不大不小的挑战，既想给顾客一个合理的价格，又想赚取更多的利润。了解传统的、最受欢迎的零售电商定价策略，有助于卖家混合使用这些不同的定价策略，为所销售的商品设定最合适的价格。电商卖家经常使用的、传统的商品定价策略主要有：基于成本的定价、基于竞争对手的定价和基于商品价值的定价。当然，为了配合店铺营销策略，电商卖家还会使用一些其他定价策略，如折扣定价策略、引流款定价策略和盈利款定价策略。

### 1. 基于成本的定价

基于成本的定价可能是零售行业最受欢迎的定价模式。其最大的优点就是简单。一家商店，无论是实体店还是电商店铺，不用进行大量的顾客或市场调研就可以直接设定价格，并确保每个销售商品的最低回报。因而，这种定价又被称为“稳重定价”。

卖家要想运用基于成本的定价策略，就需要知道商品的成本，并提高标价以创造利润。该定价策略的计算方式为：

成本 + 期望的利润额 = 价格

想象你拥有一家卖 T 恤的电商店铺。采购一件衬衫需要花 11.5 美元，这件衬衫的平均运费是 3 美元，所以你估计的成本是 14.5 美元；而你想在每件售卖的衬衫上赚取 10.5 美元的利润，所以价格就应该是 25 美元。

如果你新增了一种 T 恤，这种 T 恤成本需要 15 美元，加上 3 美元的预计运费，其价格应该为 28.5 美元，也就是 18 美元的商品成本再加上 10.5 美元的利润。

当然，卖家也可以使用百分比来定价，可以简单地在商品成本上加上期望达到的利润率来定价。

例如：商品成本是 3 美元，按照速卖通目前的平均毛利润率(15%)，还有固定成交速卖通佣金费率 5%，以及部分订单产生的联盟费用 3%～5%进行计算。

我们可以推导出：

销售价格 = 3 美元 ÷ (1 − 0.05 − 0.05) ÷ (1 − 0.15) ≈ 3.92 美元

再保守点，

销售价格 = 3 美元 ÷ (1 − 0.05 − 0.05 − 0.15) = 4 美元

那么这其中，5%的联盟佣金并不是所有订单都会产生的，但考虑到部分满立减、店铺优惠券、直通车等营销投入，营销费用大致是 5%。

得到销售价格后，需要考虑该商品是通过活动来销售还是作为一般款来销售。

假如作为活动款销售，那么按照平台通常活动折扣要求 40%(平时打 40%折扣，活动时最高可以到 50%)来计算：

上架价格 = 销售价格 ÷ (1 − 0.4)

基于成本的定价策略可以让零售电商卖家避免亏损，但这种定价策略容易带来价格战。

**例题**：亚马逊平台单个产品定价和成本计算方法

以亚马逊平台为例，产品的成本包含采购价、国内物流费、头程运费、平台佣金、FBA 配送费。

假设某产品的采购成本是 30 元人民币，产品重量是 500 g，售价 30 美金(191 元人民币)，那么国内的物流费，如以物流价格 1.3 元每公斤为例。

单个产品的国内物流费：0.5 kg × 1.3 = 6.5 元(不同物流公司价格有所差异)，头程物流费以美国的空运费 32 元每公斤计算，0.5 kg × 32 = 16 元(具体价格随时变动)。

平台佣金是售价的 15%：30 × 15% = 4.5 美金，折合人民币 29 元。

FBA 配送费单个产品大概是 2～3 美金(体积越大，价格越贵)，折合人民币 15 元，那么，产品的单个运营成本是：30 + 6.5 + 16 + 29 + 15 = 96.5 元。

单个产品的毛利润：191 − 96.5 = 94.5 元，此产品毛利润率约等于 50%。

单个产品的净利润：94.5 元减去一定的退货，减去产品广告费，减去公司运营成本，再减去 1%的汇损的最终值。如果退货和广告费能够控制好，该产品的净利润率大概在35%～45%左右。

### 2. 基于竞争对手的定价

采用基于竞争对手的定价策略时，只需“监控”直接竞争对手对特定商品的定价，并设置与其相对应的价格就可以了。

## 知识拓展

### 亚马逊跟卖

1. 什么是亚马逊跟卖

亚马逊是一个“重商品而轻店铺”的平台，为了避免平台出现大量重复的、类似的商品和页面，同样一个商品详情页面内可能会有多个卖家。除了占据黄金购物车的卖家，其他卖家售卖同样的产品都叫“跟卖”。所谓亚马逊跟卖，就是共享 Listing 的一种售卖方式，在与别人创建的商品和商品详情的描述全部一致时，与其他卖家共用一个 Listing 详情页(图 2-6)。

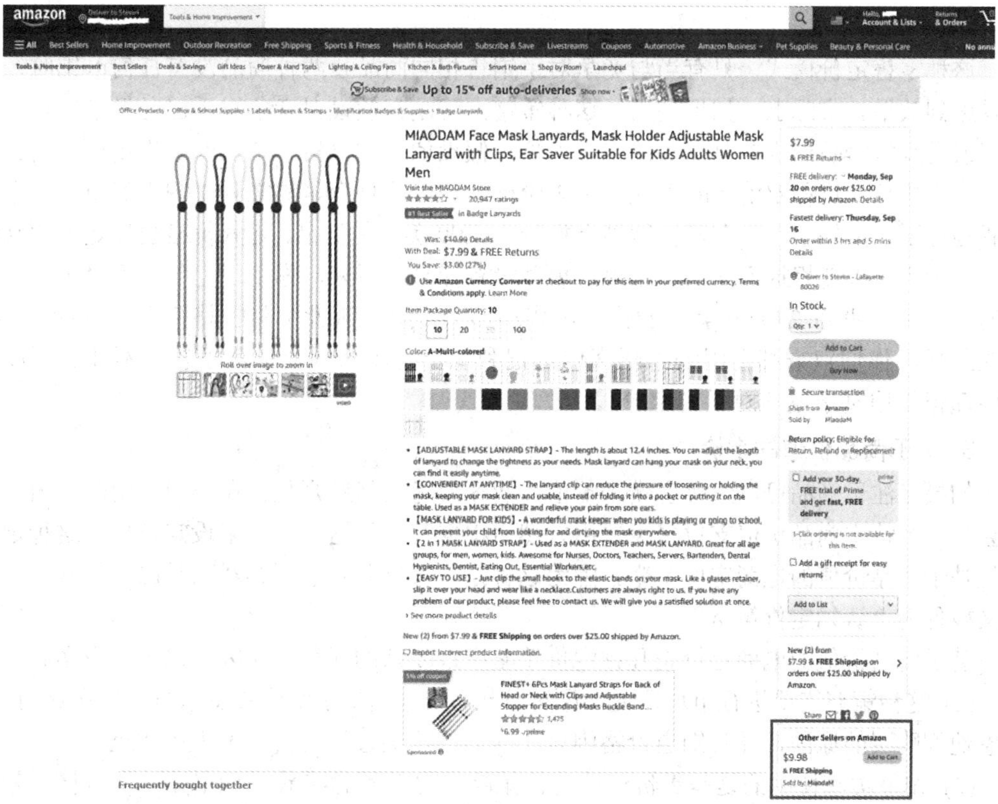


图 2-6　亚马逊的商品“跟卖”(亚马逊的其他卖家)

2. 跟卖的要求

(1) 产品品牌、图片、标题、颜色、参数、材质、包装等方面完全一样；

(2) 跟卖的产品，首先需要获得在这个平台售卖的品牌授权；

(3) 要注意是否侵犯其他商家的知识产权，比如商标、专利的侵权等。

跟卖最大的缺点是比价严重，容易形成恶性竞争。同一条 Listing，多个卖家在上面卖产品，为了取得相对高的竞争优势，价格战是不可避免的。低价也会不断挤压利润。

3. 跟卖的好处

(1) 上传商品省时省力。跟卖的商品发布过程非常简单，不需要创建页面，因为别人已经做好了 Listing，只需要设置一下价格，就可以在亚马逊上卖货了。

(2) 快速获取流量。跟卖流量大、销量情况比较好的 Listing，非常有利于冲销量。这相当于在蹭别人的流量，“窃取”别人运营的劳动成果。这也是很多卖家喜欢跟卖的主要原因。

4. 跟卖的缺点

跟卖最大的缺点是比价严重，容易形成恶性竞争。同一条 Listing，多个卖家在上面卖产品，为了取得相对高的竞争优势，价格战是不可避免的。低价也会不断挤压利润。

这种零售定价模式，只有当与竞争对手销售相同商品且两种商品没有任何区别时，才可以达到效果。实际上，如果使用了这种策略，就是在假设对竞争对手已经做了些相关研究，或是竞争对手至少拥有足够的市场地位，假设他们的价格一定是匹配市场期望的。

不幸的是，这种定价策略可能会带来价格竞争，这种竞争称之为“向下竞争”。假设在亚马逊平台上销售一个在其他网站上标价 299.99 美元的商品，将其价格也设定为 299.99 美元，希望订单能蜂拥而来，但结果订单并没有涌来。后来，你发现竞争对手“跟卖”了你的 Listing，并以 289.99 美元的价格出售相同的商品，因此你将价格降至 279.99 美元。不久之后，你们双方都会因为不断降价，把利润空间压缩得几乎可以忽略不计。所以卖家要谨慎使用基于竞争对手的定价。

**3. 基于商品价值的定价**

如果专注于商品可以给顾客带来价值，卖家思考的问题则是：在一段特定时期内，顾客会为一个特定商品价值支付多少费用？然后根据客户的这种感知来设定价格，这种定价就是基于商品价值的电商定价策略。因为这种定价策略取决于顾客对商品的认知水平，所以又被称为“认知定价策略”。

基于商品价值的电商定价是几种定价策略中最复杂的一种，原因有以下几方面。

(1) 这种策略需要进行市场研究和顾客分析，卖家需要了解最佳受众群体的关键特征，考虑他们购买的原因，并且知道价格因素在他们的购买过程中占了多大的比重。

(2) 如果卖家使用的是基于价值的定价策略，这并不意味着只设定完一个价格后就万事大吉了。相反，商品定价的过程可能会是一个相对较长的过程。随着顾客对市场和商品的了解加深，卖家需要不断对价格进行重复、细微的改动。不过，不管是从平均商品利润还是整体盈利水平来说，该定价方式都可以带来更多的利润。

举个例子：想象一位在繁忙大街上卖雨伞的商户，当阳光灿烂时，路过的行人没有立即买雨伞的需要。如果他们买了雨伞，那也是在未雨绸缪。因此，在天气好的情况下，顾客对雨伞的感知价值相对较低。尽管如此，卖家仍可以依靠促销来达到薄利多销的目的。在下雨天时，雨伞的价格可能会上升很多。一位急着去面试的行人在下雨天可能愿意为一把雨伞支付更高的价格，因为他不愿意浑身湿透了再去面试。因此，卖家可以从每把销售的雨伞中获得更多的利润。换句话说，商品价格是以顾客的感知价值为基础的。

### 4. 折扣定价策略

利用电商平台的促销功能，设置折扣价是常见的定价策略。折扣价格并不是长期打折，折扣的目的是吸引消费者，一般是在标价的基础上选择一定的折扣，把利润、成本全部标在“上架价格”中，并且把快递邮费也包含在标价里，这样往往比较容易吸引客户。卖家也可以定期做一些优惠活动，如“买就送”，参与平台的一些推广活动等。销售量越高，价格越优化，卖家在跨境平台上的排名就越有优势。需要注意的是折扣的英文表达。例如，如果卖家希望将商品打 9 折，其英文应该写“10% off”，而不是“90% off”。

### 5. 引流款定价策略

对于新的跨境店铺，首先要做的就是引流。此时，一般的定价策略是在速卖通等跨境平台输入商品的关键词，找到行业的价格水平，如找到 10 家跨境卖家的价格，取一个价格的平均值，最后把商品的“上架价格”标为“平均值 × (1 − 15%)”的价格。这样卖家可能有亏损，但是这样的标价再结合一定的 P4P 推广，很容易为店铺吸引比较高的流量。这个标价是折扣价格，后期等店铺流量上升以后，卖家可通过调整折扣的方式，把价格调回正常水平。

还有一种引流型定价策略，又被称为“狂人策略”，其具体做法是研究同行业卖家、同质商品销售价格，确定行业的最低价，以最低价减去其 5%～15%的价格为商品的销售价格。用销售价格倒推“上架价格”，不计得失确定成交价。“上架价格”的定价方法有两种：

(1) 上架价格 = 销售价格/(1 − 15%)，此策略成本略高，可以用来打造爆款，简单、有效，但不可持续，风险较大。

(2) 上架价格 = 销售价格/(1 − 30%)，此策略微保守，可以通过后期调整折扣来让销售价格回到正常水平。

以上两种定价思路都可以在 15%折扣下平出或者略亏，作为引流爆款的方法。

### 6. 盈利款式的定价策略

盈利商品的调价能力(也就是商品的溢价能力)，是定价策略中最核心的部分。对确定能产生利润的商品，卖家应该在商品品质和供应商供应链能力方面做好把控，其品质必须非常可靠而且稳定，供应商的供应能力(包括库存、研发等)应该完善且持续性强。

优质的盈利商品必须具备下面几个特性：

(1) 行业竞争不充分、不密集。卖家进入跨境电商平台调研，输入商品的关键词，查询这个阶段有多少竞争对手在卖同系列同款式的商品，查看其排名和商品曝光是不是具备优势。一般来说，同类供应商越密集，商品定价越低，溢价能力越弱。

(2) 商品的差异化特征。跨境电商商品应在照片拍摄、商品描述上具备差异化，在功能、属性方面有自己的特点。以女装为例，卖家在拍摄商品照片时聘请国外的专业模特溢价能力就会提高。给客户提供个性化、差异化的服务，商品溢价能力也会大大提高。

(3) 营销推广测试新款。把商品推广到 P4P 直通车或者利用 Facebook 等进行营销推广，添加购物车数据越多，溢价能力就会越高。

(4) 客户对品牌的印象。品牌和高档仅是客户的感觉，客户会从店铺装修、店铺设计、图片美工、描述等细节感知这个店铺的专业度和商品的档次，所以卖家一定要在店铺的设计和定位上下足功夫，做好文章。店铺的设计越专业，商品溢价能力越强。

(5) 抓住消费的季节性。很多商品会有季节性，如圣诞节、万圣节、情人节。季节性越强的商品，商品的溢价能力越高。

(6) 销售量和好评率。这一点最为明显也最为直接。如果店铺的销售量高、好评率高、客户满意度高，商品溢价能力自然也高。

(7) 对于供应商的压价能力。如商品是爆款，销量非常大，店铺订货就会采用大额订单的模式，通常这时供应商就会给店铺一个更低廉的价格，店铺就拥有一个比较大的价格空间，后期的溢价能力也较强。

总之，盈利商品是店铺的核心，对于盈利商品，卖家要依靠特色和差异化提升竞争力，要在拍摄、描述方面下足功夫，并且多给商品增加溢价能力；溢价因素越多，商品的后期利润就越高。

**知识拓展**

### 商品成本核算和利润分析方法

经过层层分析筛选确定要上架的商品后，还需要对商品的成本进行核算，并分析其利润。一般利润率公式为：

销售利润率 = (销售收入 − 销售成本) ÷ 销售收入

扣除一些做促销活动的空间，如果利润率大于 20%，则考虑产品上架进行销售。比如表 2-2 所列 5 款亚马逊平台上的商品。款号为 10158、10159、15020 的产品可以在亚马逊进行销售，而款号为 15018、15019 则不考虑放在亚马逊进行销售。15019 虽然有利润，但是利润不多，这样放上去平台销售风险比较大。而 15018 完全是亏损的，更加没有必要放到该平台销售。

**表 2-2　5 款亚马逊产品成本及利润分析**

| 产品型号 | 成本(元) | 汇率 | 重量(KG) | 物流费用(元) | 亚马逊平台佣金(元) | 总费用(元) | 建议零售价(美元) | 利润(元) | 利润率(%) |
|---|---|---|---|---|---|---|---|---|---|
| 10158 | 50 | 7.47 | 0.05 | 33 | 22.3 | 105.3 | 19.9 | 43.36 | 29.17 |
| 10159 | 53 | 7.47 | 0.05 | 35 | 22.3 | 110.3 | 19.9 | 38.36 | 25.8 |
| 15018 | 99 | 7.47 | 0.05 | 35 | 22.4 | 156.4 | 19.99 | −7.07 | −4.74 |
| 15019 | 105 | 7.47 | 0.05 | 35 | 27.9 | 167.9 | 24.9 | 18.1 | 9.73 |
| 15020 | 99 | 7.47 | 0.08 | 35 | 36.86 | 170.8 | 32.9 | 74.9 | 30.48 |

# 本章小结

本章对跨境电商选品的定义、选品分类的方法、品类管理的方法、选品考量的因素、货源选择的渠道和商品价格构成以及定价策略的相关知识进行介绍。

在选品方面，选品的考量因素有从货源角度要把控合适的价格区间和货源质量；从市场角度要在了解产品特性的基础上，考虑地域差异，针对不同平台特点进行选品，并根据销售数据的反馈及时调整；从热门类别角度，应该优先选择“小、便、轻”的产品、易通关、易耗型处于成长期的蓝海行业产品。

在定价方面，商品的价格构成包括进货成本、物流成本、跨境电商平台成本、售后维护成本、其他综合成本、利润等六部分。跨境电商商品的定价策略包括基于成本定价、基于竞争对手定价、基于商品价值定价、折扣定价、引流款定价、盈利款定价等六种策略。

# 课后练习题

## 一、判断题

1. 高仿A货和LV手包可以在亚马逊平台销售。 （ ）

2. 主动选品是通过参考平台销售数据，在平台近期的销售爆品中选择商品。 （ ）

3. 跨境电子商务店铺的核心目的是需要赢利，所以首先要正确核算真正的产品成本，这也是之后开展产品定价策略的基础。 （ ）

4. 跨境电商选品可以不考虑目标国家。 （ ）

5. 只要跨境电商商品质量够好，定价越高越好。 （ ）

6. 只要商品有特色，跨境电商选品可以不考虑平台特色。 （ ）

7. 根据产品生命周期理论，卖家应该选择处于成熟期的产品。 （ ）

8. 销售价格大于或者等于上架价格。 （ ）

9. 在跨境电商交易中，物品的实际价格是由物品和运费的总价构成的。在选择物品的时候，应该尽量选择重量轻、物品价值低的商品。 （ ）

10. 亚马逊平台的成本包括采购价、国内物流费、头程运费、FBA配送费用。（ ）

## 二、思考题

1. 跨境电商商品的实际成本由几部分组成？不同平台的成本差异主要体现在哪些方面？

2. 跨境电商有哪些定价策略？

3. 如何选择盈利款商品？在盈利款商品的定价方面和提升盈利能力时应该注意什么？

## 三、实训题

1. 以某个跨境电商平台为例，选择一种商品并对其定价，写出选品的理由及定价步骤。

2. 浏览亚马逊、速卖通、eBay三大跨境电商出口平台网站，分析其商品及定价特色，并形成实训报告。

3. 选择三款亚马逊北美站的商品核算并分析其成本和利润。

## 本章参考文献

[1] 陈明，许辉. 跨境电子商务操作实务[M]. 北京：中国商务出版社，2016.
[2] 邓志新. 跨境电商理论、操作与实务[M]. 北京：人民邮电出版社，2018.
[3] 陈祎民. 跨境电商运营实战：思路. 方法. 策略[M]. 北京：中国铁道出版社，2016.
[4] 张建平. 跨境电商工作宝典[M]. 青岛：中国海洋大学出版社，2017.
[5] 吴喜龄，袁持平. 跨境电商实务[M]. 北京：清华大学出版社，2018.
[6] 柯丽敏，洪方仁. 跨境电商理论与实务[M]. 北京：中国海关出版社，2018.

# 第三章　跨境电商物流管理

## 学习目标

1. 了解跨境电商物流的特点。
2. 熟悉跨境电商物流的主要方式及特点。
3. 掌握海外仓物流方式的流程及功能。
4. 熟悉跨境电商物流选择的标准。
5. 掌握跨境电商物流选择的方法。

## 第一节　跨境电商物流概述

### 一、跨境电商物流的定义

物流作为供应链的重要组成部分，是为了满足消费者的需求，对商品、服务以及相关信息从产地到消费地的高效、低成本流动和储存所进行的规划、实施与控制的过程。电子商务物流是随着电子商务实践的快速发展而提出的，指利用互联网技术，尽可能地把世界范围内有物流需求的货主企业和提供物流服务的物流公司联系在一起，提供中立、诚信、自由的网上物流交易市场，促进供需双方高效达成交易的过程。

跨境电商物流的不同之处在于交易的主体分属于不同关境，商品要跨越不同的国界才能够从生产者或供应商到达消费者。跨境电商物流是指采用现代物流技术，利用国际化的物流网络，选择最佳的方式与路径，以最低的费用和最小的风险，实现货物在国际间的流动与交换。其内涵主要有以下两点：

#### 1. 国际物流服务水平是跨境电商发展的保证

跨境电商运作过程中涉及信息流、商流、资金流、物流，信息流，商流和资金流均可通过计算机和网络通信设备在虚拟环境下实现，但物流环节是不能在虚拟环境下实现的。国际物流系统包括仓储、运输、配送、流通加工、包装、装卸搬运和信息处理 7 个子系统。国际物流系统高效率、高质量、低成本的运作是促进跨境电商发展的保证。

#### 2. 跨境电商效率与效益的提升对跨境电商物流服务提出了更高要求

现阶段采用较多的跨境物流方式主要有邮政物流、商业快递、专线物流、海外仓储等。

跨境电商的发展对国际物流服务提出了更高的要求，国际物流企业需要不断更新信息技术和物流技术，增强国际供应链响应能力，降低国际物流成本，提高智能化管理水平，提升客户服务水平，从而促进跨境电商效益的提升。

## 二、跨境电商物流的流程

跨境物流在两个或两个以上国家之间进行物流服务，是物流服务发展到高级阶段的一种表现形式。与国内物流相比，跨境物流还涉及输出国与输入国海关，面临清关、商检等程序，整体过程较为复杂，具体如图 3-1 所示。

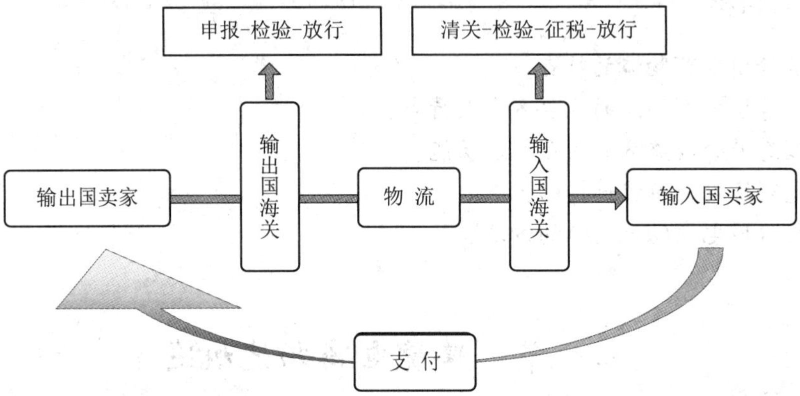


图 3-1　跨境物流流程图

## 三、跨境电商物流的特点

跨境电商物流存在以下特点：

(1) 物流周期长。跨境电商因要跨越不同关境，物流周期较长。运往俄罗斯、巴西等新兴市场的物流时间往往有十几天甚至一个月之久。

(2) 成本占比高。跨境物流价格普遍较高。尤其中国邮政小包恢复全价对卖家造成巨大影响，很多卖家不得已改换其他渠道；但是专线物流等其他渠道往往难以保证清关的稳定性，从而对电商的物流绩效和买家的客户体验造成了很多不利影响。

(3) 流程复杂。跨境电商物流涉及国内头程交货、缴费、海关清关及当地派送多个环节，流程复杂。如果是海外仓形式的物流渠道还涉及海外仓库操作和分拣等，流程更为复杂。

# 第二节　跨境电商物流方式

目前跨境电商的国际物流主要有四种方式，包括邮政物流、商业快递、专线物流和海外仓模式。

## 一、邮政物流

根据运营主体不同，中国邮政物流可分为两大业务种类：一是中国邮政的航空小包和大包，二是中国邮政速递物流分公司的 EMS 和 ePacket 等业务方式，两者的运营主体不同，包裹的收寄地点也不同。

### 1. 中国邮政航空小包(China Post Air Mail)

中国邮政航空小包，又称“中邮小包、空邮小包、航空小包”，以及其他以收寄地市局命名的小包(如“上海小包、宁波小包”)，包含挂号、平邮两种服务。中国邮政挂号小包(China Post Registered Air Mail)需要加挂号费每单 8 元，提供网上跟踪查询服务。

由于价格便宜、投寄方便，中国邮政小包是当前中国跨境电商卖家首选的小包物流方式。

(1) 中邮小包的体积和重量限制。包裹的重量在 2 kg 以内(到阿富汗为 1 kg 以内)。在体积大小方面分两类。

非圆筒货物：长 + 宽 + 高≤90 cm，单边长度≤60 cm，长度≥14 cm，宽度≥9 cm。

圆筒形货物：直径的两倍 + 长度≤104 cm，单边长度≤90 cm，直径的两倍 + 长度≥17 cm，长度≥10 cm。

(2) 中邮小包的运费计算公式。

$$中邮挂号小包运费 = 重量 \times 单位价格 \times 折扣率 + 挂号费(挂号费每件 8 元)$$

$$中邮平常小包 = 重量单位价格 \times 折扣率$$

注意：中邮小包的最低收费为 50 g(即首重为 50 g)，如果包裹重量轻于 50 g，则按 50 g 计算。

**例题 3-1**：某跨境电商卖家，要发送一件货物到德国，选择中邮挂号小包。他从货代那里拿到的运费折扣率为 9 折，包裹的重量为 0.5 kg，长、宽、高为 30 cm × 20 cm × 10 cm，请判断此件包裹是否符合中邮小包的体积和重量限制要求？如符合，则该跨境电商卖家需支付多少运费？

答：该包裹的重量 = 0.5 kg≤2 kg，符合重量要求。

该包裹长、宽、高 = 30 cm × 20 cm × 10 cm，长、宽、高之和 = 60 cm≤90 cm，最长边 = 30 cm≤60 cm，符合体积要求。

因此该包裹符合中邮小包的重量和体积限制要求，可以按中邮小包发送。

根据中邮小包的运价表(见表 3-1)，查到去德国的中邮小包运价是 81 元/ kg，因此该包裹的运费为

$$\begin{aligned}运费 &= 重量 \times 中邮小包单位价格 \times 折扣率 + 挂号费\\ &= 0.5\ \text{kg} \times 81\ 元/\text{kg} \times 0.9 + 8\ 元\\ &= 44.45\ 元\end{aligned}$$

**表 3-1　中国邮政小包价格表**

| 计费区 | 国家及地区 | 资费标准/(元/kg)(不含挂号费) |
|---|---|---|
| 1 | 日本 | 62.00 |
| 2 | 新加坡、印度、韩国、泰国、马来西亚、印度尼西亚 | 71.50 |
| 3 | 奥地利、克罗地亚、保加利亚、斯洛伐克、匈牙利、瑞典、挪威、德国、荷兰、捷克、希腊、芬兰、比利时、爱尔兰、意大利、瑞士、波兰、葡萄牙、丹麦、利比亚、以色列 | 81.00 |
| 4 | 新西兰、土耳其 | 85.00 |
| 5 | 美国、加拿大、英国、西班牙、法国、俄罗斯、乌克兰、卢森堡、爱沙尼亚、立陶宛、罗马尼亚、白俄罗斯、斯洛文尼亚、马耳他、拉脱维亚、波黑、越南、菲律宾、巴基斯坦、哈萨克斯坦、塞浦路斯、东亚及西亚个别国家 | 90.50 |
| 6 | 南非 | 105.00 |
| 7 | 阿根廷、巴西、墨西哥 | 110.00 |
| 8 | 老挝、孟加拉国、柬埔寨、缅甸、尼泊尔、文莱、不丹、马尔代夫、东帝汶、阿联酋、约旦、巴林、阿富汗、伊朗、科威特、也门、伊拉克、黎巴嫩、秘鲁、智利 | 120.00 |
| 9 | 塞尔维亚、阿尔巴尼亚、冰岛、安道尔、法罗群岛、直布罗陀、列支敦士登、摩纳哥、黑山、马其顿、圣马力诺、梵蒂冈、摩尔多瓦、格鲁吉亚 | 147.50 |
| 10 | 大洋洲、非洲、美洲及其他国家 | 176.00 |

(3) 中邮小包的时效与跟踪查询。

① 时效：中邮小包的时效为 15～60 天，到土耳其、新西兰、北欧等国家较快(12～15 天)；到西班牙、加拿大、澳大利亚较慢(30～45 天)；到巴西等南美国家非常慢，发货高峰期甚至派送时间会超过 60 天。

② 跟踪查询：平邮小包不受理查询；挂号小包大部分国家可全程跟踪，部分国家只能查询到签收信息，部分国家不提供信息跟踪服务，如寄到澳大利亚的包裹，只能查到中国境内的追踪信息。

(4) 中邮小包的优缺点。

① 优点：运费经济、便宜，可以送达全球各个邮政网点；国内中邮货代服务发达，折扣优惠；走邮政包裹通道，可以最大程度避免关税。

② 缺点：运输时间长，12～60 天；丢包率高，丢包后赔偿响应慢，且赔偿成功概率不高。

### 2. 中国邮政大包

中国邮政大包，又称中国邮政航空大包(China Post Air Parcel)，俗称“航空大包”或“中邮大包”。但事实上，中国邮政大包除了航空大包外，还包括水陆运输的大包。中邮大包可寄达全球200多个国家，价格低廉，清关能力强，对时效性要求不高而稍重的货物，可选择使用此方式发货。

(1) 中邮大包的体积和重量限制。中邮大包体积和重量的限制根据运输物品的重量及目的国家而有所不同，单边体积不超过100 cm。

(2) 中邮大包的运费计算。中邮大包以首重1 kg、续重1 kg的计费方式结算。

(3) 中邮大包的跟踪查询。官方查询网址：http://intmail.183.com.cn/。

(4) 中邮大包的优缺点。

① 优点：一是成本低，尤其是该方式以首重1 kg、续重1 kg的计费方式结算，价格比EMS低，且和EMS一样不计算体积重量，没有偏远附加费，较商业快递有绝对的价格优势。二是通达国家多，中邮大包可通达全球大部分国家和地区，且清关能力强。三是中邮大包的运单简单，操作方便。

② 缺点：部分国家限重10 kg，最重也只能30 kg；妥投速度慢；查询信息更新慢。

### 3. 国际E邮宝

国际E邮宝(ePacket)，隶属EMS业务，是中国邮政为适应国际电子商务寄递市场的需要，为中国电商卖家量身定制的一款全新经济型国际邮递产品，提供该服务的中国邮政速递物流公司，是中国邮政集团公司直属全资公司，主要经营国际、国内EMS特快专递业务。国际E邮宝和香港国际小包一样，针对的是轻小件物品的空邮产品，限2 kg以内。

(1) 国际E邮宝的重量和体积限制。单件最高限重2千克，单件的最大尺寸：长、宽、高合计不超过90 cm，最长一边不超过60 cm。圆卷邮件直径的两倍和长度合计不超过104 cm，长度不得超过90 cm。圆卷邮件直径的两倍和长度合计不小于17 cm，长度不小于11 cm。单件最小尺寸：单件邮件长度不小于14 cm，宽度不小于11 cm。

(2) 国际E邮宝适用的国家和运价。目前，国际E邮宝可以发往39个国家和地区，具体资费和规定参考中国邮政官方网址：http://shipping.ems.com.cn/product/findDetail？sid=400032。

(3) 国际E邮宝的运费计算。

$$E邮宝运费=单位运价重量\times 折扣率+挂号费$$

(4) 国际E邮宝的优缺点。

① 优点：时效快，寄往美国的2 kg以内的货物，时间为3～15天，且费用便宜。

② 缺点：只适合2 kg以内的货物；一些国家的挂号费较贵，因此，对重量特别轻的商品而言，运价不是很经济；不受理查单业务，不提供邮件丢失、延误赔偿。

### 4. EMS邮政快递

EMS(Express Mail Service)，邮政特快专递服务，是中国邮政速递物流公司提供的一种快递服务。EMS国际快递是中国邮政联合各国邮政开办的一项特殊邮政业务。该业务在各国邮政、海关、航空等部门均享有优先处理权，这是EMS区别于很多商业快递最根本的地方。

(1) EMS资费标准及运费计算。运费的计算：运费=首重+续重×重量。EMS资费标准及要求见表3-2。

**表 3-2　EMS 资费标准及要求**

| 费区 | 通达国家(地区) | 价格(元) | | | 参考时限(天) | 最高限重(kg) | 最大尺寸限制(m) |
|---|---|---|---|---|---|---|---|
| | | 首重(500 g) | | 续重(500 g) | | | |
| | | 文件 | 物品 | | | | |
| 一区 | 中国澳门、中国台湾、中国香港 | 90 | 130 | 30 | 2～4 | 澳门 31.5，其他 30 | 香港：标准 1；其他：标准 3 |
| 二区 | 朝鲜、韩国、日本 | 115 | 180 | 40 | | 30 | 朝鲜：标准 2；其他：标准 1 |
| 三区 | 菲律宾、柬埔寨、马来西亚、蒙古、泰国、新加坡、印度尼西亚、越南 | 130 | 190 | 45 | 3～7 | 越南 31.5；蒙古 20；其他 30 | 标准 1 |
| 四区 | 澳大利亚、巴布亚新几内亚、新西兰 | 160 | 210 | 55 | 6～8 | 澳大利亚 20；其他 30 | 澳大利亚：标准 4；其他：标准 1 |
| 五区 | 美国 | 180 | 240 | 75 | 5～7 | 31.5 | 标准 5 |
| 六区 | 爱尔兰、奥地利、比利时、丹麦、德国、法国、芬兰、荷兰、加拿大、卢森堡、马耳他、南非、挪威、葡萄牙、瑞典、瑞士、西班牙、希腊、意大利、英国 | 220 | 280 | 75 | 7～10 | 30 | 标准 1 |
| 七区 | 巴基斯坦、老挝、孟加拉国、尼泊尔、斯里兰卡、土耳其、印度 | 240 | 300 | 80 | 3～7 | 印度 35；其他 30 | 标准 1 |
| 八区 | 阿根廷、阿联酋、巴拿马、巴西、白俄罗斯、波兰、俄罗斯、哥伦比亚、古巴、圭亚那、捷克、秘鲁、墨西哥、乌克兰、匈牙利、以色列、约旦、乌拉圭、黎巴嫩 | 260 | 335 | 100 | 7～15 | 古巴 10，阿根廷、圭亚那、以色列、波兰、乌克兰 20；哥伦比亚 50；其他 30 | 阿根廷：标准 2；其他：标准 1 |
| 九区 | 阿曼、埃及、埃塞俄比亚、阿塞拜疆爱沙尼亚、巴林、保加利亚、博茨瓦纳、布基纳法索、刚果(布)、刚果(金)、哈萨克斯坦、吉布提、几内亚、加纳、加蓬、卡塔尔、开曼群岛、科特迪瓦、科威特、克罗地亚、肯尼亚、拉脱维亚、卢旺达、罗马尼亚、马达加斯加、马里、摩洛哥、莫桑比克、尼日尔、尼日利亚、塞内加尔、塞浦路斯、沙特阿拉伯、突尼斯、乌兹别克斯坦乌干达、叙利亚、伊朗、伊拉克、乍得、阿尔及利亚 | 370 | 445 | 120 | 7～20 | 哈萨克斯坦、叙利亚、巴林 20；开曼群岛 10；阿塞拜疆 50；肯尼亚、布基纳法索、罗阿尼亚 31.5；其他 30 | 开曼群岛：标准 2；其他：标准 1 |

最大限制尺寸标准对照：

标准 1：任何一边的尺寸都不得超过 1.5 m，长度和长度以外的最大横周合计不得超过 3.0 m；

标准 2：任何一边的尺寸都不得超过 1.05 m，长度和长度以外的最大横周合计不得超过 2.0 m；

标准 3：任何一边的尺寸都不得超过 1.05 m，长度和长度以外的最大横周合计不得超过 2.5 m；

标准 4：任何一边的尺寸都不得超过 1.05 m，长度和长度以外的最大横周合计不得超过 3.0 m；

标准 5：任何一边的尺寸都不得超过 1.52 m，长度和长度以外的最大横周合计不得超过 2.74 m。

(来源：http://shipping.ems.com.cn/product/findDetail？sid = 7476)

(2) EMS 的优缺点。

① 优点：国际 EMS 快递通关能力强，可发名牌产品、电池、手机等产品；货物不计体积，适合发体积大、重量小的货物；无燃油附加费及偏远附加费；时效较邮政大包快，原则上 3～15 天内到达全球各目的地；寄往俄罗斯等国家有优势。

② 缺点：EMS 相对于商业快递而言，速度会偏慢些；查询网站信息滞后，一旦出现问题，只能做书面查询，查询时间较长；不能一票多件，大货价格偏高。

## 二、商业快递

### 1. UPS

UPS 全称是联合包裹服务公司(United Parcel Service)，1907 年成立于美国华盛顿州西雅图，总部位于美国佐治亚州亚特兰大，是一家全球性的公司。UPS 是世界上最大的快递承运商与包裹递送公司，也是运输、物流、资本与电子商务服务的提供者。

UPS 快递服务产品有四类：

(1) UPS Worldwide Express Plus，全球特快加急。

(2) UPS Worldwide Express，全球特快。

(3) UPS Worldwide Saver，全球速快，也就是所谓的红单。

(4) UPS Worldwide Expedited，全球快捷，也就是所谓的蓝单，最慢，资费最低。

在 UPS 的运单上，前三种方式都是用红色标记的，最后一种是用蓝色标记的，但是通常所说的红单指的是第三种 UPS Worldwide Saver 上。

速卖通平台支持的 UPS 发货方式包含 UPS Worldwide Saver(俗称红单)和 UPS Worldwide Expedited(俗称蓝单)，下面做简要介绍。

(1) UPS 的资费标准。UPS 的资费标准以 UPS 网站公布的信息或者以 UPS 的服务热线信息为准。一票多件货物的总计费重量依据运单内每个包裹的实际重量和体积重量中较大者计算，并且不足 0.5 kg 按 0.5 kg 计算，超出 0.5 kg 不足 1 kg 的计 1 kg。每票包裹的计费重量为每件包裹的计费重量之和。

(2) UPS 的参考时效。UPS 国际快递参考派送时间为 2～4 个工作日。派送时间为从已上网到收件人收到此快件为止，遇到海关查车等不可抗拒的因素，派送时效就要以海关放行时间为准。

(3) UPS 的体积重量限制。UPS 国际快递小型包裹服务一般不递送超过重量和尺寸标准的包裹。若 UPS 国际快递接收该件，将对每个包裹收取超重超长附加费 378 元人民币。重量和尺寸标准如下：

① 每个包裹最大重量为 70 kg；

② 每个包裹最大长度为 270 cm；

③ 每个包裹最大尺寸：长度 + 周长 = 330 cm，周长 = 2 × (高度 + 宽度)。

(4) UPS 的优缺点。

① 优点：速度快，服务好；强项在美洲等线路，特别是美国、加拿大、南美、英国、日本，适于发快件。一般 2-4 个工作日可送达，美国 48 个小时送达；货物可送达全球 200

多个国家和地区，可以在线发货，在全国 109 个城市有上门取货服务；查询网站信息更新快，遇到问题解决及时。

② 缺点：运费较贵，要计算产品包装后的体积重，适合 6～21kg，或者 100kg 以上货物；对托运物品的限制比较严格；香港 UPS 大货不宜使用香港地址发货物(发票也不宜使用香港地址和公司)，可找正规的货代公司发货。

2. FedEx

FedEx 的全称是 Federal Express，即联邦快递，分为中国联邦快递优先型服务(International Priority，IP)和中国联邦快递经济型服务(International Economy，IE)。FedEx 成立于 1973 年，公司的亚太区总部设在香港，同时在上海、东京、新加坡均设有区域性总部。FedEx IP(中国联邦快递优先型服务)和 FedEx IE(中国联邦快递经济型服务)主要区别见表 3-3。

表 3-3　FedEx IP 和 FedEx IE 的区别与共同点

| FedEx IP | FedEx IE |
|---|---|
| 1. 时效快，2～5 个工作日<br>2. 清关能力强<br>3. 覆盖全球超过 200 多个国家及地区 | 1. 价格更加优惠<br>2. 递送的时效一般为 4～6 个工作日<br>3. 覆盖全球超过 90 多个国家和地区 |
| 共同点：清关能力强，清关团队相同，享受同样的派送网络。 | |

(1) 参考时效。FedEx IP 派送正常时效为 2～5 个工作日，此时效为快件上网至收件人收到此快件，需根据目的地海关通关速度决定。FedEx IE 派送正常时效为 4～6 个工作日，此时效为快件上网至收件人收到此快件，需根据目的地海关通关速度决定。

(2) 体积重量限制。联邦快递单件最长边不能超过 274cm；最长边＋其他两边的长度的两倍不能超过 330cm；单票的总重量不能超过 300kg，超过 300kg，需提前预约；单件或者一票多件中单件包裹超过 68kg 的需要提前预约。

(3) FedEx 的优缺点。

① 优点：适宜走 21kg 以上的大件，到南美洲的价格较有竞争力；2～4 个工作日可送达；网站信息更新快，网络覆盖全，查询响应快。

② 缺点：价格较贵，需要考虑产品体积重；对托运物品限制也比较严格。

3. DHL

DHL 是全球著名的邮递和物流集团 Deutsche Post DHL 旗下公司，主要包括 3 个业务部门：DHL Express、DHL Global Forwarding 和 DHL Supply Chain。DHL 国际快递是全球快递行业的市场领导者，可寄达 220 个国家及地区，涵盖超过 12 万个目的地。

(1) 参考时效。

① 上网时效：参考时效从客户交货之后第二天开始计算，1～2 个工作日后会有上网信息。

② 妥投时效：参考妥投时效为 3～7 个工作日(不包括清关时间，特殊情况除外)。

(2) 体积重量限制。

① 体积重量：长(cm) × 宽(cm) × 高(cm) ÷ 5000

② 货物的实际重量和体积重量相比二者中取较大者计费。单件包裹的重量不超 70kg，单件包裹的最长边≤1.2 m。

(3) DHL 操作注意事项。

① 物品描述：申报品名时需要填写实际品名和数量，不接受礼物或样品申报。

② 申报价值：DHL 对申报价值是没有要求的，建议按货物的实际价值申报，以免产生高额关税及罚金。

③ 收件人地址：部分国家不接受邮箱地址，必须提供收件人电话，只可用英文填写，其他语种不行。

(4) DHL 的优缺点。

① 优点：去西欧、北美有优势，适宜走小件，可送达国家网点比较多；2～4 个工作日可送达，欧洲一般 3 个工作日，到东南亚一般 2 个工作日；查询网站货物状态更新也比较及时，遇到问题解决速度快。

② 缺点：走小货价格较贵不划算，DHL 适合发 5.5kg 以上，或者介于 21kg 到 100kg 之间的货物；对托运物品的限制比较严格，拒收许多特殊产品，部分国家不提供 DHL 包裹寄递服务。

4. TNT

TNT 总部位于荷兰，是全球领先的快递服务商，为企业和个人提供全方位快递服务，在欧洲、中国、南美、亚太和中东拥有航空和公路运输网络。TNT 线上发货主要优势航线为欧洲航线，如英国、德国、法国等国家最快时效 3 天即可完成递送，基本上其他国家在无异常情况下 6 天左右可完成递送。

TNT 快递与全球速卖通平台合作，共同推出 TNT 线上发货服务，全面的欧洲空运、陆运网络覆盖，为速卖通卖家提供高效安全的物流服务。TNT 对接仓库为上海仓库。

(1) 参考时效。一般货物在发货次日即可实现网上追踪，全程时效 3～5 天，TNT 经济型时效为 7 天。

(2) 体积重量限制。单件包裹不能超过 70kg。三条边分别不能超过 240 × 150 × 120(单位：cm)。体积重量超过实际重量需按照体积重量计费，体积重量(kg)为：长(cm) × 宽(cm) × 高(cm) ÷ 5000。

(3) TNT 操作注意事项。

① 运费不包含目的地海关可能产生的关税、海关罚款、仓储费等费用，因货物原因无法完成清关手续或收件人不配合清关，导致货物被退回发件地所产生的一切费用，如收件人拒付，则需由卖家承担。

② 若因货物原因导致包裹被滞留，不能继续转运，其退回费用或相关责任由发件人自负。

③ 卖家若授权货代公司代为申报，如因申报原因发生扣关或延误，货代公司大多不承担责任。

④ 如 TNT 包裹需要申请索赔，需在包裹上网后 21 天内提出申请。

⑤ 一票多件计算方式：计算包裹的实重之和与体积重之和。

⑥ TNT 不接受仿牌货物，若仿牌货物被扣关 TNT 不负责。

(4) TNT 的优缺点。

① 优点：速度快，通关能力强，提供报关代理服务；可免费、及时、准确地追踪查询货物；在欧洲和西亚、中东及政治、军事不稳定的国家有绝对优势；在 2～4 个工作日内通至全球，可送达国家比较多；网络比较全，查询网站信息更新快，遇到问题响应及时；纺织品类大货到西欧、澳大利亚、新西兰有优势；可以通达沙特，但需提供正版发票。

② 缺点：要算体积重，对所运货物限制也比较多，价格相对较高。

上述四种国际商业快递的对比见表 3-4。

**表 3-4　四大国际商业快递巨头对比**

| 国际商业快递 | UPS | FedEx | DHL | TNT |
|---|---|---|---|---|
| 总部 | 美国 | 美国 | 德国 | 荷兰 |
| 特点 | 到美国速度极快，6～21 kg 物品发往美洲、英国有价格优势 | 价格偏高，21 kg 以上物品发送到东南亚国家速度快，价格也有优势 | 5.5 kg 以下物品发往美洲、英国价格有优势，21 kg 以上物品有单独的大货价格 | 西欧国家通关速度快，发送欧洲一般 3 个工作日可到达 |

## 三、专线物流

专线物流是指针对某个指定国家的一种专线递送方式。它的特点是货物送达时间基本固定，如到欧洲的英、法、德要 5～6 个工作日，到俄罗斯要 15～20 工作日，运输费用较传统国际快递便宜，同时保证清关便利。

速卖通平台上的专线物流有中东专线、中俄专线和其他专线。例如，到俄罗斯的专线有速优宝芬兰邮政小包(Posti Finland)、中俄航空(Ruston Air)、中俄快递 SPSR；到西班牙的有中外运——西邮经济小包(Correos Economy)等。这些专线的共同特点是运费比普通邮政包裹便宜，清关能力比普通邮资包裹强，运达速度快。因此，若有到目的国家的专线，可以首选物流专线。

### 1. Special Line-YW

Special Line-YW 即航空专线——燕文，俗称燕文专线，是北京燕文物流公司旗下的一项国际物流业务。线上燕文专线目前已开通南美专线和俄罗斯专线。

燕文南美专线小包：通过调整航班资源一程直飞欧洲，再发挥欧洲到南美航班货量少的特点，快速中转，避免旺季爆仓，大大缩短投递时间。

燕文俄罗斯专线小包：与俄罗斯合作伙伴实现系统内部互联，一单到底，全程无缝可视化追踪。国内快速预分拣，快速通关，快速分拨派送。在正常情况下俄罗斯全境派送时间不超过 25 天，人口 50 万以上的城市派送时间低于 17 天。

(1) 燕文专线的资费标准、参考时效及体积重量限制，如表 3-5 所示。

**表 3-5　燕文专线的资费标准、参考时效及体积重量限制**

<table>
<tr><td>资费标准</td><td colspan="4">计算方法：起重 50 g，每个单件包裹限重 2 kg</td></tr>
<tr><td>参考时效</td><td colspan="4">正常情况下，16～35 天到达目的地<br>特殊情况下，35～60 天到达目的地。特殊情况包括节假日、特殊天气、政策调整、偏远地区等</td></tr>
<tr><td rowspan="3">体积重量限制</td><td>包裹形状</td><td>重量限制</td><td>最大体积限制</td><td>最小体积限制</td></tr>
<tr><td>方形包裹</td><td rowspan="2">小于 2 kg<br>(不包含)</td><td>长、宽、厚之和＜90 cm，最长一边长度＜60 cm</td><td>至少有一面的长度＞14 cm，宽度＞9 cm</td></tr>
<tr><td>圆柱形包裹</td><td>2 倍直径及长度和＜104 cm，长度＜90 cm</td><td>2 倍直径及长度和＞17 cm，长度＞10 cm</td></tr>
</table>

注：资费标准请参考燕文专线网站

(2) 燕文专线的操作注意事项。包装材料及尺寸应按照所寄物品的性质、大小、轻重选择适当的包装纸或纸箱。邮寄物品外面需加套符合尺寸的包装纸或纸箱，包装纸或纸箱上不能有文字、图片、广告等信息。由于寄送路程较远、冬天寒冷等原因，需选用适当的结实抗寒的包装材料进行包装，以防以下情况发生：

① 封皮破裂，内件露出，封口胶开裂，内件丢失。

② 伤害处理人员。

③ 污染或损坏其他包裹或分拣设备。

④ 因寄送途中碰撞、摩擦、震荡或受压力、气候影响而发生损坏。

### 2. Russian Air

Russian Air 即中俄航空专线，是通过国内快速集货，航空干线直飞，在俄罗斯通过俄罗斯邮政或当地落地配送公司进行快速配送的物流专线的合称。现在中俄航空专线下已有 Ruston 专线(后续会上线更多的中俄航空专线)。

Ruston 俗称俄速通，是由黑龙江俄速通国际物流有限公司提供的中俄航空小包专线服务，是针对跨境电商客户物流需求的小包航空专线服务，渠道时效快速稳定，全程物流可跟踪。

(1) Ruston 的资费标准及参考时效，如表 3-6 所示。

**表 3-6　Ruston 的资费标准、参考时效**

| | |
|---|---|
| 资费标准 | 85 元/kg + 8 元挂号费，体积重量限制参照中邮小包的资费标准 |
| 参考时效 | 正常情况，15～25 天到达俄罗斯目的地<br>特殊情况，30 天到达俄罗斯目的地 |

(2) Ruston 的优点。

① 经济实惠。Ruston 以克为单位进行精确计费，无起重费，为卖家将运费定到最低。

② 可邮寄范围广。Ruston 是联合俄罗斯邮政推出的服务商品，境外递送环节全权由俄罗斯邮政承接，因此递送范围覆盖俄罗斯全境。

③ 运送时效快。Ruston 开通了“哈尔滨—叶卡捷琳堡”中俄航空专线货运包机，大大提高了配送时效，使中俄跨境电商物流平均时间从过去的近两个月缩短到 13 天。80%以

上的包裹 25 天内可到达。

④ 全程可追踪。货物信息 48 小时内上网，货物全程可视化追踪。

### 3. Aramex

Aramex 快递即中外运安迈世，创建于 1982 年，在国内也称“中东专线”，是发往中东地区的国际快递的重要渠道，其强大的联盟网络覆盖全球。Aramex 的总部位于迪拜，是中东地区的国际快递巨头，具有在中东地区清关速度快、时效快、覆盖面广、经济实惠的特点。

Aramex 的缺点是快递主要优势在于中东地区，在别的国家或地区则不存在这些优势，区域性很强，对货物的限制也较高。

(1) Aramex 的资费标准、参考时效及体积重量限制，如表 3-7 所示。

(2) Aramex 的操作注意事项：

① 运单上必须用英文清晰填写收件人名字、地址、电话、邮编、国家、货品信息、申报价值、件数及重量等详细资料。

② 必须在运单报关联清晰填写货物详情、名称、件数、重量及申报价值；单票货物申报不得超过 50 000 美元，寄件人信息统一打印。

③ Aramex 收件地址不可以是邮政的邮箱地址。

**表 3-7　Aramex 的资费标准、参考时效及体积重量限制**

| | |
|---|---|
| 资费标准 | 包括基本运费和燃油附加费两部分，其中燃油附加费每个月变化；其他费用以 Aramex 网站公布的数据为准 |
| 参考时效 | 收件后两天内上网，中东地区派送时效为 3～8 个工作日 |
| 体积重量限制 | Aramex 价格计算方式为：(首重价格 + 续重价格 × 续重数量) × 燃油附加费 × 折扣；超过 15 kg 的按续重单价 1 kg 计费，然后外加燃油附加费，再乘以折扣。Aramex 的体积重量的算法为，长(cm) × 宽(cm) × 高(cm)/体积重量计算常数。对于 Aramex 国际件的实际重量和体积重量，两者取较大值收取费用 |

(3) Aramex 的优势。

① 运费价格优势：寄往中东、北非、南亚等国家，价格具有显著的优势，是 DHL 的 60%左右。

② 时效优势：时效有保障，包裹寄出后大部分在 3～5 天可以投递，大大缩短了世界各国间的商业距离。

③ 无偏远费用：抵达全球各国和地区都无须附加偏远费用。

④ 包裹可在 Aramex 官网跟踪查询，状态实时更新，寄件人可随时跟踪到包裹的最新动态信息。

### 4. 速优宝——芬兰邮政

速优宝——芬兰邮政是由速卖通和芬兰邮政(Post Finland)针对 2 kg 以下小件物品推出的香港口岸出口的特快物流服务，分为挂号小包和经济小包，运送范围为俄罗斯及白俄罗斯全境邮局可到达区域。在俄罗斯和白俄罗斯清关速度快、时效快、经济实惠。

(1) 速优宝——芬兰邮政的资费标准、参考时效及体积重量限制如表 3-8 所示。

表 3-8 速优宝——芬兰邮政的资费标准、参考时效及体积重量限制

<table>
<tr><td>资费标准</td><td colspan="4">速优宝——芬兰邮政挂号小包与中邮挂号小包一样，包括配送服务费和挂号服务费；<br>速优宝——芬兰邮政经济小包则只有配送服务费，没有挂号服务费；<br>速优宝——芬兰邮政挂号小包的价格计算方式为：运费＝配送服务费×邮包实际重量＋挂号服务费；<br>速优宝——芬兰邮政经济小包的价格计算方式为：运费＝配送服务费×邮包实际重量；<br>速优宝——芬兰邮政起重为 1 g，运费会根据每月初的最新汇率进行调整。</td></tr>
<tr><td>参考时效</td><td colspan="4">对于速优宝——芬兰邮政挂号小包，物流商承诺包裹入库后 35 天内必达(不可抗力除外)</td></tr>
<tr><td>查询网站</td><td colspan="4">挂号包裹到达俄罗斯邮政后，可在俄罗斯邮政官网查询相关物流信息</td></tr>
<tr><td rowspan="3">体积重量限制</td><td>包裹形状</td><td>重量限制</td><td>最大体积限制</td><td>最小体积限制</td></tr>
<tr><td>方形包裹</td><td rowspan="2">小于 2 kg (不包含)</td><td>长＋宽＋厚≤90 cm，单边长度≤60 cm</td><td>至少有一面的长度≥14 cm，宽度≥9 cm</td></tr>
<tr><td>圆柱形包裹</td><td>2 倍直径及长度和≤104 cm，单边长度≤90 cm</td><td>2 倍直径及长度和≥17 cm，单边长度≥10 cm</td></tr>
</table>

注：不能寄送电子商品，如手机、平板电脑等带电池的物品或纯电池(含纽扣电池)

(2) 速优宝——芬兰邮政的优势。

① 运费价格优势：寄往俄罗斯和白俄罗斯的价格较其他专线具有显著的优势。

② 时效优势：时效有保障，包裹寄出后大部分在 35 天可以投递，挂号包裹因物流商原因在承诺时间内未妥投而引起的速卖通平台限时达纠纷赔款，由物流商承担。经济小包跟传统的平邮小包相比，直到包裹离开芬兰前均有物流轨迹，离开芬兰前包裹丢失、破损以及时效延误而延期的速卖通平台限时达纠纷赔款，由物流商承担。

### 5. 中俄快递 SPSR

中俄快递 SPSR 服务商 SPSR Express 是俄罗斯最优秀的商业物流公司，也是俄罗斯跨境电子商务行业的领军企业。中俄快递 SPSR 面向速卖通卖家提供经北京、香港、上海等地出境的多条快递线路，运送范围为俄罗斯全境。中俄快递 SPSR 的资费标准、参考时效及体积重量限制见表 3-9。

表 3-9 中俄快递 SPSR 的资费标准、参考时效及体积重量限制

| | |
|---|---|
| 资费标准 | 资费计算项目与中邮挂号小包一致，包括配送服务费和挂号服务费两部分。运费根据包裹重量按每 100 g 计费，不满 100 g 的按 100 g 计，每个单件包裹限重在 15 kg 以内，包裹尺寸限制在 60 cm × 60 cm × 60 cm 以内。 |
| 参考时效 | 出库后最短 14 天、最长 32 天内必达(不可抗力除外) |
| 查询网站 | 挂号包裹到达俄罗斯邮政后，可在 SPSR 官网查询相关物流信息 |
| 体积重量限制 | 重量不超过 15kg<br>体积不超过 60 cm × 60cm × 60cm(单边长度不大于 60cm) |

注：不能寄送电子商品，如手机、平板电脑等带电池的物品或纯电池(含纽扣电池)。任何可重复使用的充电池，如锂电池、内置电池、笔记本电脑的长电池、蓄电池、高容量电池等，无法通过机场货运安检。但是插电商品，如摄像头、烘干机、卷发器等可以寄送，合金金属等也在可以寄送的范畴(不含管制刀具等违禁品)

## 四、海外仓

海外仓又称海外仓储，指在跨境电子商务目的国预先租赁或建设仓库，通过国际物流预先把商品送达仓库，随后通过互联网销售商品，当接到顾客订单后从海外仓库进行发货与配送，具体流程如图 3-2 所示。

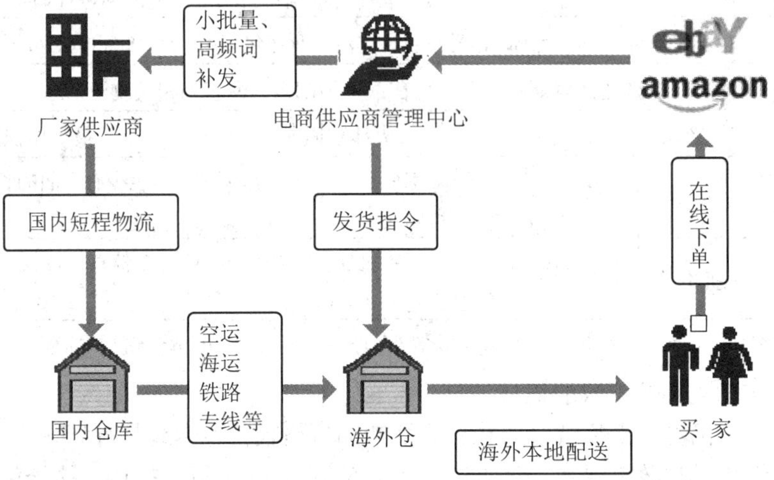


图 3-2　海外仓物流流程图

近两年，诸多电商企业纷纷租赁或自建海外仓，如 eBay、亚马逊等跨境电子商务推出官方合作的海外仓，大龙网、FocalPrice 等投入巨资自建海外仓，顺丰与韵达等快递也纷纷涉足海外仓业务。海外仓是跨境电子商务与跨境物流的一大突破，能够解决国际邮政小包和国际快递的短板，如物流时效、物流成本、海关与商检、本土化、退换货等问题。但是海外仓的租赁、建设与运营也需要专业的人员与资金，且在商品运送前要有准确的销售预期，否则会产生商品运送后因滞销而造成库存与积压。

### 1. 海外仓的功能

(1) 代收货款功能。由于跨境交易的风险较大，同时跨境交易的特殊性也会导致资金结算不便、不及时等问题。因此，海外仓可以在合同规定的时限和佣金费率下，在收到货物的同时，提供代收货款的增值业务，从而有效规避跨境交易风险。

(2) 拆包拼装功能。大部分跨境电商的订单数量都相对较少，订单金额相对也较低，订单频率较高，且普遍具有距离长、数量少、批次多的特点。因此，为了有效提高运输的效率，节省资源，海外仓可将这些较零散的货物拼装为整箱合并运输，货物到达之后，再由海外仓将整箱货物进行拆分。同时也可以根据客户的订单要求，为所处地域较集中的客户提供拼装服务，进行整箱运输或配送，从而提高运送效率，降低物流成本。

(3) 保税功能。有些海外仓可以经海关批准成为保税仓库，这样其功能和用途范围会更为广泛，如可以简化海关通关流程和相关手续。一些简单的加工、管理等增值服务在保税海外仓内也可以实现，这无疑可以大大丰富仓库功能，从而提升竞争力。

**知识拓展**

### 海外仓和亚马逊 FBA 仓区别在哪里？

第三方海外仓和 FBA 仓的相同点有：① 二者都需要卖家提前备货，都具有很好的仓储管理经验，无需卖家操心仓储与配送问题。对店铺的销售额增长有帮助。② 都需要卖家批量发货，发货的方式一般选择空运、快递、海运。③ 都可以为买家提供退换货服务。④ 无论选择 FBA 仓还是第三方海外仓，卖家每月都需缴纳仓租费。⑤ 产品在卖家的控制之外，但二者都有客服提供服务，让卖家知悉库存情况。

使用 FBA 与第三方海外仓的差异之处在于：

(1) 选品范围的差异。亚马逊 FBA 仓对选品的尺寸、重量、类别有一定程度的要求，选品偏向于体积小、利润好、质量好的产品，即能进入亚马逊 FBA 仓的产品必定能进入第三方海外仓，但能进入第三方海外仓的产品不一定能进入亚马逊 FBA 仓。

(2) 头程服务的差异。亚马逊 FBA 仓不会为卖家提供头程清关服务；部分第三方海外仓服务商会给卖家提供头程清关服务，甚至还会包含代缴税金、派送到仓一条龙服务。

(3) 对产品入仓前要求的差异。亚马逊 FBA 仓的入仓要求较为严格，需要卖家在发货前处理贴好外箱标签及产品标签，如果外箱或产品标签有破损的话，会要求卖家先整理，第三方海外仓的入库要求不会像亚马逊 FBA 仓这么高，在上架前会提供整理、组装产品的服务。

(4) 对产品入仓后的分配差异。亚马逊是默认分仓的，往往会将卖家的产品分散到不同的仓库进行混储；而第三方海外仓一般会将货物放在同一个仓库集中管理。FBA 仓只提供给在亚马逊平台上的卖家使用。

(5) 仓储成本的差异。使用 FBA 仓比使用第三方海外仓的成本会高一些。卖家可以提高产品单价来分摊仓储成本。如果进入第三方海外仓，可以降低产品价格来获取客户。

(6) 对产品推广支持的差异。选择 FBA，亚马逊平台会增加卖家产品的曝光度，如提高卖家的 Listing 排名、帮助卖家抢夺购物车等，这些都有利于提高卖家店铺的流量与销量。如果是选择第三方海外仓的话，卖家需要自己做站内外的推广来增加店铺的业绩。

(7) 对于发货后产品的差评处理的差异。由 FBA 所导致的任何中差评，卖家无需操心；如果使用第三方海外仓所引起的中差评，海外仓服务商则不一定能提供售后与投诉服务，也不一定能够成功消除客户留下的中差评。

#### 2. 海外仓的建设模式

(1) 自建模式。自建分为卖家自建和电商转型自建。

① 卖家自建是由大卖家自己在海外市场建设仓库。从事跨境电商的卖家经过一段时间的运作以后，有了一定的资金与客户群体基础，跨境电商的迅猛发展对提高物流配送效率的要求日益增强。这些大卖家就投入资金在客户较为集中的地区自建海外仓，以实现本

地发货，提升货物配送速度。

② 电商转型自建是由规模比较大的，有自营海外仓的电商企业转型而来，这类海外仓比较了解跨境电商的情况和需求，对跨境电商的发展趋势也有较为准确的把握，因此这类海外仓往往在市场营销方面做得比较出色。同时，因为它们自身也是电商，所在仓库不仅有其他电商客户的商品，也有它们自营的商品，如京东海外仓。

(2) 与第三方合作。与第三方合作是指跨境电商企业与第三方公司合作，由外部公司提供海外仓储服务的建设模式，这种模式能为电商企业提供专业化的高效服务。这种类型的海外仓设计水平通常比较高，并且能符合一些特殊商品高标准、专业化的运送要求。

从事跨境电商的企业事先与提供海外仓储服务的外部公司联系，将货物以集中托运的方式运送至海外目标市场仓库，货物在扫描入库后，就会在海外仓的信息化系统中有所记录，并和跨境电商企业的销售系统相连接，当有消费者下单时，当地仓库就会迅速得到指令，从仓库调货并送至消费者手中。这种类型的海外仓建设模式主要有租用和合作建设两种。

租用是指直接租用第三方公司现有的海外仓库，利用第三方海外仓自有的信息系统和管理技术对仓储进行管理。电商企业需要向第三方公司支付操作费用、物流费用和仓储费用。

合作建设指电商企业与第三方公司合作建设海外仓，并自行投入设备、系统等。采用这种方式，电商只需支付物流费用，但需要电商企业和第三方公司共同对海外仓的管理和系统完善投入更多的精力。

**知识拓展**

**京东全球购：自建海外仓与国内保税仓**

京东全球购致力于为国内消费者提供海外直供的商品，于 2015 年 4 月 15 日正式上线，SKU 已超过 480 万个，覆盖母婴、营养保健、个护美妆、3C 钟表、汽车用品等品类产品，7 300 多个国际品牌与超过 2 000 家店铺，可以足不出户便在平台上购买到来自美国、英国、德国、澳洲、日本、新西兰等 40 多个国家和地区的商品。

京东全球购积极开展跨境电商仓储物流布局，在杭州、广州、郑州、宁波和上海建立了保税仓，同时在日韩、澳洲、北美和欧洲建立了自己的海外仓。京东全球购具体流程如图 3-3 所示。

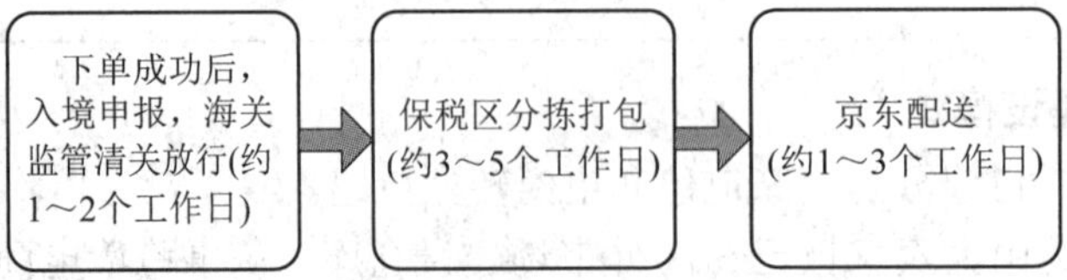


图 3-3　京东全球购流程

# 第三节 跨境电商物流的比较及选择

对于跨境电子商务的卖家来说，在接到客户的订单之后，首先需要考虑的问题是物流方式的选择。

## 一、跨境电子商务常见的国际物流方式

跨境电商常见的六种国际物流方式的优缺点等方面的比较见表3-10。

表3-10 六种主流跨境物流方式对比

| 方式 | 优 点 | 缺 点 | 价格和时效 |
|---|---|---|---|
| 邮政小包 | 网络基本覆盖全球，价格非常便宜 | 重要尺寸有严格要求，无法享受正常出口退税 | 价格低，20～50天 |
| E邮宝 | 速度较快，费用低于普通国际EMS，通关能力强 | 仅限2 kg以下包裹，目的国相对少，上门取件城市有限 | 价格低，7～20天 |
| 中邮EMS | 速度较快，费用低于四大国际快递巨头，EMS中国境内的出关能力强 | 并非专注于跨境业务，相比缺乏经验，目的国数量比较有限 | 价格中高，5～10天 |
| 四大国际商业快递 | 速度快、服务好，丢包率低，发往欧美发达国家非常方便 | 价格昂贵，资费变化大，只有货值高、客户强烈要求、有时效性的情况下才会使用 | 价格高，3～7天 |
| 专线物流 | 集中大批量货物发送，价格比商业快递低，速度快于邮政小包，丢包率也比较低 | 相比邮政小包运费较高，且在国内的揽收范围相对有限 | 价格中等，俄罗斯专线10～20天 |
| 海外仓 | 可降低物流成本，提供灵活可靠的退换货方案，发货周期缩短，发货速度加快 | 有库存占用，适用于库存周转快的热销单品，标准化、偏重、体积大，对卖家供应链管理等提出更高要求 | 综合价格中高，本地快递时效高，2～5天 |

## 二、跨境电子商务国际物流方式的选择标准

### 1. 经济性

跨境电商卖家，在发货物流方式选择时，一般会首先考虑经济性问题，即运费是否相

对便宜。从这个角度考虑，他们会选择运价便宜的中邮小包或者专线物流。由于专线物流只针对特定国家开展业务，因此适用性不广。当前跨境电商卖家，在小包运输条件符合的情况下，首选的还是中邮小包物流方式。

**2. 时效性**

时效性，即运达速度快慢的问题。在运价相同的情况下，时效性问题是影响买家体验的重要决定因素。若货物运达速度慢于平均水平，则买家给差评、提起投诉纠纷的概率就会上升。因此，在同等运费条件下，就要选择时效快的物流方式。例如，邮政小包中，可以选择香港小包或者新加坡小包等，或者选择 CNE 物流的全球通小包，到英国、德国、法国的时效为 3～5 天，价格比中邮小包稍贵一点。

**3. 安全性**

除了以上两点外，安全性的考虑也很必要。在各种物流方式中，中邮小包的丢包率最高，且一旦丢包，向邮局索赔成功概率不高。这方面，专线物流相对较好，而国际商业快递最好。

## 三、如何选择满意的跨境物流方式

对于没有经验的新手来说，物流选择确实是个难题。一般卖家会按照产品的特点和对物流经济性、时效性和安全性的要求，选择合适的跨境物流方式。

**1. 根据产品特点和对物流的要求来选择**

(1) 产品是否大于 2 kg。若产品小于 2 kg，可供选择的跨境物流包括所有国际物流方式，即邮政小包、ePacket、邮政大包、专线物流、EMS、商业快递；若产品大于 2 kg，则只能选择邮政大包、EMS、商业快递和某些适合 2 kg 以上的专线物流。

(2) 产品是否带电。若带电，只能放弃中邮小包、E 邮宝等，选择可接受带电产品的新加坡小包等。若产品不带电，考虑经济性，则可选择中邮小包，到美国选择 E 邮宝；考虑时效性，可选择新加坡小包、香港小包，甚至 EMS、各商业快递等。

(3) 是否考虑时效性第一。若是，则不选择中邮小包，选择适合的专线物流、EMS、商业快递。若不是，2 kg 以下的货物，首选中邮小包，因为经济实惠。

(4) 是否考虑经济性第一。若是，选择邮政小包或专线物流，如果是邮寄到美国选择 ePacket 更实惠。

**例题 3-2**：某跨境电商卖家有个运动包要运到美国，该产品打包好的重量为 0.8 kg，体积为 40 cm × 20 cm × 15 cm，买家希望 30 天内能收到，请问选什么物流为佳？

答：若运费不打折，使用 ePacket 的运费 = 80 元/ kg × 0.8 kg + 7 元 = 71 元，时效为 3～15 天，全程可跟踪。

若运费不打折，使用中邮挂号小包的运费 = 90.5 元/ kg × 0.8 kg + 8 元 = 80.4 元，时效 30 天内，使用挂号，全程可跟踪。

结论：应选择 ePacket，到美国的 2 kg 以内不带电小包裹，一般首选 ePacket。因为时效快，运价便宜，全程可跟踪。

### 2. 借助好的货运代理选择物流方式

一个好的货代对跨境电商卖家不可或缺。做跨境电商的卖家必须有多个物流代理商，一方面可以获知许多物流信息，另一方面也可以借助他们丰富的物流知识和资源判断，选择合适的物流方式。

**例题 3-3：**某跨境电商卖家收到一个来自赞比亚客户的订单，产品的包裹信息为 0.55 kg，体积为 25 cm × 20 cm × 10 cm。买家选择了中邮小包，并支付了超额的运费(到赞比亚的运区是第 10 组资费区，单价为 176 元/ kg)。卖家如果继续按中邮小包发货，由于向客户额外收了一些运费，价格不会亏，但还是担心一个问题：这样的地方，中邮小包是否能在 60 天内将包裹送达买方处？如果不行，势必会遭到投诉。于是他找了上海 CNE 货代，看是否有更好的物流方式，结果发现 CNE 的全球通挂号小包对此笔订单发货很有利。CNE 的全球通挂号小包到赞比亚，属于第六区，运价为 98 元/ kg，挂号费为 17.50 元/单，时效为 20 个工作日。于是该跨境电商卖家立马选择了 CNE 的全球通挂号小包，并及时与买家进行了沟通，顺利发货，买家也在 25 天左右时间收到了该笔货物，并给了好评。

答：这笔交易选择 CNE 的全球通挂号小包有两个好处：

首先，运费节省：原中邮小包运费 = 176 元/ kg × 0.55 kg + 8 元 = 104.8 元。

全球通挂号小包运费 = 98 元/ kg × 0.55 kg + 17.50 元 = 71.4 元。

节省运费：104.8 元 − 71.4 元 = 33.4 元。

其次，时效有保障：20 个工作日。

因此，若产品重量不是很轻，运往国家属于中邮小包资费区第 10 组的国家，建议卖家都找 CNE 发全球通挂号小包。

## 本 章 小 结

本章介绍了跨境电商物流的概念、流程、特点，对不同物流方式的运费、时效、优缺点等进行了比较，并对物流方式选择的标准与技巧等相关知识进行了分析。跨境电商物流与国内电商物流相比具有物流周期长、成本占比高、流程复杂等特点；跨境电商物流方式主要有邮政物流、商业快递、专线物流和海外仓四种；跨境卖家应在了解主流跨境物流方式优缺点和价格时效的基础上，以经济性、时效性、安全性为选择标准，根据产品特点和物流要求或借助好的货代选择满意的物流方式。

## 课 后 练 习 题

### 一、单项选择题

1. 下列有关跨境直邮模式描述正确的是(　　)。

A. 大部分的跨境电商平台都采用直邮模式

B. 直邮模式最大的优点就是可以节省运费

C. 直邮模式可以给消费者提供多样化的产品

D. 直邮的产品可以免交关税

2. 生活在杭州的朱小姐需要寄一条珠宝项链给远在美国的表妹，她应该选择的跨境物流的寄送渠道是(　　)。

A. 中国邮政国际小包　　B. 中国邮政国际大包

C. E 邮宝　　D. EMS

3. 正确的保税仓模式的流程是(　　)。

① 买家下单　② 买家收货　③ 保税仓储存　④ 保税仓报关出货　⑤ 卖家海外采购

A. ⑤③①④②　　B. ⑤①③④②

C. ①⑤③④②　　D. ①③⑤④②

4. 中国邮政针对跨境电子商品推出的E邮宝产品最大限重是(　　)公斤(以色列除外)。

A. 1　　B. 2

C. 3　　D. 4

5. 下列有关国际物流渠道说法正确的是(　　)。

A. E 邮宝中国境内的出关能力强

B. EMS 网络基本覆盖全球，价格非常便宜

C. 商业快递价格昂贵，但资费稳定

D. 国际专线物流发货周期缩短，发货速度加快

6. EMS 寄送范围划分为(　　)个资费区。

A. 9　　B. 8

C. 7　　D. 10

7. 以下哪个不属于商业快递类的物流方式的是(　　)。

A. DHL　　B. UPS

C. 联邦快递　　D. E 邮宝

8. 保税备货模式实际上是(　　)。

A. 先物流，后订单　　B. 先订单，后物流

C. 物流和订单同时履行　　D. 不需要订单信息

## 二、简答题

1. 简要介绍跨境电商物流的流程和特点。

2. 跨境卖家如何选择满意的物流方式？

3. 什么是海外仓？海外仓的功能是什么，如何操作？

## 三、实操题

在亚马逊选一款产品，然后找三家物流公司索要物流报价，根据产品体积和重量核算出这款产品从中国发往不同国家需要的运费，根据运费和时效选出最佳的合作物流公司。

## 本章参考文献


[1] 邓志超，崔慧勇，莫川川. 跨境电商基础与实务[M]. 北京：人民邮电出版社，2017.

[2] 韩玲冰，胡一波. 跨境电商物流[M]. 北京：人民邮电出版社，2018.

[3] 陈碎雷. 跨境电商物流管理[M]. 北京：电子工业出版社，2018.

[4] 左锋. 跨境电商物流业务操作[M]. 北京：中国人民大学出版社，2018.

[5] 陆端. 跨境电子商务物流[M]. 北京：人民邮电出版社，2019.

# 第四章　跨境电商支付与结算

## 学习目标

1. 了解国际支付与结算的概念与类型。
2. 掌握跨境支付业务中购付汇与结售汇。
3. 掌握几种常见的跨境支付方式。
4. 了解国际信用卡支付、第三方支付和其他跨境电商支付方式。
5. 了解跨境支付政策和跨境支付的风险与防范。

## 第一节　国际支付与结算

### 一、国际支付

国际支付(International Payment)是指在国际经济活动中的当事人以一定的支付工具和方式，清偿因各种经济活动而产生的国际债权债务的行为。通常，它是在国际贸易中所发生的、由履行金钱给付义务的当事人履行义务的一种行为。

国际贸易支付方式是商品生产和流通高度发展的产物，随着国际间商品交换的加强和扩大，货款的收付已由现货交易逐渐演变为以买卖双方通过银行或其他中介进行结算为特征的各种支付方式。如图 4-1 所示，国际贸易支付方式大体可以划分为直接支付方式与间接支付方式。

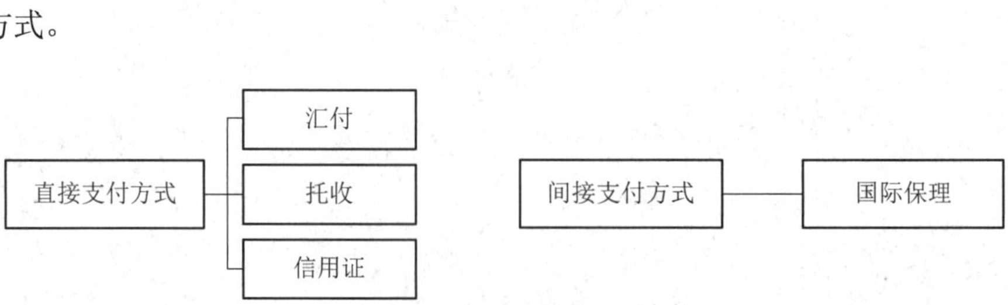


图 4-1　国际支付方式

国际贸易直接支付方式主要有三种，即汇付、托收、信用证。汇付是指汇款人按照约定的条件和时间通过银行或其他途径将货款汇付给收款人的支付方式。托收方式是指出口商开出汇票，连同货运单据，委托出口地银行通过进口地代收银行向进口商收款的方式。信用证是银行应进口商的要求开给出口商的一种保证付款的凭证。信用证支付方式属于银行信用。

国际贸易间接支付方式主要是国际保理，又称为承购应收账款方式，是指在以商业信用出口货物时，如以 D/A(Documents against Acceptance，承兑交单)作为付款方式，出口商在交货后把应收账款的发票和装运单据转让给保理商，保理商即可取得应向进口商收取的大部分货款，日后一旦发生进口商不付或逾期付款，则由保理商承担付款责任。在保理业务中，保理商承担第一付款责任。

## 二、国际结算

国际结算(International Settlement)是指通过货币收付来实现国际间的支付或资金转移行为，包括贸易结算、资本和利润的转移、劳务的提供和偿付，国际交通、航运、保险费用的收支，侨汇、旅游、政府的外事活动等所引起的国际间货币收付行为。

国际结算方式是指以一定条件实现国际货币收付的方式，按照使用工具、支付手段的不同，大体可分为以下四类。

### 1. 货币/现金结算

货币结算是在商品经济条件下，各经济单位间由于商品交易、劳务供应和资金调拨等经济活动而引起的货币收付行为。现金结算是指在商品交易、劳务供应等经济往来中直接使用现金进行应收应付款结算的行为，是货币结算的形式之一。

### 2. 票据结算

票据结算是支付结算的重要内容。票据(汇票、本票、支票)是指《票据法》所规定由出票人依法签发的、约定自己或者委托付款人在见票时或指定的日期向收款人或持票人无条件支付一定金额并可转让的有价证券。

### 3. 凭单结算

凭单指取财物或做凭证的单据。结算是指把某一时期内的所有收支情况进行总结、核算。国际贸易订立销售合约后，卖方把货物交给运输商承运至买方收货地，凭借运输商提供的货物单据向买方索取货款，买方付款取得单据提出货物，贸易结算完成。例如，凭单付款又称交货付现、交单付现、付现交单，就是国际结算中的一种凭单结算方式。这种结算方式为卖方买卖契约之约定，卖方在出口地完成出口装运后，备妥货运单据(Shipping Documents)，在出口地、进口地或第三国向买方指定之银行或代理人出示单据并收取货款。在卖方对买方资信不了解的情况下采用此种支付方式，对卖方具有保护作用。

### 4. 电汇结算

电汇是外汇汇款业务的基本方式之一，是指汇出行应汇款人的申请，采用 SWIFT(环球银行间金融电信网络)等电信手段将电汇付款委托书给汇入行，指示解付一定金额给收款人的一种结算方式。在电汇结算业务中，汇出行发出电信汇款指示给汇入行，委托汇入行解付汇款给收款人。电汇方式的优点是收款人可迅速收到汇款，但费用较高。

# 第二节　跨境支付业务与方式

## 一、跨境支付业务

### 1. 跨境支付的概念

跨境支付(Cross-border Payment)指两个或者两个以上国家或者地区之间因国际贸易、国际投资及其他方面所发生的国际间债权债务借助一定的结算工具和支付系统实现资金跨国和跨地区转移的行为。

### 2. 跨境支付业务

跨境支付业务就是中国消费者在网上购买国外商家产品或国外消费者购买中国商家产品时，由于币种不一样，需要通过一定的结算工具和支付系统实现两个国家或地区之间的资金转换，最终完成交易。

跨境支付业务按照资金流向可分成进口业务和出口业务，具体包括跨境收单、跨境汇款和结售汇。

1) 跨境收单

收单是指收单机构(从事银行卡收单业务的银行业金融机构，获得银行卡收单业务许可、为实体特约商户提供银行卡受理并完成资金结算服务的支付机构，以及获得网络支付业务许可、为网络特约商户提供银行卡受理资质的机构)为商户提供资金结算服务。跨境收单即帮助一个国家的商户从另一个国家的客户收钱，包括外卡收单、境外收单和国际收单。

(1) 外卡收单，出现在出口业务中，收的是国外的信用卡或其他支付工具。

(2) 境外收单，出现在进口业务中，如海淘等。

(3) 国际收单，即商家、消费者和支付机构分属不同的国家。

2) 跨境汇款

跨境汇款是指个人网上银行客户在规定的限额之内，向大陆以外地区银行开户的收款人进行外汇汇款的业务。跨境汇款既有电讯费，又有手续费，操作比较费时。

由于跨境汇款手续费一般都有最高限额，建议在最高限额内尽量增加单次汇款金额，以减少汇款笔数，省去每笔汇款的电讯费。

3) 结售汇

结售汇是指企业外汇收入都要按当日汇价到外汇指定银行结汇，由银行兑给人民币。企业需要外汇，则持有效凭证直接到外汇指定银行购买外汇。外汇指定银行是指经国家外汇管理局批准经营结售汇业务的银行。

银行买进外汇，叫作“结汇”，银行卖出外汇，叫作“售汇”。从我国当前的现实情况来看，银行结售汇市场构成了即期外汇市场的基础，而现行的银行结售汇制度基本上属于一种强行的结售汇制度。

第三方支付的结汇流程图如图 4-2 所示。图中的 4 个步骤是：① 境外买家外币付款给第三方支付公司；② 第三方支付公司与合作银行进行结汇结算；③ 结汇结算后将外币兑换成人民币付给第三方支付公司；④ 第三方支付公司用人民币与境内商家进行结算。

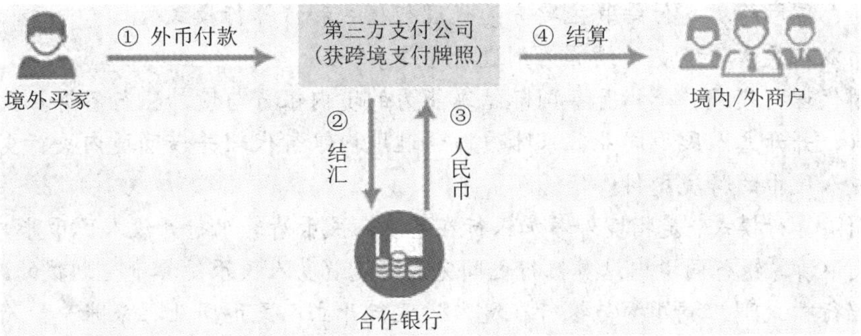


图 4-2　第三方支付的结汇流程图

第三方支付的售汇流程图如图 4-3 所示。图中的 4 个步骤是：① 境内买家用人民币付款给第三方支付公司；② 第三方支付公司与合作银行进行购汇结算；③ 购汇结算后将人民币兑换成外币付给第三方支付公司；④ 第三方支付公司用外币与境外商户进行结算。

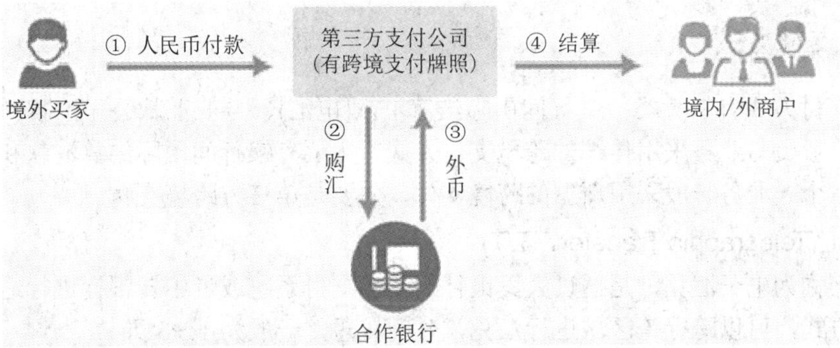


图 4-3　第三方支付的售汇流程图

**例题 4-1**：某出口公司出售给美国纽约某公司一批货物，价值 50 000 美元。货物装船后，出口公司凭即期信用证和全套货运单据向中国银行办理议付结汇。当日美元对人民币的比价是：100 美元 = 827.27 元/人民币，银行手续费为 0.15%，年利率为 8%，来回邮程按 15 天扣息，求该出口公司实结人民币多少元？

答：(1) 银行扣手续费为：

$$50\,000 \times 0.15\% = 75\ (\text{美元})$$

(2) 银行扣 15 天利息为：

$$50\,000 \times 8\% \div 360 \times 15 = 166.67\ (\text{美元})$$

(3) 出口公司实得美元为：

$$50\,000 - 75 - 166.67 = 49\,758.33\ (\text{美元})$$

(4) 出口公司按当日美元牌价的买价将 49 758.33 美元售给中国银行后实得人民币为：

$$49\,758.33 \times 8.2727 = 411\,635.74\ (\text{元})$$

**知识拓展**

**两种传统跨境支付结算模式**

目前，国际跨境支付结算主要分为代理行模式和清算行模式。

下面以人民币跨境支付结算为例进行介绍。

所谓代理行模式，是指具备国际结算能力的境内银行与境外银行签署人民币代理结算协议，并开立人民币同业往来账户，通过境内银行代理并借助境内央行支付清算系统完成人民币的跨境支付。

所谓清算行模式，是指境外参加银行在港澳人民币清算银行开设人民币账户，通过港澳人民币清算银行同境内结算银行之间完成跨境贸易人民币结算资金划拨的方式。

代理行模式下，境外参与银行在境内代理行开立人民币同业往来账户；清算行模式下，境外参与行在境外清算行开立人民币同业往来账户。更为重要的是，两种模式均涉及 SWIFT 信息报送系统，用于境外银行与境内银行间的清算信息传递。同时，境内银行间、境内银行和清算行之间的资金划拨还涉及中国现代化支付系统(CNAPS)。所不同的是，代理行模式需要借助内地银行行内清算系统，清算行模式需要借助香港 RTGS 系统以及中国银行行内系统。

## 二、跨境支付方式

跨境支付方式有三大类：银行间国际结算汇款(电汇)、专业汇款公司汇款和第三方跨境支付。一般贸易业务采用传统的跨境支付方式，主要有银行间国际结算汇款和专业汇款公司汇款；个人业务一般采用新型的跨境支付，主要是第三方跨境支付。

### 1. 电汇(Telegraphic Transfer，T/T)

电汇全称为电子汇兑，是通过人民银行的大额支付系统或者中转银行进行适时交易的一种汇款方式，可以跨行跨区域进行汇兑，时间较短，一般为 1～3 天。

电汇的收款较快、费用也相对较高，汇款人必须负担电报费用，所以通常只有金额较大或有急用的汇款才用这种方式。电汇业务流程如图 4-4 所示，总共有 7 步。

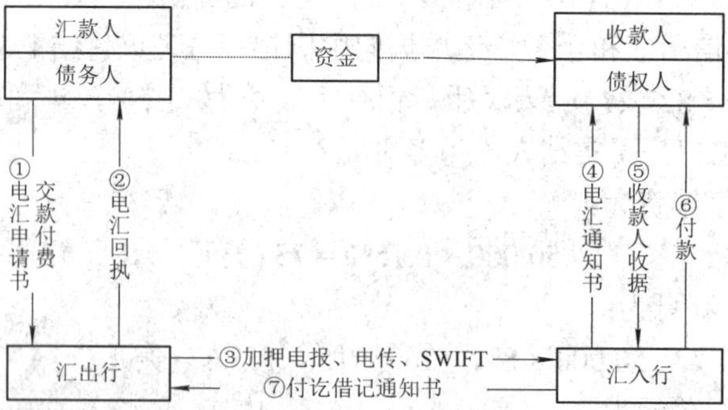


图 4-4　电汇业务流程

### 2. 专业汇款公司汇款

专业汇款公司通常与银行、邮局等机构有较深入的合作，借助这些机构分布广泛的网点设立代理点，可以迅速扩大地域覆盖面。

专业汇款公司汇款业务流程如图 4-5 所示，涉及汇款人和收款人的详细流程。

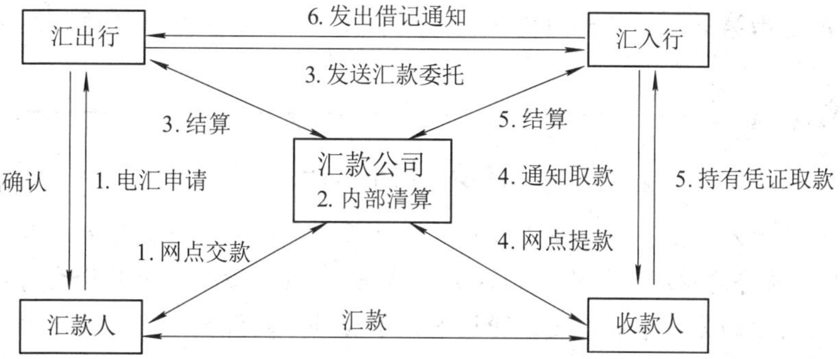


图 4-5　专业汇款公司汇款业务流程

### 3. 第三方跨境支付

“支付机构跨境外汇支付业务”的定义为：支付机构通过银行为电子商务(货物贸易或服务贸易)交易双方提供跨境互联网支付所涉及的外汇资金集中收付及相关结售汇服务。

图 4-6 所示为进口购付汇(人民币对美元)和出口收结汇(美元对人民币)与第三方跨境支付业务流程图。

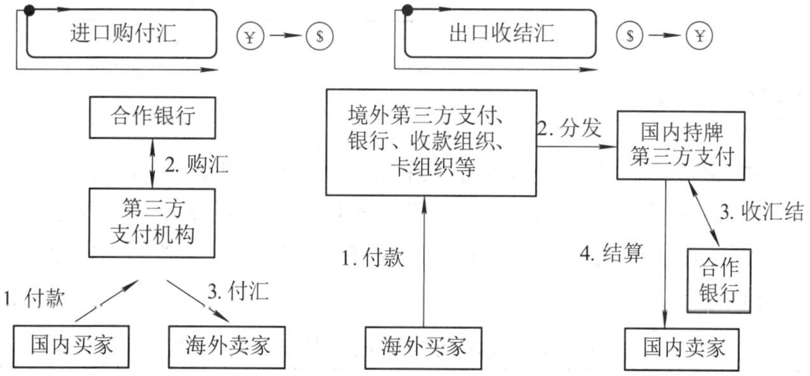


图 4-6　第三方跨境支付业务流程

中国第三方支付机构主要进行跨境外汇支付业务，跨境电商业务生态圈如图 4-7 所示。

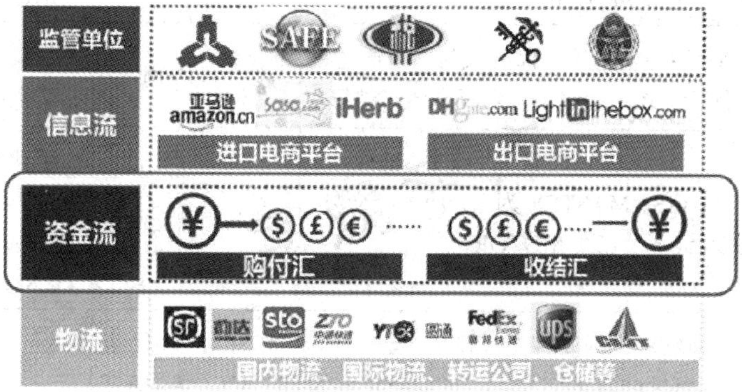


图 4-7　跨境电商业务生态圈

购付汇主要是消费者通过电商平台购买货品时，第三方支付机构为消费者提供的购汇及跨境付汇业务。

收结汇是指第三方支付机构帮助境内卖家收取外汇并兑换人民币，结算人民币。

**知识拓展**

**使用跨境人民币有什么好处?**

对于外贸人来说，用跨境人民币收货款最直接、最主要的好处就是能够规避汇率风险。在当前普遍预测人民币升值的大环境下，通过跨境人民币避险变得更加重要。使用跨境人民币的另一个好处是，跨境人民币能够节省汇兑成本、贸易融资的费用，从而降低财务成本。

例如，与印尼、泰国、缅甸、柬埔寨等国家做生意，若用美金报价，单笔交易的汇差为3.5%，因为这些国家央行公布的汇率、海关公布的汇率和民间的汇率是有差别的。此时就可以用跨境人民币出口报关来规避这笔损失。

当然，目前美元在国际货币体系中的地位并没有实质变化，全球贸易仍主要以美元进行计价、结算，这在短期内难以改变。因此，我国的贸易伙伴接受人民币作为计价、结算和支付货币还需要一个长期适应的过程。

## 三、跨境支付模式对比

目前，我国的跨境支付业务已形成群雄逐鹿格局，包括电汇、银联国际、国际卡组织以及第三方支付在内的四大业务模式并存，并在不同的应用场景中各显身手。

如表4-1所示，我们从支付模式、特点、主要应用场景和盈利模式四个方面对跨境支付的四大模式进行比较。

**表4-1　跨境支付的四大模式比较**

| 跨境支付模式 | 特　点 | 主要应用场景 | 盈利模式 |
|---|---|---|---|
| 电汇 | 最早出现，传统进出口贸易跨境支付方式，一般通过SWIFT通道传输数据 | 跨国银行间往来 | 电报费+手续费+中转费<br>报价：百分比+特定费用 |
| 银联国际 | 采用EMV标准，海外成员行可通过银联国际的体系和中国进行资金清、结算 | 线下POS刷卡 | 手续费<br>费率：1.5%～2.5% |
| 国际卡组织 | 以VIS、MASTER为主，两大类交易：POS线下及在线MOTOR | 线上海淘交易 | 手续费<br>费率：1.x%(欧洲)<br>1.8%～2.5%(亚太)<br>2.8%～3%(中国) |
| 第三方支付 | 最晚进入，需要有支付牌照+支付许可证，可做全链条交易，实现业务化零为整、监管化整为零 | 以留学为代表的B2C小额跨境支付 | 手续费<br>费率(最低)：1%～1.5% |

# 第三节　跨境电商支付方式

## 一、国际信用卡支付

国际信用卡是一种银行联合国际信用卡组织向一些资信良好的人士签发的，可以让其在全球范围内进行透支消费的卡片；同时该卡也被用于在国际网络上确认用户的身份。国际信用卡支付一般指的是通过非银联通道，包括刷卡、网络、语音、短信等方式支付的款项，比较常见的有 VISA、JBC、Mastercard 通道结算支付。国际信用卡支付服务首先是由上海讯付信息推出的，目前只支持在中国的香港、台湾、澳门地区发行，并通过 Visa 3D 验证。国际信用卡支付代表着目前国际上领先的信用卡支付处理技术，可以为客户提供全球的信用卡支付处理服务。

国际信用卡除了线下 POS 刷卡交易，还能通过在线网关进行支付，实现全球范围内的收单和资金结算。

费用：一般有开户费、年费和手续费等，具体根据不同的通道而定。

优点：欧美最流行的支付方式，信用卡的用户人群非常庞大。

缺点：接入方式麻烦，需预存保证金，收费高昂，付款额度偏小；黑卡蔓延，存在拒付风险。

适用范围：跨境电商平台和独立站卖家。

国际信用卡支付主要用于独立站卖家收款。如图 4-8 所示，目前国际上六大信用卡品牌主要有维萨、万事达、日本国际信用卡、大来信用卡、美国运通、中国银联，其中前两个使用最为广泛。信用卡的收款通道一般都通过第三方支付公司开通支付网关。

维萨　万事达　日本国际信用卡　大来信用卡

美国运通　中国银联

图 4-8　国际六大信用卡

国际信用卡在线支付通道是：绑定商户的国内银行账户，客户以信用卡支付进来，即时可以看到商户已收到付款，商户发出货物，客户妥投(妥投即客户收到货物后签收)7 天后开始结算，按照即时支付时的汇率，结算成人民币到商户的国内银行账户。

国际信用卡支付流程如下：

(1) 买家从自己的信用卡上发出支付指令给发卡银行。

(2) 银行垫钱为其支付给我方银行。

(3) 银行通知持卡人免息期满的还款日期和金额。

在这之后，尽管已经完成交易，只有当买家做出如下行动后，货款才 100%的保证：

(1) 买家在还款日到期之前还款，交易顺利完成。

(2) 买家先还部分，一般大于银行规定的最小还款额，其余向银行贷款，并确认同意支付利息，以后再逐步偿还本息。最终买家得到融资便利，银行得到利息收入，卖家及时得到货款，共赢。

如果出现买家证明这笔支付交易取消，原因可以是退货、短缺，或者是质量等问题，当买家通知发卡银行取消支付后，发卡银行通知信用卡清算公司，如 VISA、Master Card 或我方的银联，要求退款。随后信用卡清算公司会向收款方银行扣收退款。那么收款方银行将从卖家卡中扣款给信用卡清算公司。到此可能还会出现以下情形：

(1) 如果卖家卡中有足够的钱来扣，则认扣。

(2) 如果卖家卡中没钱可扣，则需要存钱进去。那么此时还将出现以下问题：一是卖家确认退款，存款进卡，顺利退款；二是卖家否认退款，不存款，则形成透支，进入透支黑名单，且面临银行追债。

## 二、第三方支付方式

如图 4-9 所示，目前国内外主要的在线支付公司有 PayPal 与贝宝、支付宝(Alipay)与国际支付宝(Escrow)、Western Union(西联汇款)、Boleto、Payoneer(派安盈)和 Lianlian Pay(连连支付)。

图 4-9　第三方支付方式

### 1. PayPal 与贝宝

PayPal 是全球最大的在线支付公司。PayPal 业务支持全球 190 个国家和地区的 25 种货币交易，支持即时支付、即时到账，集信用卡、借记卡、电子支票等支付方式于一身。PayPal 简称 PP，类似国际支付宝，全球用户接近 1.9 亿，是目前独立站卖家的常用收款方式。

费用：无开户费及使用费；每笔收取$0.3 银行系统占用费；提现每笔收取$35；如果跨境，每笔收取 4%的跨境费。

优点：支持全球 190 多个国家和地区 24 种货币的在线支付工具，具有很高知名度；账户与账户之间产生交易的方式，买卖双方都拥有，备受买家信任，能够抓住像国内依赖支付宝一样依赖 Paypal 的欧美客户。

缺点：消费者(买家)利益大于卖家(商户)的利益；提现结汇需要经过类似易结汇等第三方机构；账户容易被冻结。

适用范围：跨境电商平台和独立站卖家。Paypal 是目前用户区域最广的跨境支付和收款方式。

贝宝是由上海网付易信息技术有限公司和 PayPal 合作为中国市场量身定做的网络支付服务。由于中国现行的外汇管理制度，贝宝在中国地区仅受理人民币业务。

PayPal 支持内地电汇提现、中国香港账户提现、支票提现和美国账户提现四种提现方式。这种支付方式适用跨境电商零售行业，几十到几百美金的小额交易更划算。

### 2. 支付宝(Alipay)与国际支付宝(Escrow)

#### 1) 支付宝跨境支付业务简介

支付宝跨境支付是服务国外商家的支付方式。一旦客户下单，到支付页面的时候会跳转到支付宝页面付款。支付宝跨境支付支持二维码扫描或者支付宝账号直接支付，付款页面能看到收款方的公司名。

中国境内客户直接使用人民币支付，待商家的账户余额达到 5000 美金(或等额的外币)(默认是按 5000 美金自动提现，如果选择按星期/按月提现则不遵守此规定)时，支付宝国际会转换成商家设定的外币，转账到商家注册的对公账户(必须境外银行)并收取 3%的手续费。支付宝跨境支付一共支持约 20 种外币，不可以临时更换。如果每个月转账额度达到 300 元人民币以上，则手续费为 2.5%。转账汇率按照中行香港分行实时汇率，汇率不可操作。

从 2014 年开始，支付宝面向 B 端推动差异化服务，如和全球最大的出口退税服务机构环球蓝联合作，推出覆盖多个国家和地区的出口退税业务。

从 2015 年开始，支付宝开启大规模海外支付场景拓展，以满足中国消费者跨境购物需求。

2016 年以来，支付宝正在覆盖了更多的进出口跨境电商平台，并与海关完成对接，加之自有跨境平台交易规模持续增长，支付宝跨境支付业务覆盖层次逐渐加深。

2013 年支付宝首批获得外管局《跨境电子商务外汇支付业务试点资格》许可，2014 年与环球蓝联推出海外退税业务，已覆盖法、德、英、韩等国家和地区。2015 年支付宝开启大规模海外 O2O(国内用户海外线下消费，线上支付和退税)。

如图 4-10 所示，支付宝的跨境支付主要业务有：

(1) 出口业务依托速卖通等规模化平台，同时和更多境外金融机构达成合作，力求覆盖更多境外本地化支付方式。

(2) 与机构合作开展国际汇兑业务，对应 B 端需求开展出口退税、国际航空支付等业务。

(3) 拓展更多海外支付场景，覆盖机场便利店、旅游景点等国人旅游购物主要聚集区域。

(4) 向海外输出先进的移动支付模式和技术，通过入股等手段投资多家海外支付、汇款等金融机构。

图 4-10　支付宝跨境支付主要业务

2) 国际支付宝

阿里巴巴国际支付宝(Escrow)由阿里巴巴与支付宝联合开发，是为了保护国际在线交易中买卖双方的交易安全所设的一种第三方支付担保服务，全称为 Escrow Service。

已经拥有国内支付宝账户的客户，只需绑定国内支付宝账户即可，无需再申请国际支付宝(Escrow)账户。

国际支付宝(Escrow)的服务模式与国内支付宝类似：交易过程中先由买家将货款打到第三方担保平台的国际支付宝(Escrow)账户中，然后第三方担保平台通知卖家发货，买家收到商品后确认，货款放于卖家，至此完成一笔网络交易。

国际支付宝(Escrow)的交易流程如下：确认订单→买家付款→卖家发货→买家收货→卖家收款。

当资金未到账时，国际支付宝对卖家的保障如图 4-11 所示。

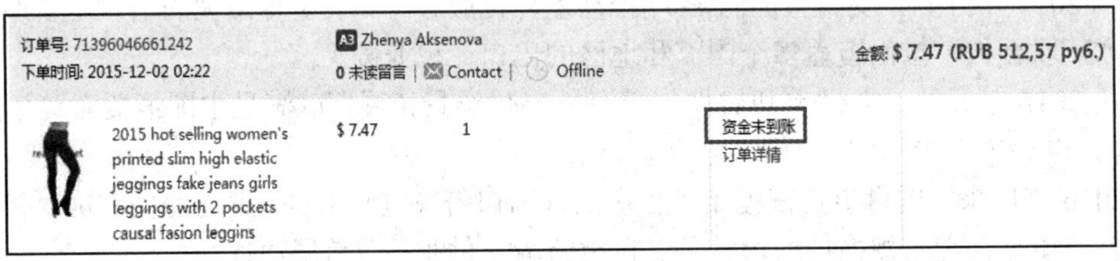


图 4-11　资金未到账

国际支付宝对买家的保障(账户冻结)如图 4-12 所示。

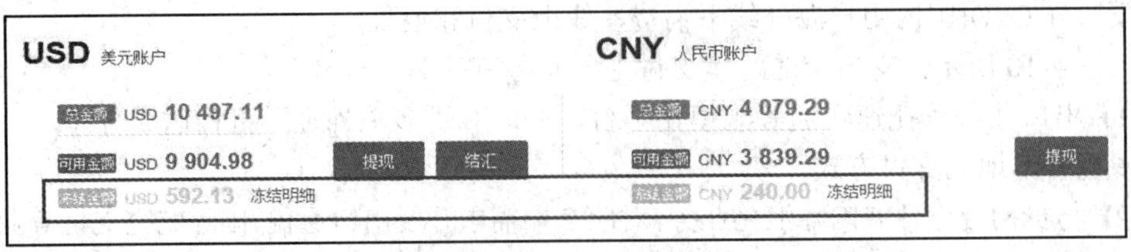


图 4-12　账户冻结金额

3) 国际支付宝(Escrow)支持的支付方式

目前国际支付宝(Escrow)支持 EMS、DHL、UPS、FedEx、TNT、SF、邮政航空包裹

七种国际运输方式，只要能够通过这七种运输方式发货的产品，都可以使用国际支付宝(Escrow)进行交易，暂时不支持海运。

买家使用 VISA 和 MasterCard 信用卡支付时，无法进行核销退税。使用电汇(T/T)支付时，卖家报关后可以进行核销退税。

如图 4-13 所示，支付宝跨境支付方式有信用卡/借记卡、西联汇款、T/T 银行汇款、Boleto、QIWI、Webmoney、Yandex.Money 等。国际支付宝跨境支付界面如图 4-14 所示。

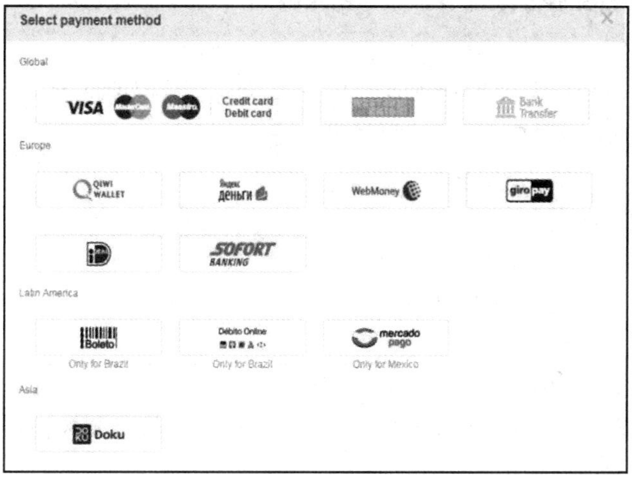


图 4-13　支付宝跨境支付方式

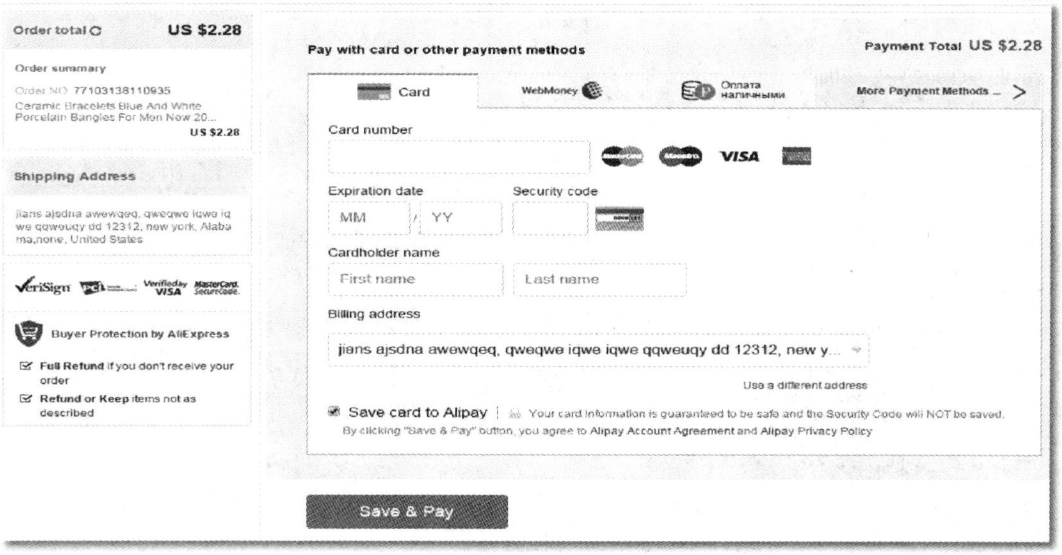


图 4-14　国际支付宝跨境支付界面

### 3. Western Union(西联汇款)

西联国际汇款公司是世界上领先的特快汇款公司，可以在全球大多数国家的西联代理所在地汇出和提款。西联有三种汇款方式可供选择：合作银行网点汇款、网上银行汇款和手机银行汇款，其中后两种为电子渠道。西联有四种收款方式可供选择：合作银行网点收款、直接到账、网上银行收款和手机银行收款。用户可以登录西联官方网站追踪汇款状态、查询网点。西联国际汇款公司网络平台如图 4-15 所示。

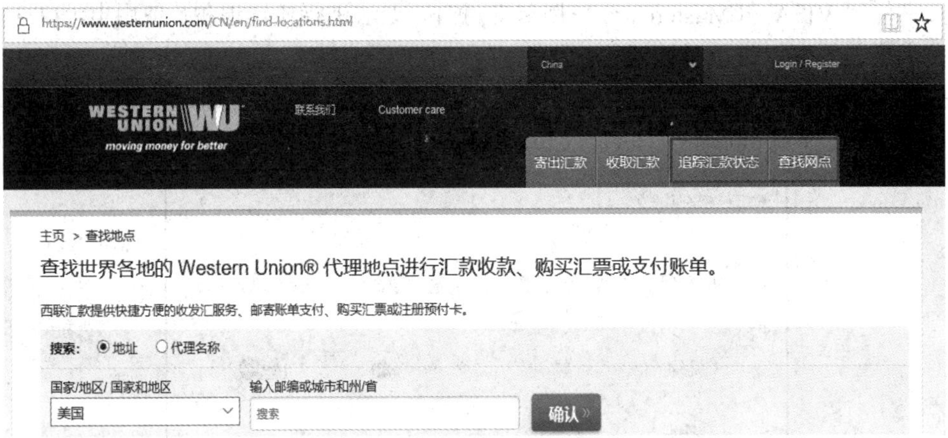


图 4-15　西联国际汇款公司网络平台

4. Boleto

Boleto 是由多家巴西银行共同支持的一种支付方式，在巴西占据绝对主导地位。客户可以到巴西任何一家银行、ATM 机、彩票网点或使用网上银行授权银行转账。Boleto 支付平台界面如图 4-16 所示。

图 4-16　Boleto 支付平台

该支付渠道的特点为：

(1) 不会产生拒付和伪冒，保证商家的交易安全；

(2) 无需预付交易保证金，降低了门槛；

(3) 单笔支付限额为 1～3000 美金，月累计支付不超过 3000 美金；

(4) 不是网上实时付款。

## 5. Payoneer(派安盈)

Payoneer(派安盈)是一家总部位于纽约的在线支付公司，其主要业务是帮助其合作伙伴将资金下发到全球，同时也为全球客户提供美国银行/欧洲银行收款账户用于接收欧美电商平台和企业的贸易款项。

从 Payoneer 提款到银行最低 50 美元起提，VIP 客户有自动提现功能，设定好提现频次和金额后即可自动提现到银行。用 Payoneer 公司账户只能提现到注册公司对公账户或者法人、股东的个人银行账户中。如有需要，个人和企业账户都可以申请实体卡。这属于附加服务，收取 29.95 美元的年费。

Payoneer 的收款账户界面如图 4-17 所示。

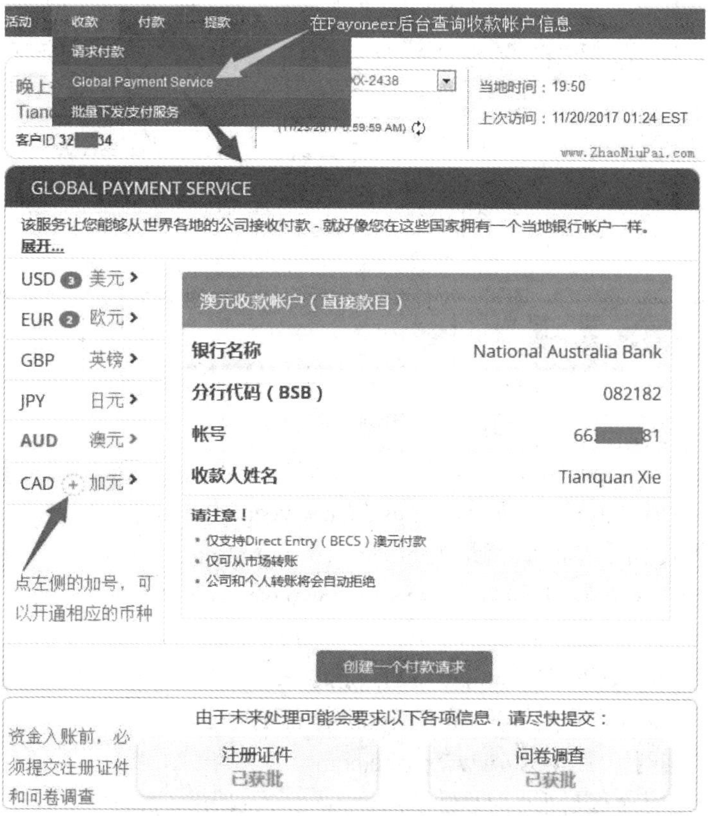


图 4-17　Payoneer 的收款账户界面

## 6. Lianlian Pay(连连支付)

连连银通电子支付有限公司(以下简称“连连支付”)是浙江省最大的支付企业，公司致力于通过互联网和移动手机等渠道为广大用户和商户提供第三方支付和结算服务。

2011 年 8 月连连支付获得人民银行颁发的支付许可证，为浙江省第二家获得该许可证的企业。2014 年，连连支付与中国银行义乌分行合作开展跨境人民币收支业务，获得跨境人民币业务许可。2015 年 2 月 13 日，它获得国家外汇管理局浙江省分局开展跨境外汇支付业务许可。2016 年连连支付全球布局跨境汇兑业务以及面向跨境电商平台的收付款业务。

目前，连连支付的准入行业包括国际贸易、留学支付、航空机票、酒店住宿、旅游服务。其出口业务依托国际知名电商平台及第三方支付机构/金融机构，力求为更多的出口跨境电商提供方便快捷的跨境资金解决方案。通过与国际顶级金融公司合作，连连支付为 Amazon、eBay、Shopee 等众多平台的出口商家提供国际收款及人民币分发服务。

## 三、其他跨境支付方式

近年来，随着跨境贸易的发展，跨境支付的机构越来越多，在平台收款这一方面做得比较好的有美国银行账户、香港银行账户、World First、Payoneer、PingPong、SKYEE 等。其他跨境支付机构见图 4-18。

图 4-18　其他跨境支付机构

(1) 速汇金汇款(MoneyGram)，其网址为 http://global.moneygram.com/。

(2) 易宝支付(YeePay)，其网址为 https://www.yeepay.com/。

(3) 联动优势(UMPAY)，其网址为 https://global.umfintech.com/。

(4) 易联支付(payeco)，其网址为 https://www.payeco.com/。

(5) WebMoney，其网址为 https://www.wmtransfer.com/。

(6) Qiwi Wallet，其网址为 https://qiwi.com/。

(7) Yandex Money，其网址为 https://money.yandex.ru/。

(8) cashU，其网址为 https://www.cashu.com/。

(9) moneybookers，其网址为 http://www.moneybookers.org.cn/。

# 第四节　跨境支付的风险与防范

## 一、跨境支付相关政策及重大举措

### 1. 政策红利支持

2013 年，国家外汇管理局下发《关于开展支付机构跨境电子商务外汇支付业务试点的通知》，17 家支付机构获得跨境电子收付汇、结售汇试点资格。

2015 年，《国家外汇管理局关于开展支付机构跨境外汇支付业务试点通知》(以下简称“7号文”)下发，将试点范围扩大到全国，并将交易金额提升至5万美元。

2019年4月29日，国家外汇管理局在总结支付机构跨境外汇支付业务试点经验的基础上，制定了《支付机构外汇业务管理办法》(以下简称《办法》)，以适应跨境支付业态新形势，进一步促进跨境电子商务结算便利化。

2013年以来，有30家支付机构获得跨境外汇支付业务资格，5家支付机构获得跨境人民币支付业务资格。与此同时，上海、安徽等省市也相继出台鼓励第三方跨境支付业务的政策，第三方跨境支付业务借此契机蓬勃发展。

### 2. 中国跨境支付重大举措

2015年10月人民币跨境支付系统CIPS一期上线。CIPS的主要功能是便利跨境人民币业务处理，支持跨境货物服贸结算、跨境直接投资、跨境融资和跨境个人汇款等业务，是重要的金融基础设施，大大提高了跨境清算效率，标志着兼顾人民币国内、国际支付的现代化支付体系取得重要进展。

2018年3月人民币跨境支付系统CIPS二期成功投产运行。CIPS二期在一期的基础上进行了六方面升级：丰富结算模式、支持金融市场业务、延长系统对外服务时间、拓展直接参与者类型、完善报文设计、建成CIPS备份系统。CIPS二期成功投产运行进一步推动了中国金融市场对外开放和人民币的国际化进程。

## 二、跨境支付存在的风险

### 1. 增加了交易背景审核难度

跨境交易资金结算由第三方支付机构完成后，按相关规定，外汇交易数据通过银行进行间接国际收支统计申报，合作银行根据第三方支付机构提供的信息提供外汇服务。通过第三方平台进行交易的商品种类繁杂。一方面，审核每一笔交易背景的真实性成本较高。另一方面，互联网本身就具有虚拟性的特点，加之涉及境外商户，获得商户真实信息的难度更大，因此第三方支付机构在从事跨境支付服务方面缺乏完全掌握交易信息的动力。

### 2. 第三方支付机构国际收支申报不规范增加了监管难度

根据规定，支付机构自行向银行申报涉外收支数据。一方面，《办法》中规定，支付机构从事跨境交易业务人员至少有5年外汇交易经验，但在实际操作中，从事外汇业务人员经验存在差异，而且支付机构跨境业务面对商户及客户群体众多，交易类型以小额多笔为主，每一笔交易进行申报成本高、工作量大，漏报、迟报现象难以避免，银行从支付机构端获得的外汇收支信息不能保证准确有效。另一方面，由于对支付机构上报的跨境交易类型编码规定不严格，又受到银行业务人员素质所限，在银行无法直接审验单据的情况下，交易编码使用存在随意性大的情况，影响对跨境业务监管的针对性与全面性。

### 3. 跨境资金非法流动及洗钱风险

第三方支付以网络平台为基础，适用主体多数是电子商务的买家和卖家，如果他们将资金分散转移，以达到规避外汇监管的目的，相对其他平台更易操作，比如小额资金通过第三方支付平台多次向多人汇入，由此出现异常资金流入。而且，随着洗钱手法的复杂化和专业化，第三方支付平台相对其他途径更易进行外汇资金的洗钱。比如第三方支付机构与境内外个人或者商户勾结，用不合理贸易定价等做法，让资金违规转移出境。或者不法分子选择第三方跨境支付方式进行海淘，然后“申请”退货，套取资金实现资金违规出境。第三方跨境支付机构难以跟踪付款资金后续流向，也无法判断定价是否合理，由此增加了反洗钱监管难度。

## 三、跨境支付监管建议

### 1. 完善科技监管手段

现有第三方机构监管和外汇交易数据统计及监测系统相对于发展迅速的跨境支付业务稍显落后，对于第三方支付机构跨境业务数据缺乏准确有效的提取手段。比如 RCPMIS 系统收集人民币跨境收付信息时，第三方支付的跨境收付数据为银行代报且打包上传，系统里看不到具体交易信息。完善科技监管手段，增强非现场监管的基础设施，是防范跨境支付风险的重要途径，在外汇非现场监管系统中加入对于第三方跨境支付机构的单独监管模块进行独立监管，或者由间接上传数据转变成机构直接接入等方式都会提升第三方跨境支付业务风险防范水平。

### 2. 细化监管法律法规

相对于之前的“7 号文”，《办法》在很多方面做了更明确的规范，特别是对外汇从业人员资格作出了要求，但是“至少要具备 5 名熟悉外汇业务的人员(其中 1 名为外汇业务负责人)”中熟悉外汇业务程度界定标准无法掌握。所以应细化从业人员的从业资格规范，在从业者端尽可能规避道德风险、操作风险。另外，相关部门的规定中对从事跨境交易的规定较少，应针对具体业务，制定相关细则，银行从事跨境电商类业务在电子信息的采集和审核上也可以有更明确的规定可循。

### 3. 协调监管者间关系

由于第三方支付机构在支付业务方面受到的监管较多，监管领域易存在交叉与灰色地带，不利于行业的总体监督管理。参考欧盟和美国对于第三方跨境支付监管的做法，可以将监管的立法职权收入一个机构，加强监管的针对性和专门性，发挥支付清算协会及互联网金融协会行业“自律”作用，使第三方跨境支付既兼顾“审慎监管”又可以发展创新。

### 4. 促进离岸监管合作

跨境支付涉及境外企业或者商户，推进跨境支付离岸监管合作也是完善监管的必然趋势。其一，借鉴其他贸易协定相关经验，强化有关规则解释；其二，参考其他跨境机构监管经验，使跨境支付风险监管规则接轨国际化标准；其三，建立“区域性监管合作机制”，将跨境支付反洗钱监管、跨境支付消费者权益保护在一定区域内的监管进行统一。

## 本 章 小 结

本章主要介绍了国际支付与结算的概念与类型，跨境支付业务中购付汇与结售汇，常见跨境支付方式包括国际信用卡支付、第三方支付和其他跨境支付方式，以及跨境支付政策和跨境支付的风险与防范等知识内容。国际贸易支付大体可以划分为直接支付方式与间接支付方式。国际贸易直接支付方式主要有三种，即汇付、托收、信用证。国际贸易间接支付方式主要是国际保理。跨境支付业务按照资金流向可分成进口业务和出口业务，具体包括跨境收单、跨境汇款和结售汇。跨境支付方式有三大类：银行间国际结算汇款、专业汇款公司汇款和第三方跨境支付。跨境电子商务支付业务是跨境电商的重要组成部分，涉及各个国家不同货币之间汇率变动、能否通用，以及能否通汇通兑等相关业务问题。当前跨境电商支付面临交易真实性识别、跨境支付交易信用、网络支付安全等风险，针对当前我国跨境电商支付业务面临的风险，本章提出对应的监管机制，有助于稳健推进跨境电商贸易。

## 课后练习题

### 一、单项选择题

1. 下列关于跨境支付与结算说法错误的是(　　)。

A. 跨境支付可能涉及外汇管制政策问题

B. 跨境支付付款方所支付的币种与收款方要求的币种总是一致

C. 两个或两个以上国家或地区之间因国际贸易、国际投资及其他方面发生的国际间债权债务

D. 跨境支付实现了资金跨国和跨地区转移

2. 2015年1月，国家外汇管理局正式发布《支付机构跨境外汇支付业务指导意见》(以下简称《指导意见》)，在全国范围内开展支付机构跨境外汇支付业务试点。《指导意见》将单笔交易金额提升至(　　)美元。

A. 2万　　B. 3万　　C. 4万　　D. 5万

3. (　　)是跨境电商运行和发展的生命线，是跨境电商平台必须守住的底线。若非如此，跨境电商交易会沦为欺诈盛行之地，成为逃避监管的法外“飞地”及跨境洗钱、网络赌博、隐瞒贪污贿赂等各种犯罪滋生的温床。

A. 洗钱和资金的非法流动　　B. 国际收支的申报管理监测

C. 个人结售汇限制　　D. 交易的真实性

4. 下列哪种跨境支付方式是欧美最流行的支付方式，用户人群非常庞大，但接入方式麻烦，需预存保证金，收费高昂，付款额度偏小。(　　)

A. 国际信用卡收款　　B. Money Gram

C. Paypal　　D. 西联汇款

5. 下列哪种跨境支付方式是俄罗斯最大的第三方支付工具，其服务类似于支付宝。该系统使客户能够快速、方便地在线支付水电费、手机话费，可以上网、网上购物、申请银行贷款。(　　)

A. CashU　　B. Qiwi wallet

C. Money Gram　　D. Payoneer

6. 亚马逊给普通买家结算周期是多少天？(　　)

A. 21天　　B. 14天　　C. 30天　　D. 7天

7. 下列哪些账户不收取年费？(　　)

A. 香港银行账户　　B. p 卡(Payoneer)

C. World First　　D. 美国银行卡

8. 下列哪些账户支持美元、欧元、英镑？(　　)

A. 美国银行卡　　B. 香港银行账户

C. p 卡(Payoneer)　　D. World First

**二、简答题**

1. 目前，主流跨境电商支付与结算方式有哪几种？比较不同支付方式的优缺点。

2. 跨境支付购汇的主要方式有哪几种？请画出跨境购付汇业务支付中资金出境流程图。

3. 公司想做亚马逊平台，请问收款方式有哪些？如何设置亚马逊收款账户？

**三、分析题**

小高是某大学电商专业大三学生，在做跨境电商销售时会关注 eBay、Amazon 等平台。他了解到 eBay 和 Amazon 平台上有几款国外锯链销售比较好，自己想采购过来。虽然可以通过代购的形式，但他想亲自购买，最终他用自己的 VISA 卡顺利地购买了 eBay 和 Amazon 上的几款锯链。

请分析小高是如何顺利实现国际信用卡支付和购买的？

**四、实训题**

1. 请注册 eBay 买家账户，绑定自己已经办理的国际信用卡，拍下某款产品，但不要付款。

2. 请注册 Amazon 账户，绑定自己已经办理的国际信用卡，拍下某款产品，但不要付款。

## 本章参考文献

[1] 纵雨果. 亚马逊跨境电商运营从入门到精通[M]. 北京：电子工业出版社，2018.

[2] 冯潮前. 跨境电子商务支付与结算实验教程[M]. 浙江：浙江大学出版社，2016.

[3] 王军海. 跨境电子商务支付与结算[M]. 北京：人民邮电出版社，2018.

[4] 胡令. 电子商务理论与实务[M]. 2 版. 北京：人民邮电出版社，2017.

[5] 张瑞夫. 跨境电子商务理论与实务[M]. 北京：中国财政经济出版社，2017.

# 第五章　跨境电商营销方式

## 学习目标

1. 了解跨境电商营销的内涵与特点。
2. 掌握跨境电商社交营销的方法与策略。
3. 掌握跨境电商搜索引擎营销的方法与策略。
4. 掌握跨境电商电子邮件营销的方法与策略。
5. 掌握跨境电商内容营销的实施步骤。

## 第一节　跨境电子商务营销的内涵与特点

### 一、跨境电子商务营销的内涵

跨境电子商务营销是指企业为满足国际市场需求，以国际营销理论为基础，借助传统营销媒介和互联网等新型媒体，开拓国际市场，将生产的产品或服务提供给国外的顾客，并最终获得利润的一系列营销活动。跨境电子商务营销综合了传统国际营销和网络营销的特点，在企业开展跨境电子商务的经营活动中发挥了重要作用。跨境电子商务的蓬勃发展将会不断更新跨境电子商务营销理念和方式，为其注入新的活力。

### 二、跨境电子商务营销的特点

跨境电子商务营销的特点主要体现在以下三个方面。

#### 1. 目标市场中特色产品的影响性

跨境电子商务的经营范围跨越国界，企业针对一个或多个目标国开展营销，要充分考虑目标市场中占据强势地位的产品，比如德国的机械产品、日本的电子产品。在这样的市场中开展跨境电子商务营销时需要综合考虑交易双方特色产品的影响，选择合适的产品打入目标市场。例如，针对日本市场的“速贸天下”在2011年上线时，产品主要为服装、3C以及其他种类，但通过对实际销售和日本市场的分析，“速贸天下”果断选择服装为主打商品。可见，目标市场的特色产品影响着跨境电子商务营销。

#### 2. 营销渠道的适应性

企业在开展跨境电子商务的过程中，可以利用的渠道具有对目标市场的适应性。正如在国内市场中开展营销活动要选择新浪微博、百度等渠道一样，在境外市场中也要选择合适的营销渠道。例如，在俄罗斯市场中，跨境电商企业会选择 Yandex 搜索引擎平台和 VK 社交媒体平台作为营销渠道。

**3. 营销活动的跨文化性**

在跨境电子商务营销中，跨文化性是一个显著特点。无论是语言文字还是生活习惯等都是跨境电商企业在营销中会格外注意的问题。比如，阿里巴巴于 2015 年 8 月收购国内众包翻译平台“翻译 365”以解决中小企业参与跨境电商业务时的语言障碍问题。在生活习惯方面，德国的消费者习惯了商品在购买 14 天内若未拆封即可退回，跨境电商企业在德国市场开展营销的过程中要充分了解这些消费习惯。

营销环节在企业开展经营活动的过程中极为重要，无论是打开市场、推广产品、打造品牌还是促进销售、维持客户、售后反馈，都需要营销策略作为指导。跨境电子商务企业在开展国际贸易的过程中，要重视营销环节，综合利用传统和新兴的营销方式，以达到更好的营销效果。

## 第二节　社交媒体营销

随着移动终端越来越普及，人们能够随时随地在社交网站上进行信息的共享和互动，2016 年全世界使用各种社交网络的人数已经超过 20 亿，约占全球网民数量的三分之二，并且还会以每年至少 25%的速度增长。社交媒体的迅速崛起使得社交媒体营销在企业中得到越来越多的运用。

### 一、社交媒体营销的定义与特点

Web2.0 时代，用户不再仅限于浏览网站提供的信息，转而成为内容生产者，网络交互性更强，人们更多地使用社交媒体浏览、发表、分享信息。社交媒体作为企业营销的平台和手段之一，受到越来越多的重视。

**1. 社交媒体营销的定义**

社交媒体是指一系列建立在 Web2.0 的技术和意识形态基础上的网络应用，它允许用户自己对内容进行生产创造和交流。这突出了社交媒体的两个重要特点：一是内容生产，二是互动。网络给予网民更多的主动权与自由选择权，用户更主动地创造内容、分享和互动，社交媒体已经深入人们的生活。社交媒体营销是指利用社交媒体平台来提升企业、品牌、产品、个人或组织的知名度、认可度，以达到直接或间接营销的目的。

**2. 社交媒体营销的特点**

(1) 实时性强。社交媒体营销实时性强表现在两方面：一是企业每时每刻都处于营销状态，发布在社交媒体上的营销信息，随时会被客户看到，并可能会被分享、评论、点赞等，因此企业与客户时刻处于互动状态。二是在营销的过程中，对于这些互动行为及营销效果要进行实时的监测、分析、总结和管理，应根据市场的反馈及时调整营销目标及方案。

(2) 内容和形式呈现多样化。由于社交媒体平台的技术不断发展，目前的社交媒体营销无论是内容还是形式都呈现多样化，从最初的文字、图片到时下流行的视频营销以及越来越流行的 Emoji(即表情符号)的应用，都体现了营销形式的多变。

(3) 互动性强。社交媒体营销是企业与客户双向互动交流的重要方式，传统媒体为企业和消费者之间提供单向传播渠道，互动和参与的缺失是传统营销的巨大障碍。Web2.0 时代，人们的生活方式伴随着技术的发展正在改变，社交媒体已经积累了大量的用户资源，并且还在迅速增长。生活化的互动形式与传统营销中客户只能被动接受企业营销信息相比，互动性、参与性更强。

(4) 用户依赖程度高。社交媒体在一定程度上已经成为现今人际交往中不可缺少的一部分，特别是年轻人，他们花大量时间访问社交媒体。社交平台成为新闻、信息的来源，让用户展示自己的生活、分享自己的体验和观点、与其他人互动。根据 Nilsen 的社交媒体报告显示，美国人花在 Facebook 上的时间比任何网站都多，花在社交网络和博客上的时间占他们总上网时间的近四分之一。

## 二、社交媒体营销的优势

作为正在成为人们生活中的一部分的一种营销媒介，社交媒体在跨境电子商务营销中受到热烈追捧并被广泛应用。社交媒体营销主要有以下四个方面的优势。

### 1. 了解客户需求

社交媒体平台上承载着大量的客户需求信息，企业可以利用这些有效信息更好地了解客户需求，进行分析，及时调整营销方向和策略。企业可以有针对性地了解用户的兴趣点、关注点，同时了解相关营销活动的反馈效果，综合分析得出用户需求，从而为客户提供更好的服务。例如，手机生产商想要进行产品的改进时，可以在社交媒体中收集用户发布的相关信息，比如对屏幕布局、操作方式等的抱怨或者建议，获得更多的信息和改进思路。

### 2. 精准定向目标用户

企业可以通过社交媒体中大数据的分析，定位到有特定潜在需求的受众人群并针对这一群体进行有效的定向推广，以达到刺激消费的目的。例如，Facebook 中的 Life Event 功能可以抓取到用户的生活数据，针对新晋父母可以投放母婴类的产品营销广告。另外，随着移动终端的不断普及，社交网络中还积累了用户的地理位置信息。例如，针对经常光顾咖啡店的顾客，跨境电商企业可以通过向其推送关于咖啡杯的相关营销活动信息来吸引其购买。

### 3. 提升品牌形象

由于社交媒体的广泛用户参与度，信息传播的规模和速度极快，因此，客户在互动中给企业的正面评价和建议等会形成企业的免费广告，而且由于社交网络中用户信任度较高，带来的营销效果更好。当然，对于一些负面评价，如投诉等，若能及时妥善地对其进行处理，也会提高用户忠诚度，通过客户的良好评价，进一步提升企业的知名度，形成口碑效应，品牌形象会更好。比如，时尚女装品牌发起一些搭配心得的话题，用抽奖的方式鼓励用户参与，通过用户的评价提升品牌形象。

4. 降低营销成本

社交媒体营销可以降低企业的营销成本。通过社交媒体，企业可以快速、低成本地聚集庞大的宣传团队，也可以有效地找到意见领袖，为企业进行宣传活动。例如，现在为人熟知的微博水军和网红，都是社交媒体下的产物，可以成为企业低成本的宣传力量。

## 三、适合跨境电商的社交媒体

1. 选择合适的社交媒体平台

跨境电商商家在进行社交媒体营销过程中首先要完成的就是平台的选择。商家要了解自身的品牌特点、产品特色、目标市场、目标消费人群等，同时还要了解国外各大社交媒体平台的特色，结合自身和平台的相应特点，选择适合的平台开展营销活动。

2. 跨平台开展营销活动

大多数社交媒体的用户都不止拥有一个社交平台的账户，而是往往交叉拥有多个主流社交网络账号。调查显示，93%的 Twitter 用户有 Facebook 账号，而拥有 YouTube 账号的则占 90%。因此，跨境电商在开展社交媒体营销时，切忌只在一个平台上开展活动，过于依赖一个固定平台上的特定用户群体。可以将 Facebook 上的关注者转变成 Twitter 上的“粉丝”，然后通过在每个社交平台上的定期分享，提高关注者在社交平台上的活跃度。例如，一家跨境电子商务商家主要经营女性饰品，其产品紧跟潮流时尚，以物美价廉为竞争力，目标市场是欧美地区，目标消费人群为 18～30 岁的年轻女性。根据以上企业特点，可以选择 Pinterest 为主要社交媒体平台，其主要用户的年龄阶段与目标用户吻合；同时用户中女性占比居多，符合企业的营销对象；而 Pinterest 作为一家视觉社交网站，功能围绕图片展开，适合企业用精美的饰品图片吸引潜在客户。当然，商家不要忘记 Facebook、Twitter 这类“万能”平台，通过跨平台的营销活动提高用户的认知程度和购买意愿。Pinterest 平台页面详情如图 5-1 所示。

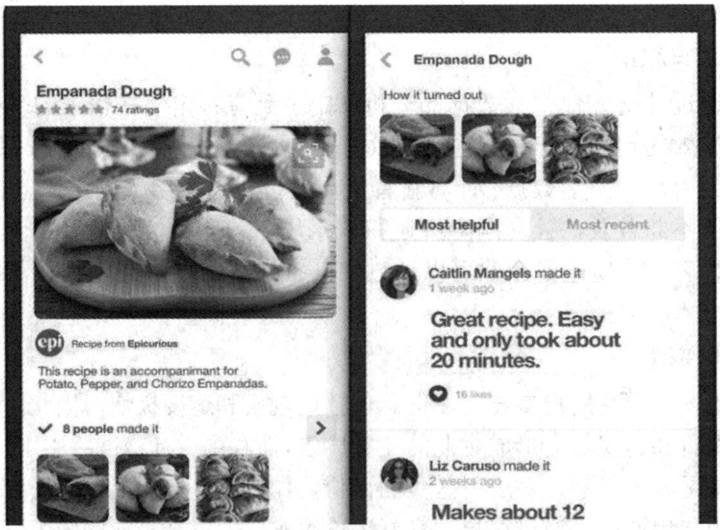


图 5-1　Pinterest 社交媒体

国外主要社交平台见表 5-1。

表 5-1　国外主要社交平台简介

| 名　称 | 用 户 群 体 | 支持功能 |
|---|---|---|
| Facebook | 全球最大社交网站，用户群体差异巨大，活跃用户已有 14.9 亿 | 推广、广告、自然流量、喜欢与分享 |
| LinkedIn | 全球最大职业社交网站。用户数达 3 亿以上，74%为大学及以上学历，30～49 岁人群居多 | 关注、分享、InMaiI、付费 InMaiI、广告产品 |
| Twitter | 全球最大微博网站，注册用户超过 5 亿，25～34 岁人群居多 | 一键购买、Twitter 推广、用#标签参与话题 |
| Pinterest | 全球最大图片分享网站，用户数达 1 亿，68%为女性用户 | 转发、评论、收藏、制作相册 |
| Lnstagram | 跨平台图片社交应用。用户数超过 4 亿，75%为 35 岁以下 | 图片、视频、话题标签、Instagram 广告、Like2Buy 平台 |
| VK | 俄语系国家中最受欢迎的社交网站，用户数近 3 亿 | 发消息、分享、建立群、创建公共主页 |

**知识拓展**

### 国外主要社交媒体介绍

1. Facebook

作为全球最大的社交网站，Facebook 每月活跃用户数高达 13 亿人。此外，大约有 3000 万家小公司在使用 Facebook，其中 150 万家企业在 Facebook 上发布付费广告。当前，跨境 B2C 电商兰亭集势、DX 等都开通了 Facebook 官方专页，Facebook 海外营销受到了越来越多跨境电子商务从业者的关注。

2. Twitter

Twitter 是全球最大的微博网站，拥有超过 5 亿的注册用户。虽然用户发布的每条“推文”被限制在 140 个字符内，但并不妨碍各大企业利用 Twitter 进行产品促销和品牌营销。例如，在 2008 年圣诞购物期间，Dell 仅通过 Twitter 的打折活动就获得百万美元销售；再如，著名垂直电商 Zappos 创始人谢家华通过其 Twitter 的个人账号与粉丝互动，维护了 Zappos 良好的品牌形象。2014 年 9 月，Twitter 推出了购物功能键，这对于跨境电子商务来说无疑又是一大利好消息。

3. YouTube

YouTube 是全球最大的视频网站，每天都有成千上万的视频被用户上传、浏览和分享。相对于其他社交网站，YouTube 的视频更容易带来病毒式的推广效果。因此，YouTube 也是跨境电子商务中不可或缺的营销平台。开通一个 YouTube 频道，上传一些幽默视频吸引粉丝，通过一些有创意的视频进行产品广告的植入，或者找一些意见领袖来评论产品宣传片，都是非常不错的引流方式。

4. Pinterest

Pinterest 是全球最大的图片分享网站，其网站拥有超过 3 亿张图片。图片非常适合跨境电子商务网站的营销，因为卖家很多时候就是依靠精美的产品图片来吸引消费者。卖家可以建立自己的品牌主页、上传自家产品图片、并与他人互动分享。

## 四、跨境电商社交媒体营销策略

### 1. 营销活动开展策略

(1) 使用可视化的营销内容。随着网络技术的不断发展，社交媒体平台提供了多样化的信息呈现形式。有研究表明，1 分钟的视频效果相当于 1800 万个文字。在诸多在线分享和交换的内容中，图片等可视内容的分享和交换比率位居榜首。在 Facebook 上，图片信息比文字信息多得到 53%的赞、104%的评论和 84%的点击，这说明图片和视频等可视内容比纯文本的内容更易于被消费者接受。因此，与其大费周章地描述产品的外观和功能，不如发布一条产品的实际体验视频更能吸引客户。例如，经营时尚女装的商家可以在社交主页上发布真实的买家秀，增强与粉丝的互动。

(2) 通过意见领袖开展营销活动。如今，随着网络赋予网民更多自由选择的权利，一些营销目的性明显且强势的营销形式，不仅不会带来预期的效果甚至还会产生反作用。人们屏蔽传统广告，但是更愿意相信一些博主的推荐，这是因为社交网络的信任度更高，同时相比传统的口口相传受众更广。比如，经营 3C 类商品的跨境电商可以将产品寄给目标市场的 3C 产品测评知名博主，通过与其沟通合作，借助他们在社交媒体上的测评文章，推广产品。

(3) 及时回复加强互动交流。社交媒体营销与其他营销方式相比最突出的特点就是互动性强，企业与用户在社交媒体平台上实现双向的交流沟通。跨境电子商务商家在社交媒体中要保证对评论的及时回复，增加互动，在潜移默化中与客户建立情感关系，培养用户忠诚。例如，当跨境电商女装品牌商家发送了一条当季新品服装推送之后，有粉丝转发并评论“喜欢第三条裙子，要是蓝色的就好了”时，要及时回复是否有蓝色，尽最大可能留住顾客。

(4) 保持消息推送的活跃度。一些跨境电子商务商家在社交媒体上注册账号并进行了一段时间的营销之后就不再发布消息，一段时间内不再活跃在“粉丝”的视野之中，这使得营销效果大打折扣。社交媒体营销是一项长期的营销活动，跨境电子商务商家在营销过程中，除了在目标市场的特定节日发布促销活动，在平时也可进行生活化的互动，使用户参与品牌的塑造和口碑传播。例如，一家经营健身服装的跨境电子商务商家，在社交平台上发布减肥食谱、健康作息时间等督促“粉丝”保持健康生活。

(5) 与电子邮件营销结合。虽然社交媒体营销具有众多优势，但在企业的实际营销过程中要避免过于依赖社交媒体平台。社交媒体更多的是在与其他营销方式综合使用的过程中达到事半功倍的效果。电子邮件是目前使用最多的营销方式，而社交媒体是最具渲染力的分享渠道，二者的结合可以增强营销效果。比如，在电子邮件中添加社交媒体链接，鼓励用户除通过邮件通信外，还可通过社交媒体方式一起沟通交流。而在社交媒体中增加注册电子邮件通信链接，又可进一步增加许可电子邮件地址数量。

### 2. Facebook 社交营销实施策略

#### 1) 准备工作

首先，要考虑所经营的产品是否适合在这个平台进行推广，对不合适的产品，推广效果也会不佳，商家就需放弃这一想法。其次，考察调研 Facebook 用户群与所经营产品的目标群体所具备的特征是否相吻合。最后，考虑是否有充足的人力、物力和财力维护这个平台，只有本身具备这些实力，才会更有利于达到预期的推广效果。

2) 操作运营

当所有的准备工作就绪后，即可开始 Facebook 的运营。

(1) 创建企业页面。创建一个页面是开展 Facebook 营销的第一步，也是至关重要的一步。Facebook 一向以良好的用户交互设计著称。无需特别的技术背景，在 Facebook 上创建一个属于自己公司的页面是件非常容易的事情。但如果想使自己的页面足以吸引客户，扩大自己公司的影响力，并想借助 Facebook 平台开展商业活动，就有一定难度。

首先，Facebook 的页面分为 Local Business or Place、Company、Organization or Institution、Brand or Product、Artist、Brand or Public Figure、Entertainment、Cause or Community 几大类，企业一般都会选择 Brand or Product，即产品或服务。选好页面后，开始选取可以体现公司特点和具有吸引力的名称，可以是公司的名称、品牌的名称或者产品的名称等，但需注意的是，所起的名称需要和页面内容相符。如果希望加大用户在搜索栏搜到公司页面的可能性，建议最好是根据产品名称来确定页面的名称。

其次，关于专业信息的填写，根据产品信息将其填写完整即可。这些信息必须包含用户公司或品牌的基本描述信息、官方网站、联系方式及创建信息等。

再次，制作欢迎页面、Poll 投票、FBML 静态页面等应用程序的加载。在有条件的情况下，也可根据自己的需求做些更适合自己的插件来使用。

最后，当企业专页准备就绪后，就可通过 Facebook 官方网站的插件将其添加到网站上。

(2) 吸引粉丝并与粉丝互动。以 Facebook 为例，其提供的三个工具有助于企业专页吸引更多的粉丝，也可让品牌和消费者连接更紧密。

第一，Rich。Rich 点出粉丝专页，是 Facebook 的任务控制中心，所有品牌相关的 Facebook 营销活动都会连接到这里。尤其在加了动态时报(Timeline)后，不仅可以放置更具代表性的封面照片，也可把重要内容置顶。同时，后台的分析数字会让大家更及时地知道哪些内容比较受粉丝喜爱。

第二，广告(Sponsored Stories)。如果企业想吸引更多的粉丝加入，可选择一则专页上的内容设定成广告，并决定这则广告的目标群体是谁，如只显示给还不是粉丝的人。广告的内容除了是原本设定的内容以外，还会显示朋友和该粉丝专页的互动，这类型的广告可以帮助企业触及到粉丝数 3～5 倍的会员，即让品牌和人的距离更加拉近。

第三，外挂(Social Plug-in)。这个较适用于网站上已有固定流量的品牌，比如购物网站上就可以看到哪个朋友也喜爱某件商品，或是哪些朋友已经加入粉丝专页。另外，能引起互动的内容格式以影片为首，其次是照片，最后是纯文字形式。

如今，在关系导向型的营销时代，社交媒体凭借天然的“强互动”属性，将企业和顾客紧密结合在一起，帮助企业以很低的成本达到品牌传播的目的。跨境电子商务商家应该对社交媒体给予足够的重视，通过精细化运作，让社交媒体营销成为真正有效的跨境电子商务营销方式。

**知识拓展**

**兰亭集势的跨境电子商务营销**

兰亭集势(LightIn The Box)，作为一家全球在线零售商，为全球200多个国家和地区的消费者提供一站式、高性价比的购物体验。公司网站拥有17种语言版本，覆盖全球80%的网络用户。商品涉及服装、电子产品、玩具、饰品、家居用品、体育用品等14大类。在跨境电子商务营销的开展方面，搜索引擎营销一直是兰亭集势投入最多的营销方式，而社交媒体营销作为新兴营销方式越来越受到重视。

1. 搜索引擎营销

以美国的电商网站整体情况为例，来自搜索引擎的流量高达40%。同样，搜索引擎是兰亭集势的第一大流量入口。据Hitwise的数据统计，北美地区的访问当中，有超过45%的流量来自谷歌。兰亭集势按照点击成本对搜索引擎营销付费，当用户使用特定的关键字搜索，在搜索结果中点击了兰亭集势的广告时，或者当用户浏览网页时点击了搜索引擎匹配的上下文广告时，兰亭集势将按照每次点击，支付给搜索引擎固定的费用。其首页自然关键词在Google的收录达1 437个，在Bing和Yahoo的收录达1 168个。其在谷歌的关键词总收录达2 190万个，在百度的反向链接收录近7.5万条。第三方公开数据显示，兰亭集势每月通过搜索引擎优化带来的流量价值超过22万美元。

2. 社交媒体营销

社交媒体营销受到兰亭集势越来越多的重视，在Facebook的运营中投入了大量精力。在发帖方面，兰亭集势保持每天更新，日均发帖数量保持在7个左右，一般不会超过10个。此外，每个帖子的时间间隔在2小时左右，避免给粉丝带来刷屏的感觉，准确地把握了发布频率，保持了活跃度。同时，兰亭集势注重发帖内容，在兰亭集势的Facebook上潮流时尚帖最多。兰亭集势通过一些精美时尚的产品图片和非常地道的语言，唤起粉丝的购买欲；同时还会加上一个问题，以便能和粉丝产生互动。

## 第三节　搜索引擎营销

随着互联网的快速发展和网络技术的不断更新，网络信息不断膨胀，用户获取信息的成本越来越高，而搜索引擎的出现解决了这一难题，大大降低了人们的搜索成本。与此同时，用户主动搜索的需求驱动符合现代拉式营销理念，搜索引擎营销成为目前使用最广泛的推广手段之一。

### 一、搜索引擎营销的概念与特点

1994年，Yahoo等分类目录型搜索引擎的出现标志着搜索引擎营销(Search Engine Marketing，SEM)的诞生，而2000年点击付费模式的产生让搜索引擎营销获得了长足的发展，之后随着互联网的发展及互联网使用人数的增加，搜索引擎市场迅速扩张。

### 1. 搜索引擎营销的概念

搜索引擎营销是根据用户使用搜索引擎的方式，利用用户检索信息的机会尽可能地将营销信息传递给目标用户。其目的在于推广网站，吸引目标用户访问，提高企业知名度，产生商业价值。

### 2. 搜索引擎营销的特点

(1) 广泛使用。随着网络的不断普及，以及移动网络的逐渐使用，人们对网络的依赖逐渐加大，搜索引擎在某种程度上解决了信息获取和筛选问题。有64%的网民认为在线搜索引擎提供的是最值得信任的信息，我国使用搜索引擎的网民数达到5.36亿，使用率达到82.3%。可见，搜索引擎的用户数量庞大，并且用户对其提供的信息较为信任。

(2) 用户主导。搜索引擎营销过程中用户处于主导地位，用户提供自己的需求，通过搜索引擎找到合适的信息。企业无法强迫用户搜索与自己相关的信息，检索什么完全由用户自己决定。由于用户一般带有极强的目的性进行搜索，极大程度地避免了营销活动对用户的干扰，因此如果能成功将用户引流到企业网站，由于供求的高匹配度，很可能实现高转化。

(3) 与企业网站密不可分。一般来说，企业网站的推广是搜索引擎营销的主要目的之一，因此专业的企业网站的建立是开展搜索引擎营销的主要依托，企业网站的专业性以及对搜索引擎的友好性都会对搜索引擎营销的效果产生直接影响。

(4) 效果间接。搜索引擎提供的仅仅是将潜在的客户引流到企业的网站，搜索结果呈现的也只是网页的部分内容，如果用户感兴趣才会点击链接。因此，搜索引擎产生的是间接的营销效果，只起到了桥梁的作用，而企业真正的诉求是将点击率、访问量的增加转化为销售量的增加，关键还在于企业网站的优化和能否满足用户需求。

(5) 成本可控。在企业营销过程中，如果成本无法控制、无法计量，可能无法达到预期的营销效果，也可能无限投入最终一无所获。因此，成本的可控性显得尤为重要。在搜索引擎营销策略的关键词广告中，企业可以设置最高预算，一旦超出预算，账户自动冻结，这样就可以精准地控制成本。

## 二、搜索引擎营销的优势

### 1. 提高企业网站的访问量

搜索引擎营销带来的最直接的效果是企业的访问量的提高。调查显示，用户通过搜索结果进入企业网站，中小电商网站访客中的35.5%来源于Google、Bing、Yahoo和其他搜索引擎中的自然搜索。可见，搜索引擎提供的自然搜索结果已经能够引流三分之一的客户，如果能够进一步开展搜索引擎优化和关键词付费广告等营销，产生的点击量和访问量将更为可观。

### 2. 提高企业品牌的知名度

用户在需求导向的搜索中，会浏览结果页面提供的信息，排名靠前位置的企业将更有可能获得访问，提高企业品牌曝光度和自身商业价值。2006年，美国著名网站设计工程师杰柯伯·尼尔森研究发现人们大多不由自主地以“F”字母形状的模式阅读网页。在Google的搜索页面上，人眼睛的活动区域被形象地称为“金三角”。也就是说，如果企业网站可以出现在这个区域，那么其曝光度和知名度将有明显的提高。

### 3. 推广产品和服务

企业具体的产品和服务信息会在用户搜索时被搜索引擎抓取，综合排名较高的最先提供给用户。搜索引擎通过关键词的高匹配度，将有需求的潜在用户引流。当企业有针对性地推广具体的产品和服务时，要注意选择合适的关键词，从而获得更多的关注。

### 4. 开展市场调研

企业要及时了解竞争对手、相关行业以及消费者的状况，才能在市场中调整状态、占据优势。通过搜索引擎进行的市场调研，成本低、范围广、数据新，企业可以通过搜索竞争者的信息来了解其业务开展方向，及时应对；也可通过分析工具了解消费者需求，调整产品策略。总之，利用搜索引擎可以帮助企业高效地进行市场调研，提升自身的商业价值。

## 三、适合跨境电商的搜索引擎

正如在电子商务企业营销活动的开展中搜索引擎营销必不可少一样，跨境电子商务企业在经营活动中也要通过搜索引擎提高自身品牌的知名度，开拓海外市场，获得收益。不同的搜索引擎平台具有各自的特点和排名计算方法，选择合适的营销策略可以帮助企业达到事半功倍的营销效果。

跨境电子商务企业在搜索引擎的选择上需要结合自身的目标消费群体，选择合适的搜索引擎平台开展营销活动。比如，从规模大小、用户的广泛程度来看，Google 非常重要。从目标客户的国家和区域的角度来看，虽然 Google 在全球市场占有率最高，但是 Yandex 在俄罗斯的市场占有率远超 Google，在韩国 Naver 占据整个韩国搜索市场七成以上的份额，而在日本 Yahoo 则是主要的搜索引擎。因此，跨境电子商务企业要根据目标市场选择合适的搜索引擎营销平台。例如，一家经营对俄贸易的跨境电子商务企业在进行搜索引擎优化和付费搜索引擎营销时要选择 Yandex 作为推广平台，当然也可以在 Google 等平台上开展辅助的营销推广。

全球主要搜索引擎简介见表 5-2。

**表 5-2　主要搜索引擎简介**

| 名称 | 简　　介 | 市场份额 | 主要使用区域 |
|---|---|---|---|
| Google | 全球最大的搜索引擎网站，提供 35 种语言选择，在很多国家占据主导地位 | 67.7% (全球) | 英语区、法语区、德语区、阿拉伯语区 |
| Yahoo | 美国著名的互联网门户网站，包括目录式搜索引擎，所收录的网站全部被人工编辑按照类目分类 | 7.1% (全球)<br>超过 50% (日本) | 日语区、英语区 |
| Bing | 微软公司旗下网站，2009 年推出，前身为 Livesearch 搜索引擎 | 15.6% (全球) | 法语区、德语区 |
| Yandex | 俄罗斯重要的网络服务门户之一，包括搜索、新闻、地图和百科、电子信箱、电子商务、互联网广告等服务 | 2.6% (全球)<br>60.4% (俄罗斯) | 俄语区 |
| Naver | 韩国最大的门户网站，将搜索结果按照网站、新闻、博客、图片、购物等进行分类整理 | 不足 1% (全球)<br>超过 70% (韩国) | 韩语区 |
| Baidu | 全球最大的中文搜索引擎，拥有“超链分析”专利技术 | 8.3% (全球)<br>79.8% (中国) | 汉语区 |

## 四、跨境电商搜索引擎营销策略

由于 Google 在全球拥有绝对领先地位，覆盖绝大多数国家，可以满足大多数跨境电子商务企业的营销推广需求。因此，这一部分将以 Google 为例，分析跨境电子商务的搜索引擎营销方式。

### 1. 付费搜索引擎营销策略

(1) 谷歌关键字(Google AdWords)。与国内为人熟知的百度竞价排名类似，Google 推出的付费搜索叫作谷歌关键字。当用户利用某一关键词进行检索时，结果页面会出现与该关键词相关的广告内容。广告在结果页上的排名取决于广告评级，价格并不是决定因素，广告评级由以下因素共同决定——出价、质量得分的各个组成要素(预计点击率、广告相关性和着陆页体验)以及广告附加信息和其他广告格式的预计效果。广告可以在 Google 搜索结果的上方或下方显示，还会用黄色对其进行标示，也可以在 GooglePlay、GoogleShopping 和 GoogleMap 的搜索结果旁边、上方或下方显示，如图 5-2 所示。AdWords 按点击次数计费(CPC)的方式在大大降低企业营销成本的同时，也可让企业根据 AdWords 中的“关键字规划师”选择合适的关键字，然后根据流量及点击量的分析报告了解推广情况并对其进行优化。

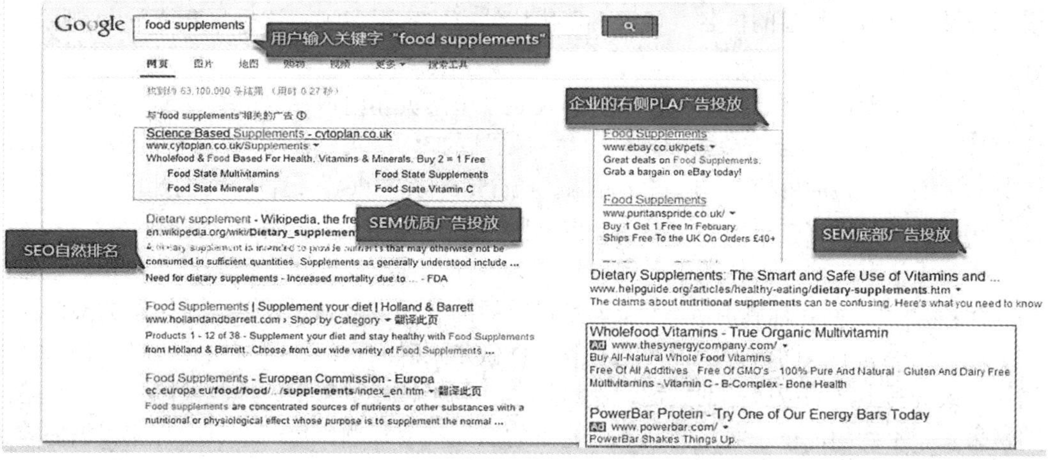


图 5-2　Google AdWords 显示位置

(2) 谷歌展示广告联盟(Google Adsense)。谷歌展示广告联盟是谷歌推出的针对站长获取收入和商家推广产品的联盟，连接网站和广告主，广告主可以通过谷歌展示广告联盟在联盟的网站上投放广告，网站可以通过承接的广告获得收益。谷歌展示广告联盟覆盖全球 100 多个国家，包括数以万计的优质网站，可以帮助企业针对目标客户精准投放广告。例如，一家从事珠宝生产的跨境电子商务企业可以在广告联盟的婚庆论坛中投放广告。

(3) 谷歌移动应用广告联盟(Google AdMob)。与 Adsense 类似，AdMob 是基于移动应用的广告联盟，谷歌于 2009 年 11 月 9 日以 7.5 亿美元收购手机广告公司 AdMob，将广告联盟业务延伸到无线设备。谷歌移动应用广告联盟连接了应用开发商和广告主，为应用开发商创造收益，为广告主在移动应用上开辟广告位。目前其主要用户为移动应用开发商，它们既是广告主也在应用中提供广告位。对跨境电子商务企业来说，AdMob 整合了 PC 端和移动端，使得营销活动统一化。例如，一家想要推广移动应用的跨境电子商务平台可以通过谷歌移动应用广告联盟增加用户安装数。AdMob 的智能细分如图 5-3 所示。

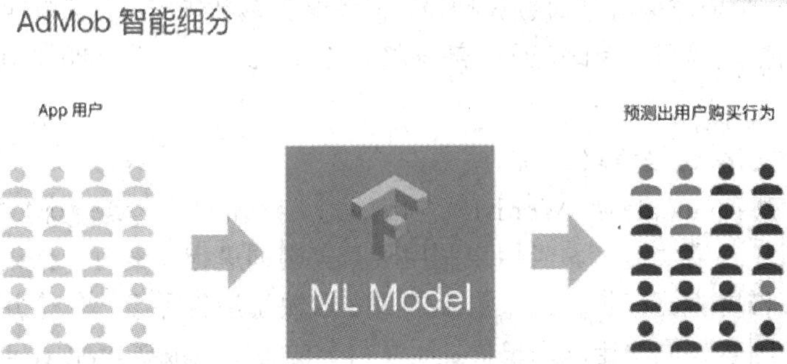


图 5-3　Google AdMob 智能细分

### 2. 搜索引擎优化(SEO)策略

除了上述的付费营销等方式之外，更为常用的是自然排名。提高自身的搜索引擎友好程度，获得更靠前的排名，是利用自然排名进行搜索引擎营销的关键。

搜索引擎优化(Search Engine Optimization，SEO)，简单来说就是采用易于被搜索引擎索引的合理合法手段，使网站各项基本要素适合搜索引擎的抓取原则，从而更容易被搜索引擎收录并取得较靠前的排名。搜索引擎优化的方式有很多种，这里只介绍较为常用的几种优化方式。

(1) 标题优化。标题(Title)是搜索引擎判断一个网页和用户输入的关键词关联程度的重要内容，标题设计不合理会影响搜索引擎对网站的索引和收录。网页标题是出现在 Web 浏览器顶端名称栏的内容，是网页文件源代码(Title)与(/Title)标记符之间的那段文字，标题是搜索引擎用于确定网页内容主题最重要的因素。

标题优化首先要保证标题中一定要包含关键词，其次需要注意标题不要太长，一般在 20～30 个字符之间。标题前 3～4 个词是最重要的。很多网站公司名放在标题的最前面，对于知名度很高的大网站如新浪、网易等这样做是正确的。但如果网站并不像它们那样名气大，最好写上产品或服务的关键词，这样会有利于搜索引擎更好地收录网站，也会给网站带来意想不到的流量。对应网站不同栏目的页面撰写标题，每一个页面都应根据内容选择适当的关键词进行优化。

(2) 关键词的优化。关键词(Keywords)是搜索引擎将站点进行分类的依据，同时用户在搜索引擎中检索信息都是通过输入关键词来实现的。Keywords 标签是一个隐藏的标签，它向搜索引擎提供了一组与网站页面有关的关键字或关键短语列表。

关键词之间要用逗号或空格隔开，逗号表示是逻辑运算“或”的意思，空格表示逻辑运算“与”的意思。关键词一定要与网页内容有关，且不能重复，也不是越多越好，最好不要有空洞的没有意义的大众化词汇，如最好的、漂亮的、优秀的等，尽量避免采用热门关键词等。网页信息中一篇文章里的关键词也要适度，密度太高可能会遭到作弊惩罚。

(3) 图片的优化。搜索引擎收录网页信息时，主要针对的是文本信息，而对于图片内容却无能为力。对于网站上的图片信息，则要优化图片标签，特别是通过图片标签突出网站的关键词。

(4) 网站结构优化。遵照国际 Web 标准，通过对网站结构的优化，使企业网站更符合用户的浏览习惯和搜索引擎的收录标准。网站结构的优化，还要确保网站内部链接的有效性，即每个网页间是相通的。

网站首页属于第一层链接，首页上的链接指向的网页为第二层，如果在第二层页面上还有指向下级网页的链接，则被该链接引导的页面为第三层，依次类推。所有搜索引擎都能访问网站的全部页面，不管它隐藏得多深。搜索引擎在收录网页时是有先后次序的，所以将重要的页面置于靠上的链接层也是搜索引擎优化的好办法。

(5) 移动端优化。2015 年 3 月，Google 正式把“移动优化”添加为搜索结果排名因素之一，5 月，Google 宣布移动查询词条超过 PC 端搜索。包括美国、日本在内的 10 个国家的移动设备搜索率已经超过电脑搜索。这对于跨境电子商务企业来说，是一个需要格外重视的机遇。企业可以通过设置快速登录界面，减少闪烁字体、插件、弹出式页面和插页式广告，关注移动端的搜索关键词等来创建适合移动端用户使用的网站。

### 3. 利用数据分析营销效果

Google Analytics 是 Google 为网站运营者提供的数据统计服务，可以对目标网站进行访问数据统计和分析，并提供多种参数供网站拥有者使用，如图 5-4 所示。企业可以通过分析平均浏览量、访问次数、停留时间、重要关键词 30 天走势等全方位了解自身搜索引擎营销的开展情况，方便企业调整营销策略。通过对营销效果的数据分析，跨境电商企业可以适当调整营销方向。例如，当发现投放的关键词引流效果不理想时，调整关键词。

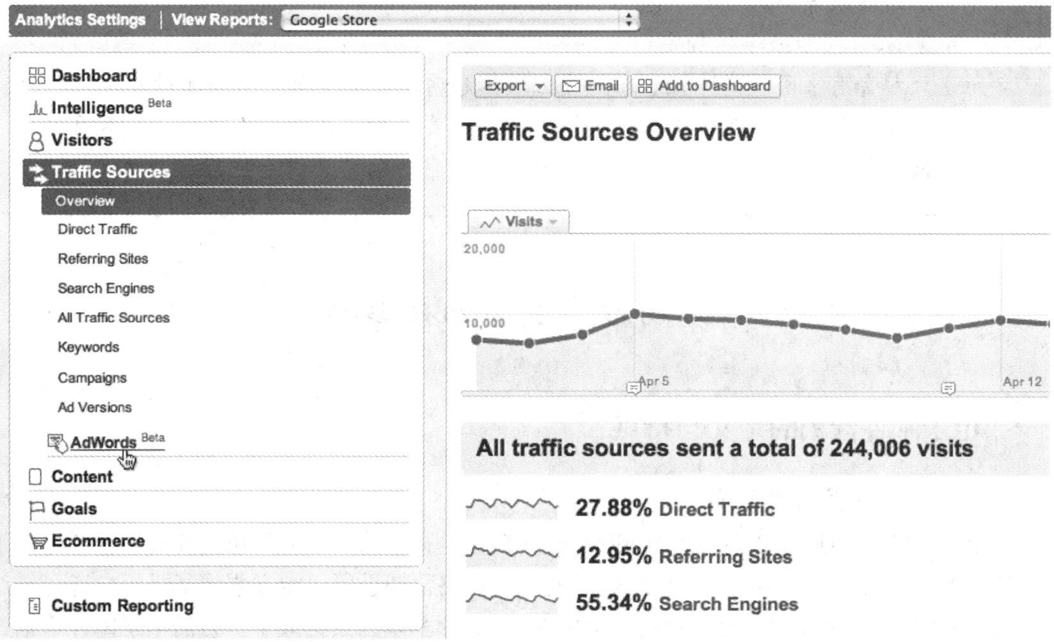


图 5-4　Google Analytics

随着搜索引擎在全球范围的广泛应用，跨境电子商务企业在各国开展营销活动时，都可以借助搜索引擎提高品牌知名度、拓展市场。无论是采用付费的搜索引擎营销策略还是单纯地通过优化策略来提高自然排名，最重要的还是要将访问者转化为真正的顾客，使企业在跨境电子商务市场占据一席之地。

**知识拓展**

**跨境电商的五大营销痛点**

1. 高流量成本，难以保证投资回报

流量成本一直很高，是很多新手无法承受的负担。跨境电商海外营销投放的关键是优化。卖家必须了解目标市场的文化习俗，研究目标人群的偏好，分析广告数据，控制热点，这些都直接影响到投资回报率。

2. 流动平台太多，必须由专人负责

跨境电子商务的海外营销对引流有更高的要求，往往需要与多个平台巨头携手合作，而单一的平台则需要专人负责引流，如社交网络引流、导购网站引流等。

3. 文案没有创意，点击率低

在合法版权的前提下，在符合广告平台材料标准的前提下，广告文案要尽量吸引用户的注意力。然而，随着产品的不断增加，文案的创新越来越困难，点击率很难保证。

4. 对广告平台政策缺乏了解，封杀风险高

引流的平台很多，但是每个平台都会有自己的平台政策，比如 Facebook、Twitter、Google 等流量巨头都有非常严格的广告标准。跨境电商平台内部也有广告系统，对广告的要求非常高。对于不符合标准的广告，平台会停止广告甚至关闭账户。因此，如果不熟悉这些政策，封号的风险仍然很高。

5. 投放时间和频率不确定

每天都会有上网的高峰期，比如晚上或休息时间。跨境电子商务面对的是外国消费者，存在作息时差，在做广告时必须考虑到这些因素。另外，不同行业、不同用户群的上网时间不同，这就要求优化人员有一个非常清晰的认识和把握。

# 第四节　电子邮件营销

## 一、电子邮件营销的定义与特点

### 1. 电子邮件营销的定义

电子邮件营销(E-mail Direct Marketing，EDM)是指在用户事先许可的前提下，通过电子邮件的方式向目标用户传递有价值的信息的一种网络营销手段。定义强调基于用户许可、通过电子邮件传递信息、信息对客户是有价值的，这三个基本因素构成了有效的电子邮件营销。其中，用户许可也是跨境电子商务企业在进行电子邮件营销中需要首先注意和解决的问题。

### 2. 电子邮件营销的特点

(1) 主动性强。相比于搜索引擎营销这一用户主导的营销方式，电子邮件营销中企业的主动性更强。在获得用户许可后，企业可以根据营销目标，在合适的时间主动发送邮件，

进行产品或服务的推广。

(2) 操作简单。邮件发送操作简单，技术性不是很强，无需掌握复杂的技术和烦琐的流程，在编辑好邮件内容后，点击发送即可。同时，还有智能化邮件营销服务商可以帮助企业进行营销优化。

(3) 成本低。电子邮件营销的实施大大提高了传统直复营销方式(如电话营销、直邮营销等)的成本效率，根据美国市场研究公司 e-Marketer 的调查结果，电子邮件营销成本低廉而效果显著，无论是基于许可的电子邮件还是未经许可的垃圾邮件，其成本都比传统的直复营销要低很多。不同营销手段成本比较见表 5-3。

**表 5-3 不同营销手段成本比较**

| 营销手段 | 每条信息平均成本/美元 |
|---|---|
| 电话营销 | 1.00～3.00 |
| 直邮营销 | 0.75～2.00 |
| 许可电子邮件营销 | 0.10～0.20 |
| 垃圾邮件营销 | ＜0.01 |

## 二、电子邮件营销的优势

### 1. 满足客户个性化需求

电子邮件营销可以为客户提供个性化的服务和产品信息，是点对点的传播。客户根据自己的兴趣和需要选择邮件阅读，而对于不感兴趣的邮件可以忽略或直接退订。此外，由于许可式邮件的数据库中收集的都是许可企业进行邮件发送的用户主动填写的信息，企业可以根据已掌握的用户信息发送有针对性的信息。例如，一家经营进口化妆品的跨境电子商务企业，针对每月在护肤品上花销为 1 000 元左右的职业女性用户，在夏季来临时可以发送中高端的防晒类产品信息邮件，满足客户的潜在需求。

### 2. 与客户保持长期联系

电子邮件使企业可以与客户进行直接的沟通，易于与客户建立长期的合作关系。研究表明，与一般的产品促销手段不同，电子邮件营销在实现促销的同时，有助于促进企业与顾客的关系，建立良好的沟通交流渠道。例如，在用户的生日时通过发送电子邮件送上生日祝福。

### 3. 提供客户服务

电子邮件不仅是客户沟通的工具，同时也是一种高效的客户服务手段。通过电子邮件方式提供客户服务可以为企业节约服务成本，同时也提高了服务质量。例如，当客户向跨境电商企业询问产品报价时，可以通过电子邮件的方式发送。

### 4. 开展市场调研

利用电子邮件开展在线调查是网络市场调研中常用的方法之一，具有问卷投放和回收周期短、成本低廉等优点。企业可以通过电子邮件发送在线调查问卷，更有针对性地将电子问卷发送给特定的细分客户。如果调查对象选择适当且调查问卷设计合理，往往可以获得相对较高的问卷回收率。例如，在顾客消费之后，发送满意度调查问卷，并依此做出改进，提高服务水平。

## 三、适合跨境电商的电子邮件形式

### 1. 采用许可式电子邮件营销

在国内，提起电子邮件营销总容易让人联想到垃圾邮件；在海外市场，电子邮件营销使用时间最长且较为普遍。在面对海外市场的客户时，要注意避免使用未经许可的电子邮件营销方式，如果邮件地址没有经过确认许可，很有可能收到大量投诉，并被拉入黑名单，影响企业的正常营销活动。因此，跨境电子商务企业要注意选择获得用户许可的电子邮箱地址开展营销活动。

### 2. 遵守海外通道规则

在诸如 Hotmail、Gmail 等海外邮箱服务商的邮件接收原则中，对于没有固定 IP 服务器发出的邮件拦截率较高，而且海外网络服务商在垃圾邮件、黑名单、投诉举报规则以及发送数据的要求上更为严格。如果企业的邮件送达率不理想，可以选择换一个发送地址，或者通过在邮件底部加入公司地址和隐私声明的链接，降低邮件被屏蔽的可能性，提升投递效果。

## 四、跨境电商电子邮件营销策略

### 1. 关注海外市场消费习惯

不同国家的文化、风俗、经济发展情况都不相同，因此，针对不同的海外市场不能一以概之，要遵照不同国家的用户消费习惯，制定邮件营销的内容。比如，德国的网购用户以男性为主；法国人喜欢圣诞节采购；俄罗斯人看重价格，会反复砍价等。跨境电子商务企业要针对目标国家和区域进行充分的调查，在了解其消费习惯之后，有针对性地进行电子邮件营销。

### 2. 发送有针对性的邮件

利用大数据进行数据库营销，整合传统与现代的营销方法与技术，收集消费者的各种需求信息，针对既有的消费者，企业可以通过用户的行为数据分析他们各自的购物习惯，并按照其特定的购物偏好、独特的购买倾向施以一对一的定制化商品推送，大规模地实现同单个客户的逐一沟通，从而制定有针对性的、有感染力的营销策略。例如，对于价格敏感者，企业需要适当地推送性价比相对较高的产品，并加送一些电子优惠券以刺激消费。

### 3. 发送简洁有吸引力的内容

电子邮件的内容也是至关重要的。有关调查显示，用户对一封邮件的平均注意时长仅为 2 秒。因此，当企业发送的是标题毫无吸引力、内容混乱冗长、让人眼花缭乱的邮件时，电子邮件营销不仅无法获得高转化率，甚至会引起用户的反感。在跨境电子商务企业与客户邮件来往时，邮件的主题要明确、简短、有冲击力，在内容的表述中要注意使用有吸引力的语言，同时避免使用“Free、Cheapest”之类容易引发垃圾邮件过滤器的字词。

### 4. 根据客户生命周期采用不同策略

与其他行业一样，跨境电子商务企业也要根据不同的客户生命周期对客户实施不同的营销策略，尤其是在使用电子邮件这样可以与客户进行长期联系的营销手段过程中，要针对客户生命周期整体布局邮件的类型，来提高客户生命周期价值，如图 5-5 所示。

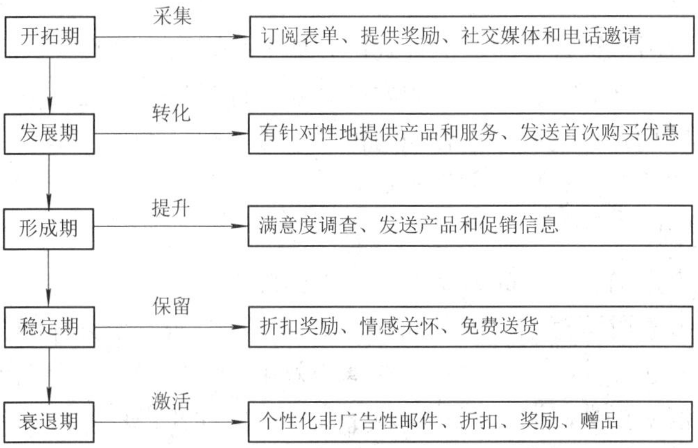


图 5-5　不同客户生命周期的电子邮件营销策略

### 5. 适应移动端趋势

随着移动设备越来越普及，邮件营销需高度重视移动端，确保邮件在移动端和 PC 端上的显示效果是一致的。在西欧和北美，有 30%～40%的用户更习惯用手机处理邮件，跨境电子商务企业可以针对主流的移动操作系统对邮件进行一定的优化，比如可以使用邮件自适应模板，改善用户体验，提高点击率。

**知识拓展**

#### 跨境电商 EDM 营销解决方案提供商介绍

1. Webpower

Webpower(威勃庞尔）自 1999 年在荷兰成立，目前在全球设立了 9 个分支机构，并于 2005 年进入中国(www.webpowerchina.com)。Webpower 是全球领先的邮件营销解决方案供应商，一直致力于邮件营销领域的产品研究、服务创新和业务咨询，引领了欧洲乃至全球范围内邮件营销应用的不断升级。通过提供高效灵活、用户界面友好的电子邮件营销专业平台 DMDelivery，以及更多具有行业应用性的咨询、策略服务，Webpower 具备了可为其客户在全球范围内同步开展大规模电子邮件营销活动的能力。每天全世界有超过 20 000 名用户正体验着 DMDe1ivery 所带来的便利和优势。经过不断研发，DMDelivery 目前可提供的标准功能包含：订阅管理、邮件制作、强大的发送能力和一系列的数据分析选项。

2. 思齐软件

Reasonable 思齐软件有限公司于 2003 年成立，是中国香港地区科技团“科技培育计划”所培育的公司。2006 年，思齐软件推出 Spread 邮件营销软件及服务，协助企业透过邮件接触客户，是香港地区和华南地区目前最大的电邮服务商之一。思齐 Spread 是一个在线许可式 EDM 营销平台，可用于发送产品更新信息、促销信息或电子优惠券，特别适合博客、网站、论坛、网店这类需要及时发布更新信息的个人或企业。平台功能包括邮件列表管理、邮件定时发送和邮件列表批量导入等，还可以查看详细的分析报告，如发送数量、打开率、邮件内链接点击统计、退订率等。

6. 把握发送频率

通过电子邮件与用户进行一对一的沟通时，要注意邮件发送的频率。Forrester Research的研究表明，71%的用户是因为邮件发送太频繁才退订邮件，企业可以通过降低邮件发送频率来维护这71%的用户。另外，根据信息的时效性可以选择不同的发送时间，时效短的信息优先发送，时效长的信息可以适当延后。

7. 注意发送时间

海外市场和国内市场之间的时差是在开展电子邮件营销时需要格外注意的问题。不同于社交媒体营销和搜索引擎营销，电子邮件营销直接针对每一个具体的客户，当没有考虑到时差问题而直接发送邮件时，会大大削弱营销效果。例如，一般情况下，一天中中午或晚上发送的邮件开信率更高，而一家跨境电子商务公司却在当地时间的半夜发送邮件，这样会导致客户无法及时查收邮件或者对客户造成干扰。

## 第五节　内 容 营 销

内容营销是指品牌主通过相关媒体平台和推介渠道产出高质量内容，并将其推送给用户的系列行为，其中包含了关系管理、用户价值以及可衡量标准等内容。内容营销首先能降低企业成本，提高企业品牌知名度；其次长期坚持内容营销还可以提升网站权重和关键词在搜索引擎中的排名；最后内容营销能够促进销售，形成在线购买力。

通常，内容营销并不能让消费者出现立即的、直接的行为改变，它是理性的、倾向长期的内容教育，因此所需营销时间往往较长。通过长期的渗透过程，内容营销使企业扮演着“思想领导”的角色，从而提高品牌的忠诚度和黏度，使越来越多消费者的观念在潜移默化中被企业影响。

### 一、了解目标受众

了解目标受众是内容营销的基础，作为商家首先要了解用户遇到了什么问题，然后为用户提供切实可行的解决方案，如培训、产品、服务等，而并非只是冷冰冰的产品信息。传统的营销方式就是把产品放到自言自语的文案里面，再把一成不变的文案推送给所有的潜在受众。内容营销和传统营销最大的区别在于：一个是从解决问题的实际角度出发，另一个是从推销产品的角度出发。

因此，要想了解目标受众喜欢哪种类型的内容，直接的办法就是观察哪些内容的访问量、分享次数多。仔细了解受众的喜好后，营销人员可以优化内容策略，更好地触及不同类型的人群，并且向他们传递有可能分享和互动的内容。

### 二、选择高效的传播途径

如果资金预算充足，可以考虑投入资金购买流量。例如，利用 Facebook、LinkedIn 和 Outbrain(网络内容推荐引擎，能够为用户提供个性化的内容推荐服务)等渠道的付费功能获取读者。在流量的保障下，能够对读者的阅读喜好快速提出假设，并且不断地验证所提出的假设，在这个过程中对内容营销方法进行迭代优化。

如果资金预算比较紧张，可以在免费的内容发布平台上进行内容营销，如 Medium(轻量级内容发行平台)和 LinkedIn 等。在内容营销的早期阶段，尝试与一些自媒体、博客主进行投稿方面的合作也是获取读者的一个非常有效的方式。利用目前最流行的话题撰写创意软文或视频，避免因内容的广告性过重引起读者的厌烦，需要在内容中巧妙地介绍自己的公司或产品。

## 三、分析和提炼优质内容

一方面，不管创作的是文字内容还是视觉内容，如果只注重内容数量和发布速度而牺牲内容的质量，那么将很难取得预期效果，而且劣质内容实际上还会对公司品牌造成伤害。另一方面，搜索引擎也对内容提出了较高要求，为帮助用户提高和其搜索内容最相关网站排名，Google 推出了反垃圾网站的搜索引擎算法 Panda，为搜索用户提供更具有价值的内容。

此外，随着全球越来越多的人使用移动设备访问网页，移动设备营销内容越来越流行。为了吸引消费者，移动营销可以为网站带来访客流量，因此我们需要优先创造移动设备营销内容。真正优质的、可读性高的内容是可以提高链接分享数量的。在创造优质内容时，需要重点关注以下几个方面。

### 1. 视觉营销是关键

随着数字技术的飞速改变，消费者现在更偏爱简短的文章，于是视觉媒体宣传成为促进流量增长、增加品牌意识的有效方法。例如，视频平台 YouTube 未来有可能成为全球第二大热门搜索引擎，lnstagram 这样的社交媒体也越来越热门，而且预计到 2025 年，84% 的营销内容都将是视觉图像。目前，视觉营销做得比较成功的品牌有 VoIkswagen、Nike、Starbucks、Bud Light、Coca-Cola 等。

### 2. 个性化宣传比重不断上升

消费者对每天浏览的大量内容会变得越来越麻木，因此现在有越来越多的公司开始创造个性化营销内容。创造消费者关心的内容是接触更多消费者并促进销售的关键。

### 3. 增加互动内容

传统式营销手段，主要是向消费者传递被动的内容，难以使消费者参与到活动中来。因此，新型营销需要有效增加互动性，如竞猜、抽奖和恶搞等活动以提高消费者参与度，进而产生品牌意识。互动性营销内容允许双向交流，使用户能表达自己对宣传活动的喜好、感受以及体会，就营销效果而言，互动性内容比静态内容会优化 2 到 3 倍。

例如，Wikia(互动性在线百科网站)在互动性内容方面就做得很好。他们基于热门电影及电视剧创建了互动式宣传活动。在《Spider-Man》《Game of Thrones》和《Captain America》等电影上映的时候，Wikia 通过在静态网页中添加动态内容，提升消费者参与性，用户注册后就能进行互动交流。

## 四、对内容营销的效果进行持续跟踪评估

在内容营销的过程中，不能仅仅追踪内容的点击率和曝光量，还要重点关注用户参与

度。参与度是几个指标的联合体，包括页面停留时间、读者滚动行为(读者是将文章页面滚动到底还是接近页面底端)、重复读者(读者以后是否会回到网站上读更多的内容)、推荐力量(促使读者点击另外一篇文章或是会选择邮件订阅)。

我们需要根据文章的参与度来对文章进行分类排名，将参与度最高的文章放在网站的顶端。通过认真深入地挖掘数据，可以知道哪些内容最受读者欢迎，对获取读者用户的帮助最大，同样如果发现有些内容根本没人阅读，那么就应该停止生产这类内容。

## 本章小结

本章着重介绍了社交媒体营销、搜索引擎营销、电子邮件营销以及内容营销。社交媒体营销具有实时性强、内容和形式呈现多样化、互动性强、用户依赖程度高等优势。商家可以选择 Facebook、LinkedIn、Twitter、Pinterest、lnstagram、VK 等社交媒体平台开展跨境电商营销。搜索引擎营销具有广泛使用、用户主导、与企业网站密不可分、效果间接、成本可控等优势。在不同国家和地区可以选择 Google、Yahoo、Bing、Yandex、Naver、Baidu 等主要搜索引擎开展跨境电商营销。电子邮件营销具有主动性强、操作简单、成本低、反馈率高等优势。适合跨境电商营销的电子邮件形式主要是许可式电子邮件，同时必须遵守海外通道规则。内容营销是开展高质量跨境电商营销的基础，需要做到了解目标受众、选择高效的传播途径、分析和提炼优质内容、对内容营销的效果进行持续跟踪评估。

## 课后练习题

### 一、选择题

1. 如果在俄罗斯开拓市场，应该选择下列哪项作为社交媒体平台和搜索引擎平台(　　)。

A. Twitter Yahoo　　B. VK Yandex

C. Instagram Bing　　D. Pinterest Naver

2. 用户主导的营销方式是(　　)。

A. 社交媒体营销　　B. 直邮产品列表

C. 电子邮件营销　　D. 搜索引擎营销

3. 下列不属于对网站外部的搜索引擎优化的是(　　)。

A. 外链优化　　B. 辅助站点建设

C. 结构优化　　D. 流量监测

4. 跨境电子商务企业在进行电子邮件营销中要解决的首要问题是(　　)。

A. 用户许可　　B. 效果评估

C. 迎合消费习惯　　D. 把握发送频率

### 二、简答题

1. 跨境电子商务营销有哪些特点？

2. 适合跨境电商的社交媒体有哪些？简述开展跨境电商社交媒体营销的策略。
3. 搜索引擎营销的优势有哪些？如何进行搜索引擎优化？
4. 简述跨境电商电子邮件营销的策略。
5. 跨境电商内容营销的实施步骤有哪些？

### 三、论述题

1. 如何理解跨境电子商务营销？阐述其产生的背景与特点。
2. 试论述如何根据产品特点开展跨境电子商务营销。

## 本章参考文献


[1] 速卖通大学. 跨境电商营销[M]. 北京：电子工业出版社，2016.

[2] 严行方. 跨境电商业务一本通：运营管理+选品与营销+物流+结算+售后[M]. 北京：人民邮电出版社，2016.

[3] 易传识网络科技，丁晖. 跨境电商多平台运营[M]. 北京：电子工业出版社，2015.

[4] 柯丽敏，王怀周. 跨境电商基础、策略与实战[M]. 北京：电子工业出版社，2016.

[5] 翁晋阳. 再战跨境电商：颠覆性商业时代下的“野蛮探路者”[M]. 北京：人民邮电出版社，2015.

[6] 严旭. 国际市场营销[M]. 上海：上海财经大学出版社，2016.

# 第六章　跨境电商数据分析

## 学习目标

1. 了解数据分析的重要性和作用。
2. 掌握卖家指标和常用的公式。
3. 熟悉行业数据分析的主要内容。
4. 熟悉店铺经营的分析要点。
5. 了解店铺流量的主要来源。
6. 熟悉影响商品转化率的因素。
7. 掌握提高商品转化率的方法。
8. 掌握销售图表和亚马逊业务报告等内容。

## 第一节　行业数据分析

### 一、电商数据分析概述

近几年来，跨境电商的营收规模已经超过了 10 万亿元。随着跨境电商的发展，越来越多的人才涌入这个行业，数字化和智能化的全面变革也将会改变这个行业。在这种情况下，想要成为一个合格的跨境电商卖家，光做好简单的运营是不够的，还需要进行跨境电商数据分析。行业数据分析是解读行业变化的工具。对行业大势做解读，不像经营分析那样，要细化到每一个产品品类走势和每一用户群需求，而是更多关注宏观因素。

**1. 数据分析的重要性**

通过数据分析，卖家能将整个店铺的运营建立在科学分析的基础之上，将各种指标定性、定量地分析出来，从而为决策者提供最准确的参考依据。

(1) 及时发现问题。作为一个店铺卖家，需要随时监控全店各类数据，及时发现数据的异常才能进一步对症下药。

(2) 分析多重问题。随着店铺竞争越来越激烈，数据分析渐渐成为一种有效的营销武器并进入网店卖家的眼中。数据分析最大的作用，就是分析多重问题，通俗来讲，就是从多个维度去分析数据，得出影响店铺运营的具体原因。

(3) 建立历史档案。成功的网上店铺几乎都是经历长时间的经验积累后一点点地发展起来的。经验就是历史数据的保留与分析。对每件商品进行长时间的数据统计，一定可以发现一定的规律，而好好利用这个规律，才会吸引更多人购买。

(4) 自由对比分析。与店铺有关的数据种类很多，将这些数据进行收集整理，就可以很自由地进行数据对比分析。

### 2. 数据分析的内容

不管哪种类型的店铺，数据分析工作是必不可少的。数据分析工作可以帮助卖家抢占市场商机，提升经营效果。

(1) 热搜词分析。商品标题中加入热搜词，可以提升商品被买家搜索的概率，从而提升曝光度以及店铺的流量。卖家可以通过“数据分析—搜索词分析”功能模块找到热搜词和飙升词，并运用到商品标题中，提升被买家搜索到的概率。

商品属性的完整性和合理性填写也能提高商品的搜索排名。借助数据分析工具，卖家可以通过“数据纵横—选品专家”功能模块，掌握“TOP 热销属性”和“热销属性组合”的使用方法，从中找到买家的购买偏好并完整填写店铺商品的相关属性，从而提升商品的搜索排名及商品的曝光度和流量。

(2) 商品折扣分析。卖家可通过“数据纵横—商品分析”功能模块，找到曝光度和浏览量高但订单量少的商品，以及被加入购物车、收藏夹的商品，对这些商品设置折扣进行促销推广，这样就能提升买家的下单意愿。同时，通过数据分析中的关联商品模块，进行合理的关联商品推荐，也能提高商品的成交量。

(3) 促销或店铺装修效果分析。通过数据分析，卖家可以及时掌握促销或店铺装修的效果，并据此对店铺进行优化和调整。

(4) 经营分析。经营分析提供店铺的各类经营指标数据，帮助卖家进行店铺、产品、营销活动等方面的优化工作，从而提升店铺整体的经营效果。

### 3. 常用的卖家数据分析指标

无论是在亚马逊上销售还是多渠道销售，实时跟踪并分析店铺的各项指标是非常关键的运营工作。亚马逊上的卖家指标可以让卖家深入了解产品定价、营销效果、客户满意度等。在日常运营的过程中千万不能忽视这几个核心指标，并且要做到多优化、多分析，这样店铺的销量才能快速上涨。

(1) 产品排名(Product Ranking)。消费者进入亚马逊商城的第一件事，就是去购物页面，而这一步通常是亚马逊的导航功能来指引的。据了解，有消费者会使用亚马逊的搜索框，还有部分的买家只会浏览首页的商品。这意味着卖家要时刻关注产品的排名，以便商品可以在搜索结果的首页展示，要以 Best Seller 为最终的排名目标。衡量 Best Seller 的标准是看店铺的销售额，而不是卖家的评论或客户反馈。Best Seller 的榜单每小时更新一次。

(2) 卖家评分(Seller Rating)。亚马逊卖家评分是通过客户反馈、执行力等指标来衡量卖家表现的一大客观因素。一般来说，卖家评分是 0～100 之间的分数，主要包括六个指标，分别是：发货时间、订单取消率、退款率、客户询盘、顾客评论、A-to-Z 索赔。实时关注卖家评分有助于掌控全局，进而寻找改善的方法。

(3) 用户浏览商品销售率(Unit Session Percentage Rate)。这是亚马逊转换率里面的一个术语。数据显示，亚马逊平均用户浏览商品销售率为 12.3%。与转换率类似，用户浏览商品销售率是通过订购的数量除以总数来计算的。

(4) 订单销售数(Units Ordered)。这个指标虽然没有客观的标准来衡量，但是可以从卖家每天、每周及每月的订单量来了解。这是一个比总订单量更直接反映卖家表现的指标，因为许多亚马逊客户喜欢在一个订单中购买多个数量。在盈利方面，增加多个数量的订单逻辑是合理的。这样一来，不仅总净收入增加了一倍以上，单位净收入也增加了。

(5) 订单缺陷率(Order Defect Rate)。订单缺陷率与卖家评分密切相关，但它更注重于订单本身。通常情况下，出现以下几种情况亚马逊会认为这笔订单有缺陷，分别是：提出 A-to-Z 保证索赔、退款、客户留下负面反馈(1 星或 2 星)。

订单缺陷率是考核绩效的重要指标，其中 4 星和 5 星是好评加分，3 星为中评，不加分也不扣分，1 星 2 星为差评，要扣分。订单缺陷率的具体算法是，在一定时间内所有涉及 1 星 2 星差评和纠纷的订单除以这段时间内订单总数得出的百分比数据。这个指标如果超过 1%就会有黄色警告，超过 2%就会有红色警告，亚马逊将会审查卖家的销售权。

(6) 库存绩效(Inventory Performance)。“库存绩效指数”是亚马逊的最新指标之一，这对依赖亚马逊仓库存储的 FBA 卖家尤为重要。亚马逊将限制具有低库存绩效指数的卖家的存储空间。

虽然亚马逊尚未公布如何计算这项得分，但平台已提出三项建议来提高得分(范围从 0～1000)，分别是：减少多余的库存、更新现有库存，并避免滞留库存。

(7) 订单履行指标(Fulfilment Performance)。订单履行绩效指标是亚马逊的一项相对较新的衡量标准，旨在让卖家对其在平台上的客户订单负责。虽然卖家评级更多地与客户体验有关，但订单履行绩效指数与订单取消率、延迟发货和订单缺陷等因素相关。

亚马逊官方建议所有亚马逊卖家应“努力实现并保持较好的客户服务水平”，以达到其履行绩效标准。具体做法是：① 订单缺陷率低于 1%；② 订单取消率低于 2.5%；③ 延迟发货率低于 4%。

(8) 各项费用(Fees)。在亚马逊这个商业帝国上销售也是需要支付各种费用的，其中包括卖家费用和 FBA 费用。卖家要实时跟踪与店铺收入相关的各项费用，以此来确定商品是否值得在平台上销售。

虽然费用并不是一个绩效考核的指标，但它是体现每笔订单、每个客户和每款产品带给卖家多少盈利的关键数据。

**4. 常用的数据分析公式**

(1) UV(Unique Visitor)：网站独立访客，即访问网站的一台电脑客户端为一个访客。

(2) PV(Page View)：即页面浏览量或点击量，用户每次刷新即被计算一次。

(3) 平均访问深度(PV/UV)：等于 PV/UV，数值越大，买家访问停留页面的时间越长，购买意向越大。

(4) 店铺成交转化率：指成交用户数占所有访客数的百分比，即店铺成交转化率 = 成交用户数/总访客数。

(5) 单品转化率：等于单品下单用户数/访客数。

(6) PV 点击率：即浏览量(点击量)占曝光量(流量)的百分比。

**知识拓展**

**超 级 店 长**

超级店长跨境版隶属杭州光云科技股份有限公司，为全球顶级的电商平台Amazon、eBay、Aliexpress(阿里旗下)、Lazada(阿里旗下，东南亚热门电商平台)、Wish(手机 APP 购物独角兽)、Shopee(台湾、东南亚新兴电商平台)、Joom(俄罗斯新兴移动端购物平台)等的卖家提供一站式服务，涵盖了大数据选品、智能产品上架、多平台订单处理以及全球仓储管理等多种运营工具。

## 二、行业数据总体分析

近年来，受利好政策扶持、贸易市场环境改善等诸多因素影响，中国跨境出口电商保持持续扩张。我国跨境出口电商卖家主要集中在长三角和珠三角地区，尤其以广东省、浙江省、江苏省三省最为集中。发生这一集聚现象的原因在于这些地区是我国传统外贸最为发达的地区集聚地，有着良好的传统外贸基础。

### 1. 行业对比

行业对比指跟相关的行业进行数据趋势对比，可以分别从访客数占比、成交额占比、在售商品数占比、浏览量占比、成交订单数占比和供需指数等方面进行对比分析。通过分析结果，可以看出随着季节的变化，平台发展种类的方向在变化，从而可以加强对某个行业的投入或避开一些竞争过于激烈的红海市场。

(1) 行业访客占比与上一级行业对比分析。例如，以连衣裙为例进行分析，选择行业为服装/服饰配饰＞女装＞连衣裙。

(2) 同级行业对比分析。通过同级行业对比分析，可以获得访客数、成交额、客单价、供需指数这些指标，从而了解当前竞争小的行业，店铺可以选择供需指数小、竞争小的行业作为突破口进行选品，并对店铺内的产品进行调整。

(3) 行业细分类分析。例如，以女装行业为例进行分析，对女装行业下的细分类进行分析后，选择店铺内主要的三个产品类目：连衣裙、雪纺衫/衬衫、牛仔裤，通过访客数占比、支付金额占比、供需指数占比三个维度进行行业趋势分析。

### 2. 行业趋势分析

跨境电商平台适合不同类型、不同等级的卖家在上面开店，每家店铺具有不同的规模，制定适合的目标、做好定位很重要。行业趋势分析是对国家或国际行业分类系统定义的某一特定经济活动部门的定性和定量报告。行业趋势分析收集的数据取决于分析目的。一些行业趋势分析报告将某一特定业务的业绩与该行业的整体业绩进行比较，有助于企业领导者、经济学家和决策者更好地了解行业内的市场动态和业绩，通过分析可以揭示出一个行业中可能存在的弱点和机会。

例如，店铺运营人员锁定了女装连衣裙后，接下来要进行连衣裙的行业趋势分析。首先选择行业，查看该行业最近 7 天、30 天或 90 天的流量，以及成交转化和市场规模数据，了解市场行情变化情况。服装/服饰配饰＞女装＞连衣裙行业在最近 90 天的环比上周数据变化情况如图 6-1 所示。

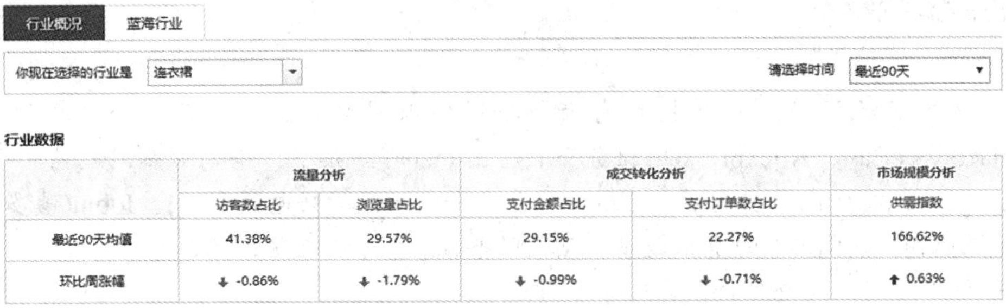



| | 流量分析 | | 成交转化分析 | | 市场规模分析 |
|---|---|---|---|---|---|
| | 访客数占比 | 浏览量占比 | 支付金额占比 | 支付订单数占比 | 供需指数 |
| 最近90天均值 | 41.38% | 29.57% | 29.15% | 22.27% | 166.62% |
| 环比周涨幅 | ↓ -0.86% | ↓ -1.79% | ↓ -0.99% | ↓ -0.71% | ↑ 0.63% |

图 6-1　行业最近 90 天环比上周数据变化

服装/服饰配饰＞女装＞连衣裙行业在最近 7 天趋势数据明细见图 6-2，此分类访客数占比不断降低，支付金额占比也随之下降，供需指数一直在上升。

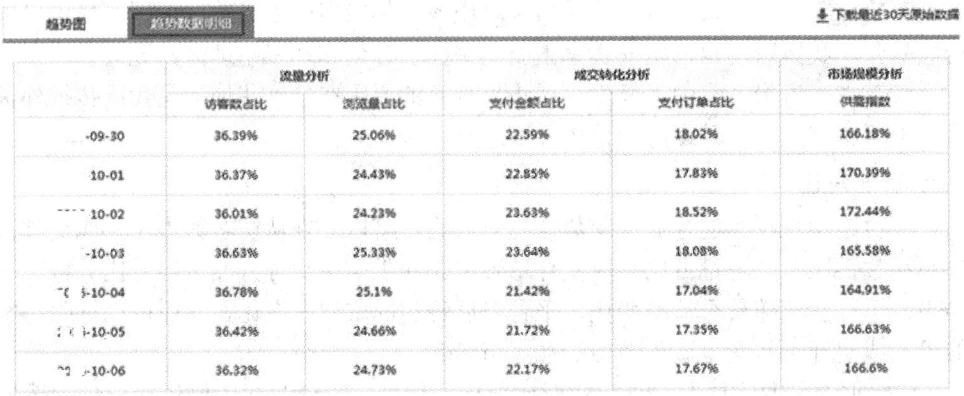



| | 流量分析 | | 成交转化分析 | | 市场规模分析 |
|---|---|---|---|---|---|
| | 访客数占比 | 浏览量占比 | 支付金额占比 | 支付订单数占比 | 供需指数 |
| -09-30 | 36.39% | 25.06% | 22.59% | 18.02% | 166.18% |
| 10-01 | 36.37% | 24.43% | 22.85% | 17.83% | 170.39% |
| 10-02 | 36.01% | 24.23% | 23.63% | 18.52% | 172.44% |
| -10-03 | 36.63% | 25.33% | 23.64% | 18.08% | 165.58% |
| -10-04 | 36.78% | 25.1% | 21.42% | 17.04% | 164.91% |
| -10-05 | 36.42% | 24.66% | 21.72% | 17.35% | 166.63% |
| -10-06 | 36.32% | 24.73% | 22.17% | 17.67% | 166.6% |

图 6-2　行业最近 7 天趋势数据明细

## 3. 行业国家分布分析

行业国家分布，是各国企业内外部压力影响下博弈的结果。再以女装连衣裙为例，查看行业国家分布，行业选择服装/服饰配饰＞女装＞连衣裙，分别选择支付金额、访客数，分析连衣裙类的买家地域分布。根据图 6-3、图 6-4，可以看出两种维度下的行业国家分布数据前三位都是 RU(俄罗斯)、US(美国)、BR(巴西)。根据行业国家分布的结果，可以确定连衣裙的主要需求国家为俄罗斯、美国、巴西，接下来店铺应面向目标国家做针对性营销。

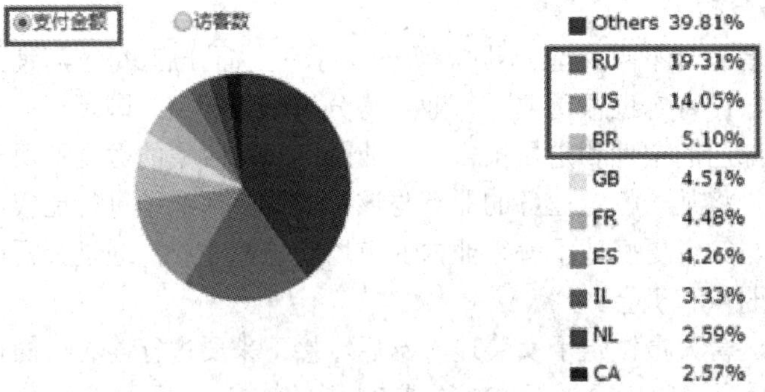



图 6-3　行业国家支付金额分布数据

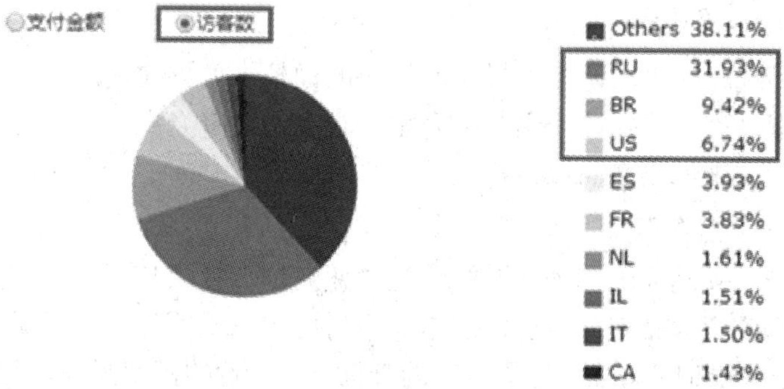


图 6-4 行业国家访客数分布数据

## 三、蓝海行业数据分析

蓝海行业指那些竞争尚不大，但又充满买家需求的行业。蓝海行业充满新的商机和机会。在对不同的行业对比后，寻找蓝海行业是每一个卖家心中的期盼。

如图 6-5 所示，某跨境电商平台推荐了 11 个一级蓝海行业。蓝海行业和红海行业只是相对而言的，随着时间的推移，新进入的竞争者多了，流量爆发期过后也会出现价格搏杀的局面。

图 6-5 一级行业蓝海程度

找到蓝海产品后，还可以根据行业趋势图及趋势数据明细进一步查看该行业 30 天或 90 天的流量，以及成交转化和市场规模数据，了解市场行情变化情况，并可以根据行业国家分布找到主要需求国家，为店铺引进新产品、开拓新市场提供依据。

## 四、搜索词分析

搜索词不同于关键词。关键词是由企业设定的，用来迎合潜在受众搜索需求的词。而搜索词是网民在检索的时候，在搜索框中输入的词。按照企业设定的匹配方式，如果这个搜索词匹配到了企业设定的某个关键词，则会触发该关键词对应的某条创意在搜索结果页面上展现。卖家在了解网站现有搜索词后，还可以了解一下其他热门搜索词，这样有助于了解用户的搜索习惯，通过更多搜索词优化网站收录。

### 1. 热搜词——优化标题

热搜词，又称为热门搜索查询，指网站从搜索引擎带来最多流量的几个或者是几十个关键词。热搜关键词通常反映一段时间内的各界大事与流行话题。有较高的浏览-支付转化率及点击率，在做此类产品的标题的时候应注意加入前缀描述词，优化标题，增加搜索概率，同时可以选择竞争指数较低的产品为店铺新增产品。

### 2. 飙升词——优化产品属性

飙升词是所选时间段内，搜索量飙升较快的词条。如果被使用到产品标题中，可以提高卖家店铺的曝光度。选择搜索指数飙升幅度较高，而曝光商品数增长幅度、曝光卖家数增幅较低的搜索词来优化产品属性描述。

### 3. 零少词——蓝海开发

零少词是产品关键词的一种，又被称为“蓝海词”或“长尾词”，是指具备一定买家搜索热度，但供应商发布产品较少，通常词下对应的精确匹配产品数量不超过3页，且同行竞争度较低的关键词。可以通过零少词的查询进行行业的蓝海开发，一旦供应商能准确使用这些词语，并能结合信息质量发布一条合格的产品信息，将获得曝光和点击的快速提升。

# 第二节　店铺经营分析

## 一、店铺实时概况

当通过实时的店铺浏览量概况，获悉店铺浏览量当日及周同比数据相比上周同时间段有衰减趋势时，店铺就需要不断优化商品信息，调整营销活动，总结差距和优势，不断地优化提升以改变店铺的落后局面。

### 1. 实时概况

实时概况展示店铺整体销量流量数据及当日趋势、店铺热销商品 TOP5 和人气商品 TOP5 的数据。这不仅包括全部渠道、PC、APP、微信、手机 QQ、M 端，还包含访客数、浏览量、下单客户数、下单单量、下单商品件数、下单金额、转化率、客单价、店铺累计关注人数与今日加购人数等相关数据。核心数据显示昨日对比数据、同时段昨日对比数据。转化率和客单价只显示昨日对比数据，不显示昨日同时段。店铺累计关注人数与今日加购人数不涉及昨日数据，具体见图 6-6。

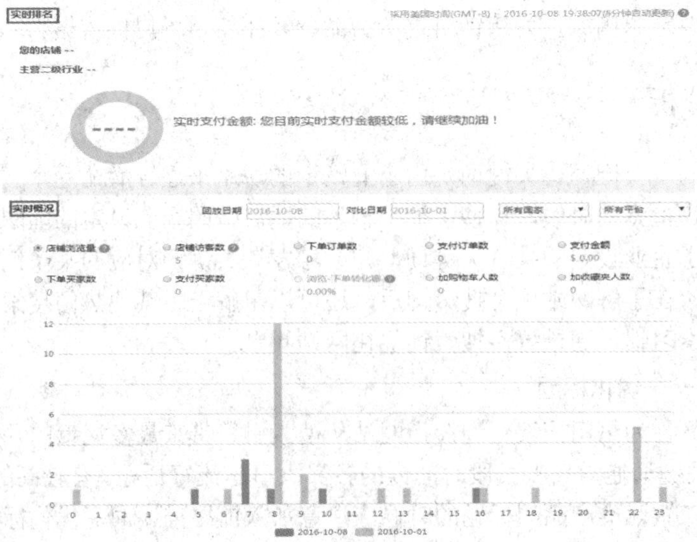


图 6-6　店铺实时概况

### 2. 使用场景

(1) 日常运营：日常工作中可以经常查看实时概况模块，观察数据趋势。当数据有明显的升高或下降时，可以通过查看实时其他模块和商家后台的订单来分析问题所在。通过当日和其他时间数据的对比，预测今日销量和其他营销情况。在趋势图中还可以查看当日累计图，直观识别店铺的整体表现，了解当日几点的活动可以帮助商家实现整体增长。

(2) 活动及促销：有活动时或大促期间，可通过实时数据查看活动效果，实时调整活动策略，预测活动达成的目标。6 月和 11 月会有大促对比。

## 二、成交分析

### 1. 商铺排名

在亚马逊平台，店铺排名越靠前，就意味着越多的流量，从而才能增加销量。可是如何提升店铺排名呢？

(1) 影响亚马逊产品搜索排名和类目排名关键指标。

① 销量：直接影响到亚马逊的销售，销量越高排名越靠前。在亚马逊搜索产品时，会发现销量是最重要的排名因素之一。现在亚马逊会自动给搜索结果里的热销产品加上“Best-Seller”的标志，比如搜索“Strollers”，会出现如图 6-7 所示的结果。

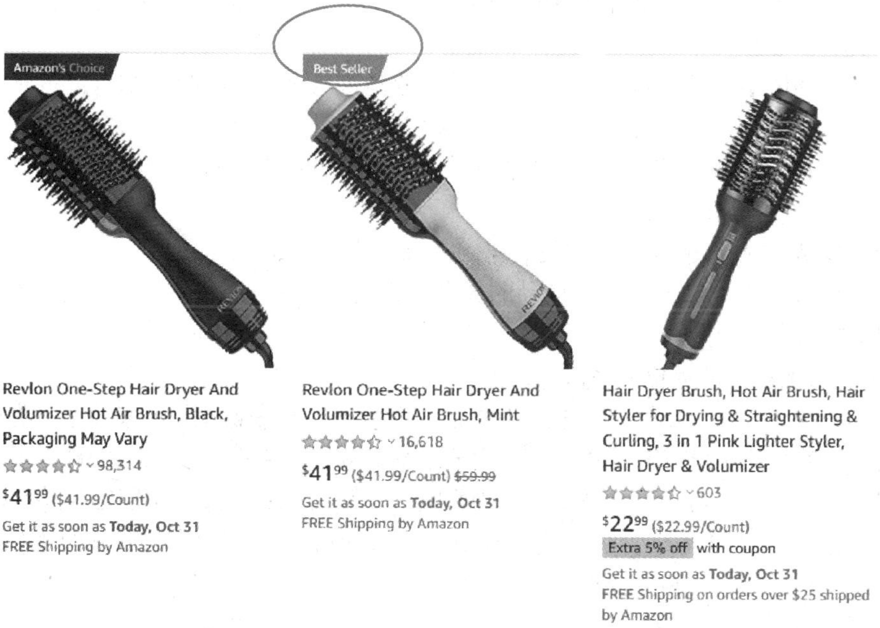


图 6-7 亚马逊产品搜索排名

② 好评率：亚马逊注重产品的用户口碑，而且有自己的评价体系。如图 6-8 所示，搜索某类产品时，排名第一的 BISSEL 有最多评价，评分最高，是热销品。第二名的 Dirt Devil 评价更多，评分稍低，同样也是热销品，所以排在第二。而第三的 Shark Navigator 虽然评分比第二高，但是数量更少，一样是热销品，所以排在第三。第四的 Hoover WindTunnel 虽然评价比前三都多，但是评分比第一、三低，而且不是热销品，所以排在第四。

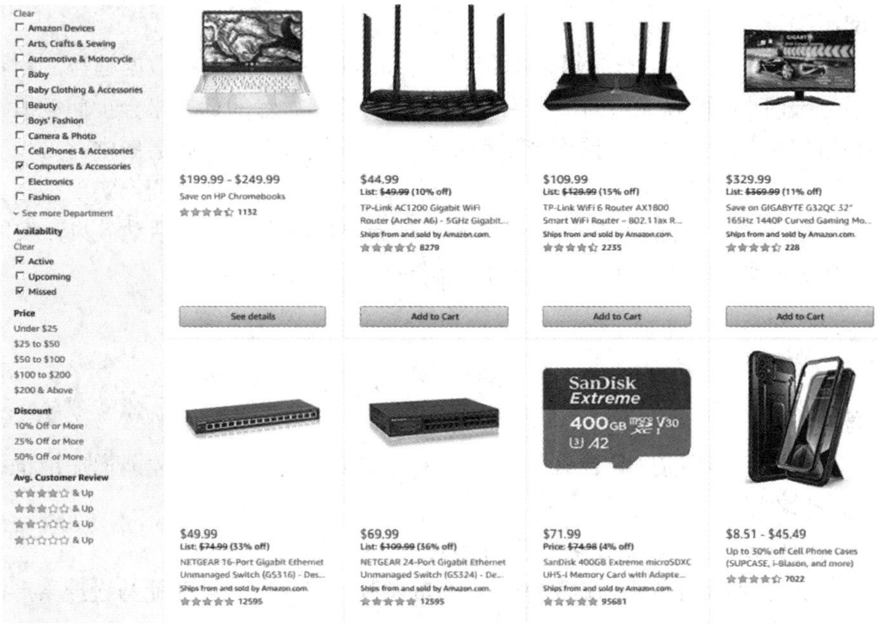

图 6-8　产品的用户口碑

③ 绩效：包含亚马逊政策性指标和业绩性指标两大类。这个包括很多方面，如买家反馈、退款率、订单缺陷率等。

④ 类目相关性：这个直接影响类目排名。亚马逊每个商品类目下都有很多属性可供选择，所以在新产品上架时，要填好商品属性，如颜色属性、产品特征、尺码属性、材质等。以前亚马逊上传商品时可以设置两个节点，新规则下只可以设置一个分类节点，所以选好产品所在的分类节点很重要。

⑤ 搜索相关性：标题中含有关键词或者填写搜索关键词。

⑥ 搜索关键词：要充分利用商品的 5 个搜索关键词，款式关键词，材质关键词等。这个对搜索排名很有帮助。

(2) 跟排名相关的评价体系。

① 卖家反馈。这是给卖家看的，对应后台绩效中的买家反馈。买家只有在购买此商品后才能对该商品的卖家进行反馈评级，评分越高，评论数越多。卖家反馈直接影响整个店铺在搜索排名中的排名，如果说商品评论影响一个商品，那么反馈可能影响整个店铺。

② 商品评论。这是给买家看的，呈现在产品详情页面。这是有关人气的排名，评论越多，评论质量越好，越利于搜索排名。

(3) 亚马逊的其他排名。

① 相关排名：所包含的关键词及属性与搜索关键词越匹配，曝光率越高。

② 折扣：折扣力度越大，排名靠前的几率越大。

③ 上架时间：这个完全根据亚马逊店铺中商品上传的时间。

④ 最(高)低价排名。

店铺搜索排名除了和自然订单量相关之外，当然还与亚马逊账号的健康情况有很大的关联。需要注意的是，提升排名一定要通过合规的途径，不要触犯平台规则。

### 2. 成交概况

成交概况由一组公式构成：

$$支付金额 = 访客数 \times 浏览 - 支付转化率 \times 客单价$$

例如，提升店铺20%的访客量，在支付转化率保持不变的情况下，支付金额相应也提升20%。当然如何提升数据需要根据每个店铺的自身情况来决定运营方式的侧重点。提升访客数、支付转化率、客单价之间的运营策略是不一样的。简单来说提升访客量就是引流，可以通过各种方式引流，如 Facebook、p4p、联盟。提升浏览转化率一般是通过对老客户的营销，向新客户发放优惠券来进行。针对客单价的一般营销方式是做相关的观点营销，或者对应的优惠券。

成交概况的相关数据呈现了全店、APP 以及非 APP 成交的核心数据，要对三部分分开统计，具体可以分 1 天、7 天、30 天和自然日、周、月进行统计。

### 3. 成交分布

目前中国卖家主要分布在华南地区和江浙地区。中国传统的出口贸易重地——江浙和东南地区的卖家，在消费电子类产品和成衣方面，具有相当大的优势。

全球开店大趋势下，经过近年来的演变，现在中国卖家的销售品类越显丰富，除了 3C 和服饰产品外，扬声器、喇叭、体育用品、小提琴和无人机等一些特殊商品也逐渐成为中国出口电商的选择。

成交分布会展示店铺主要买家的来源情况。店铺成交分布包括国家、平台、行业、商品、价格带、新老买家和 90 天回头购买七个维度的相关数据供相关运营人员选择参考，进而为店铺做特色化运营。

### 4. 成交核心指标分析

转化率的高低，是一个店铺能否生存的命脉。想要做好亚马逊店铺的转化率，必须先了解影响订单转化率的一些基本因素。

(1) 标题。标题需具有可阅读性。从消费者即买家的角度去考虑，标题在确保关键词的基础上，要让买家具有流畅以及舒适的阅读感受。促成买家搜索到商品的是关键词，促成买家点击查看的在很大程度是符合消费者阅读习惯的标题。

(2) 图片。图片除了要符合亚马逊清晰、直白、易于理解的基本要求外，还要尽量详细并且富有吸引力，以能提高买家的购买欲为原则。

(3) 卖点。买家购买东西的时候喜欢“货比三家”，如果每个商家呈现的信息都相差无几，就容易造成买家的审美疲劳及选择困难症，因此商家可以对产品某一个易被消费者接受的特点进行着重的宣传。

(4) 价格。调研市场价格，对产品合理定价。太高或太低的价格都容易引起消费者的警惕。

(5) 关键词。可以利用亚马逊自带或者第三方的一些关键词工具，不断优化关键词。这样会有利于商家对商品的选择和促销产品的搭配。

(6) 发货方式。相比自发货，亚马逊给 FBA 的产品更多的曝光度。提升 Listing 排名，帮助卖家抢夺购物车，都有利于提高卖家店铺的流量与销量。另外，FBA 的配送时间短，也是吸引客户下单的因素之一。现在，很多买家习惯当天发货，看到三天内发货的都会犹豫甚至放弃购买，因此配送时间也相当关键。

(7) Review 的数量和星级，Best Seller 标签。客户多数喜欢好评多、信誉高的店铺或者皇冠卖家、金牌卖家进行购买。

除了以上几个方面以外，影响成交率、转化率的因素还有很多，如媒体社交平台上的软文推荐、家人或朋友的意见，打折力度。

5. 成交波动分析

(1) 成交波动分析。成交波动分析，是通过多维度、多视角分析成交波动的原因。对于卖家而言，最重要的是要看到成交。如果以成交结果为导向，首先要知道成交结果的表现形式。如果中间出现波动，就要分析波动的原因，并且定位到波动发生的具体维度是国家、行业还是具体到商品，从而对相关店铺的运营进行分析及调整。具体操作过程中，需注意以下几点：

① 在一定订单量的基础上才需要做波动分析。建议最近 30 天支付订单 30 笔以上才做分析，否则波动受单个买家订单的影响较大、数据较少，分析结果可靠性也不高。

② 波动超过一定范围时，才需要引导分析波动原因。

③ 整体波动 10%以内，不代表没有异常。根据卖家店铺的实际情况判断，在各维度下某个值波动超过 10%，会有引导。例如，整体波动 3%，但 US 国家波动 15%，建议分析该国家的波动。

(2) 成交波动分析的思路。

① 在有波动的前提下找到是店铺自身的原因还是整个行业的原因。如果方向错误，很容易导致后面的分析误区，无法进行相关的运营策略调整。

② 如果是店铺的原因，可以通过公式找到流量、转化、客单等原因。

③ 通过维度拆解，找到国家、平台、商品等主要原因，一般以找到商品为最终目的，也可以直接通过商品维度切分找到原因。

④ 单维度拆解分析，通过成交公式找该维度下流量。

## 三、流量来源分析

无论是在哪个平台哪个阶段，是国内电商还是国外电商，最重要的就是流量，可以说流量是电商的命脉。图 6-9 显示了亚马逊的六大流量来源。

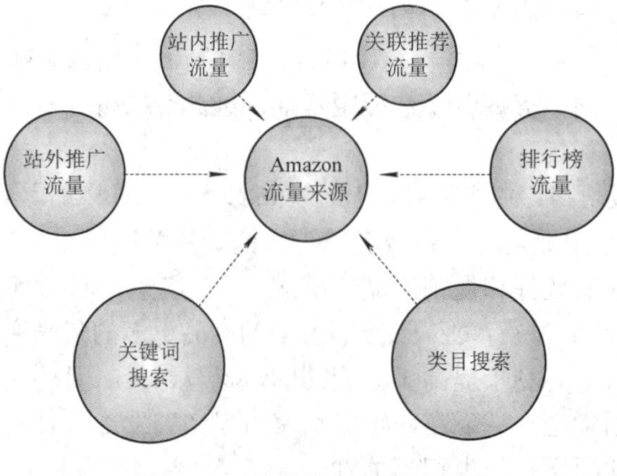


图 6-9　亚马逊的六大流量来源

1. 关键词搜索

一般我们要从不同角度思考和优化提高关键词的匹配度。从产品自身分析，找到其与同类产品的差异，如从原料、设计、功能、服务、渠道等方面充分挖掘产品的卖点。买家搜索会用什么关键字？要换位思考，从买家的角度出发，结合自身和身边人的购物经验，推断出产品关键词。

2. 类目搜索

除了关键词搜索之外，类目搜索也是买家常用的搜索方式，比花钱做推广广告带来的流量还多。类目搜索该怎样优化呢？分为两点：首先设置正确的分类节点，先集中再分散；然后是优化分类浏览属性，上传商品的时候要准确填写产品属性。

3. 排行榜流量

这里，排行榜主要是指畅销排行、新品排行、折扣排行、价格排名、买家评分排名等。从这几方面下手，争取榜内靠前的位置，会给流量带来很大的提升。

4. 关联推荐流量

亚马逊也会根据消费者购物习惯和购买行为，为买家推荐产品。淘宝也有这样的推荐。通过关联流量的思路来优化选品。例如，可以从产品的主配关系考虑，如手机和充电器，手机壳和手机挂链等。

5. 站内推广流量

站内流量非常的精准。提升站内推广流量主要有两种方式：通过 CPC 广告做产品推广和通过亚马逊促销功能做促销活动。

6. 站外推广流量

站外流量多种多样，这包括社交平台、图片分享、视频分享、购物分享、软文营销和博客营销等。

## 四、装修效果分析

店铺的运营是否成功，店铺的装修占有一定的因素。很多店铺装修后，就不会再次对店铺的装修进行优化，这是店铺运营过程中不能让客户接受的，同时也会流失现有的客户。

1. 店铺装修内容分析

(1) 色彩方面。对于店铺装修来说，色彩方面的合理调整和科学搭配是非常重要的。客户在浏览的过程中，对于色相的结合存在很多的差距，保持色相的简单是提高色彩搭配合理性的有效对策。在色彩的彩度和面积的控制上，也要进行适当的调整，避免造成浏览者的视觉疲劳。

在实际生活中，很多色彩会被赋予一定的含义，让人们产生不同的联想。例如，面对红色，人们很容易想到喜庆、过年等。因此在一些特定的活动主题中，就可以适当地应用红色，便于更好地激发浏览者的联想。在色系的选择上，也要结合不同的产品来进行。例如，在一些婴幼儿用品中，适当地增加黄色、粉色等，可以更好地体现其特点。

而在一些运动产品的店铺装修中，可以适当地引入一些冷色调，让人产生清爽的感觉。通过对色彩的合理搭配和调整，可以让店铺的风格更加突出，最大限度地体现出店铺产品的特点。

在配色方案的选择上，还需要对补色的搭配和类色搭配进行合理的调整。在色彩理论中，色盘上面两个相对的颜色就是补色，类似的颜色就是类色搭配。类似色是相近的，比如黄与绿、蓝与紫。一般在需要营造活泼的、有动感的空间时，选择红与绿、蓝与绿。在色彩比例的控制上，可以采取 60%的主色彩，30%的次要色彩，10%的辅助色彩。在做网店的装修设计时，可以在店铺中选一个比较突出的饰品，这个突出的饰品要有色彩，可以是黑色或者白色。其他的色彩最好围绕主要的网页空间的主色彩进行展示。例如，选择的都是酒红色的色调，这个空间就显得比较协调。

(2) 布局调整。在布局的设计上，要结合人眼观看和浏览信息的习惯来进行。例如，从上到下、从左到右就是一个重要的浏览习惯原则。在店铺装修的设计布局上，要按照一定的规律来进行布局设计和调整。

按照网店布局设计功效，对热卖产品和主推的产品系列的位置进行优化，合理进行布局。对参与折扣活动的产品，可以适当地提高其布局高度，并且进行偏左的设计。对于一些布局形状狭长的电商店铺页面，可以利用磁性陈列的方式，让店铺上下和左右的内容实现有效地融合，更好地激发消费者的浏览行为和兴趣。

(3) 突出主体。在装修过程中，要凸显店铺的主体，也就是店铺的"焦点"。一个可以吸引人的"焦点"，是店铺留住消费者的关键。在"焦点"的控制上，装修中要对于商品的特性进行充分了解，并且对"焦点商品"进行合理地突出，可以搭配不同形式的文字与图片说明，可以结合不同的广告艺术形式。这个"焦点"可以不仅仅局限于商品，也可以结合店铺的主题促销活动、店铺品牌等多方面的内容和方向来进行凸显。在消费者第一次点击并进入店铺之后，这个"焦点"是抓住消费者的一个重点内容，优质的"焦点"内容，可以激发消费心理，引导消费行为，同时也可以更好地衬托品牌形象。

**2. 网店装修效果分析**

很多店铺装修后，就不会对店铺的装修进行优化，这是店铺运营过程中造成现有客户流失的原因之一。网店装修分析就是以可视化趋势图的形式展示店铺浏览数据的变化情况，如图 6-10 所示。

(1) 查看装修效果。可查看近 7 天的首页点击率、店铺浏览转化率、店铺平均停留时间趋势等数据，可以查看点击率、转化率和店铺停留时间。查看近 30 天、近 7 天、具体某一天的装修效果趋势图，了解哪些天做过店铺装修，装修后店铺的流量、访问深度、访问时长及跳失率的变化，以此来衡量店铺装修效果。

(2) 查看装修记录。装修分析可以展示近 30 天的装饰发布时间点，也可以查看具体某天的装修记录和页面。

(3) 查看页面点击分布图(热力图)。通过热力图可以查看买家喜欢什么，哪个地方点击率最高。

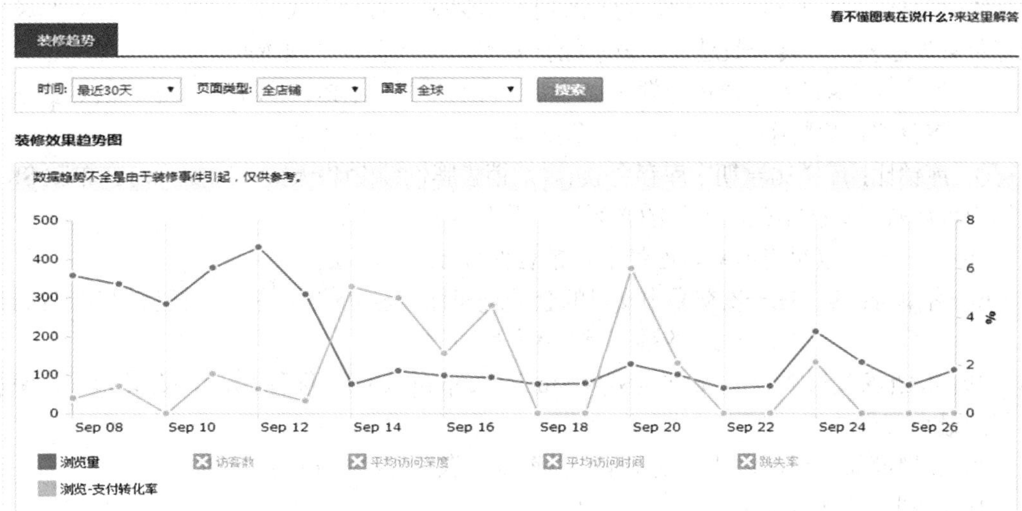


图 6-10 网店装修效果分析

## 五、商品分析

### 1. 商品分析的定义

商品分析是根据进货数据、销售数据和库存数据，以分析结构为主线的分析思路。商家可以通过对特定的商品的分析来指导公司商品结构的调整，加强所营商品的市场竞争能力及合理配置。通俗来讲就是，按各项指标做出分析后，进行商品的调整，让商品更适应市场，达到商品的最大售罄率。

### 2. 商品分析三要素

(1) 销售数据维度。

① 商品销售：销售分析的最细维度之一，大部分的指标都依附商品来做明细的记录，同时很多维度也是通过商品进行交叉分析。

② 客户：客户是销售对象，包括会员。客户所在地和区域有关联。

③ 区域：区域是省、市、区、地理位置、商圈。

④ 时间：时间是进行数据分析非常重要的维度，包括有公历、农历、周度、月度、季度、年度。

(2) 数据分析方法。

① 直接数据的分析：能直接提取的数据，经过简单的加减乘除后就能有结果的分析。例如，进、销、存、售罄率、产销比、销存比等。

② 间接数据的组合分析：需要两项以上的分析结果合并组合后才可以得出的结果。例如，店铺销存对比总销存。

(3) 销售数据指标。

① 销售数量：客户消费的商品的数量。

② 销售额：客户购买商品所支付的金额。

③ 周转率：周转率和统计的时间段有关。周转率 = (销售吊牌额/库存金额) × 100%。

④ 周转天数：周转天数 = 库存金额/销售吊牌额。周转天数越长，表示经营效率越低或存货管理越差；周转天数越短，表示经营效率越高或存货管理越好。

⑤ 退货率：退货率 = 退货金额/进货金额(一段时间)。例如，一段时间内客户的退货率。

⑥ 售罄率：售罄率 = 销售数量/进货数量。

⑦ 库销比：库销比 = 期末库存金额/(本期销售牌价额/销售天数 × 30)。只有在单款 SKU 计算中可用数量替代金额，整体的必须还是看金额。

⑧ 连带率：也叫连单率。连带率 = 销售件数/交易次数。

⑨ 客单价：客户在一次交易中支付的金额总和称为客单价。客单价 = 销售额/交易次数。

⑩ 平均折扣：平均折扣 = 销售金额/销售吊牌额。

⑪ SKU(深度与宽度)：英文全称为 Stock Keeping Unit，简称 SKU，定义为保存库存控制的最小可用单位。

⑫ 促销商品：指促销活动期间指定的商品，其价格低于市场同类的商品。

⑬ 毛利：毛利 = 实际销售额 − 成本。

⑭ 净利：净利 = 去税销售额 − 去税成本。

### 3. 商品运营优化

选品是做亚马逊之初就会考虑的问题。很多卖家会陷入一个选品误区：看什么热门卖什么，一味模仿大卖家做 Listing。选品的根本是了解客户需求，从客户角度出发才能做出受客户欢迎的产品。新卖家可以参考一些产品的 Review，做多方面参考，也为店铺的整体运营做规划参考。

卖家在做推广的时候，应该根据不同产品来做相应的变化。如果一个产品是新品，做推广的目的就是为了收集客户搜索数据以及快速提升搜索排名，为新品打下基础。这个时候不用太过在意投资回报率。如果给一个老品做付费推广，这个时候就要做好关键词的优化，尽量把推广费用都用在转化率高的关键词上。原则上是广告成本销售化(ACOS)不宜超过产品利润率，不过也可以根据实际情况做出适当调整。

新卖家的店铺，可以通过商品运营优化来帮助店铺提升流量和转化。

(1) 店铺商品数量，商品数量是决定店铺流量的核心要素。

(2) 产品的分层管理。新卖家上传产品时经常会出现的问题就是眉毛胡子一把抓，没有合理的定价体系，将本可以多盈利的产品做成了低价产品，而本该成为流量型的产品定成了利润款的价格。

(3) 商品的优化。首先商品标题要做到核心关键词、属性词、长尾词的有机结合；其次，图片要通过多角度、多细节等方式充分展示商品，主图尽量不要出现文字，更不能出现中文，这样会对产品展示产生很不好的影响。

(4) 店铺折扣和优惠券的设置。建议卖家在商品定价时将产品后期参加平台活动或是店铺日常促销的折扣空间预留出来，在日常销售过程中给商品加上适当的折扣会对转化有很大帮助。

## 六、营销助手分析

营销助手分析可以更好地帮助卖家分析各类营销活动的效果，为活动商品提供必要的数据支持，提升卖家选择活动商品的效率，帮助卖家结合数据有效地选择活动并判断活动效果。图 6-11、图 6-12 所示，分别为对卖家店铺营销情况的分析和店铺营销活动的分析数据。

**店铺营销概况**　　数据统计日期（PST）：最近30天

| 活动数 | 活动商品数 | 活动售出商品数 | 活动支付金额 |
|---|---|---|---|
| 17 | 170 | 21 | $700.9 |

活动支付金额占比

100.0%

图 6-11　卖家店铺营销情况分析

店铺活动　平台活动

| 活动信息 | 访客数 | 下单订单数 | 浏览-下单转化率 | 支付订单数 | 支付金额 | 操作 |
|---|---|---|---|---|---|---|
| 店铺限时折扣：9-9<br>20[illegible]-09-25 00:00~20[illegible]-09-30 23:59 | 100 | 0 | 0.00% | 0 | 0 | 趋势图<br>商品排行 |
| 店铺限时折扣：9-9<br>20[illegible]-09-22 00:00~20[illegible]-09-29 23:59 | 41 | 1 | 2.44% | 1 | 18.3 | 趋势图<br>商品排行 |
| 全店铺打折：9-19<br>20[illegible]-09-19 20:00~20[illegible]-09-30 23:59 | 450 | 5 | 1.11% | 5 | 102.89 | 趋势图<br>商品排行 |
| 店铺限时折扣：9-9<br>20[illegible]-09-18 00:00~20[illegible]-09-25 23:59 | 23 | 0 | 0.00% | 0 | 0 | 趋势图<br>商品排行 |
| 店铺限时折扣：9-13<br>20[illegible]-09-13 00:00~20[illegible]-09-21 23:59 | 120 | 6 | 4.17% | 4 | 67.62 | 趋势图<br>商品排行 |

图 6-12　店铺营销活动分析

亚马逊后台也为卖家提供了一些可视化的图表，但是较为单一。销售图表只是简单的数据呈现，还不能满足卖家查看分析整个店铺情况的需求。卖家可以结合当前亚马逊第三方工具来配合使用，毕竟亚马逊运营数据维度较多，繁杂的分析工作仅靠亚马逊卖家或者运营人员手动计算分析过程，不但耗时费力而且也没办法保证准确度。可以使用亚马逊数据分析工具——船长 BI 做店铺数据分析。其中，经营分析师就像一款智能机器人，能够实现单店铺或多店铺即时销售数据(海卖助手)的查看，并且这一操作也可通过微信端实现。店铺销售分析的全维度分析涉及每个商品销售数据、产品表现、广告表现、费用利润、FBA 库存。

## 七、站外工具——了解站外市场行情

### 1. 了解海外买家产品搜索目标

海外买家每天都收到大量的供应商开发信，他们是如何在众多的供应商中筛选出最合适的那个呢？和外贸业务员找客户的方法一样，海外买家也会通过搜索引擎搜索相应的供应商。他们通过某些关键词搜索供应商，根据供应商与关键词的匹配度来选择。因此在产品关键词的选择上，虽然很多关键词很热，但是竞争激烈，这个时候就要经常用长尾关键词。长尾关键词的定位更加精确，虽然其流量热度远低于主体关键词，但是只要有人搜索，就是精准的买家。

常见的站外工具有：

(1) Google Insight for Search(http://www.google.com/insights/search/？#)。如图 6-13、图 6-14 所示，作为 Google Trends 的延伸服务，该工具虽然专门为商家量身定做，但任何人都可以通过它来了解其他人在谷歌搜索栏中敲入的各种关键字或关键词的流行程度。与 Google Trends 相比，Insights 提供的分析结果更加细致深入。用户可以利用它将不同的数据加以分类。总的来讲，这个工具可以查询产品关键字的海外搜索量排序，以及产品在不同地区、季节的热度分布及趋势。例如当人们查询“苹果”一词时，区分为苹果电脑公司和水果两类。

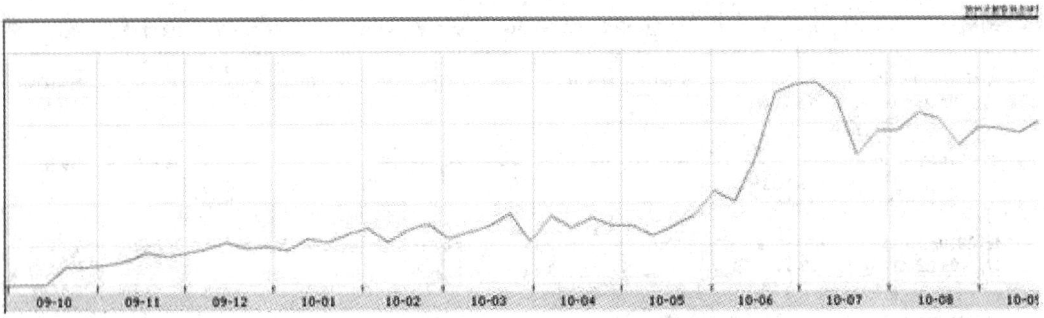


图 6-13　不同时间的热度分布及趋势

图 6-14　不同地区的热度分布及趋势

(2) Google AdWords(https://adwords.google.com/)。Google AdWords 是一种通过使用 Google 关键字广告或者 Google 遍布全球的内容联盟网络来推广网站的付费网络推广方式，即可以查询关键字和相关关键词的海外搜索量，找到热卖的品类。可以选择包括文字、图片及视频广告在内的多种广告形式。如图 6-15 所示，当用户使用某个关键字在 Google 上进行搜索时，相应广告可能就会展示在搜索结果旁边。

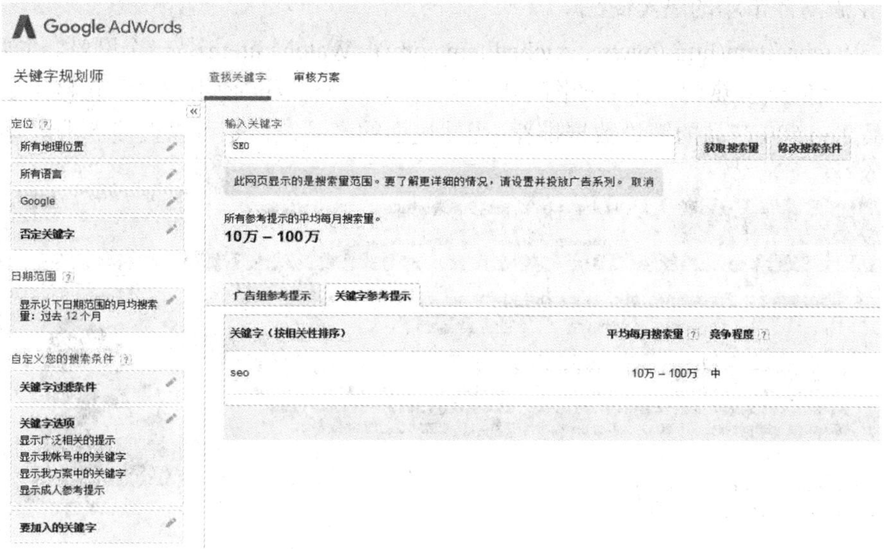


图 6-15　Google AdWords 界面

(3) eBay Plus(http://pulse.ebay.com/)。eBay Plus 是一项面向 eBay 店铺买家的付费计划，该计划将向 VIP 会员提供专享优惠和只有 VIP 会员才享有的功能，包括 eBay 服务平台上商品的免费送达和免费退货服务、优质的客户服务等，类似于亚马逊的 Prime 服务。

eBay Plus 提供 30 天的免费试用，信用卡年费为 49 美元，现阶段也是 29 美元的优惠发行价。适用于各式各样的产品，覆盖高新科技、家居饰品、时尚潮流商品和婴儿用品，排除大物件货品，如大中型电器产品和家具。

eBay Plus 的利益：送货上门，超过 1500 千万种商品，Plus VIP 会员选购均提供送货服务。全部满足条件的订单信息均可完全免费退货。

独家代理优惠：eBay Plus VIP 会员可享有特殊优惠和折扣，比如选购热销产品可享有达到 4 折的优惠及其能够得到新品的第一批优先购买权。

作用：如图 6-16 所示，该工具方便查看美国 eBay 35 个大类目下被买家搜索次数最多的前 10 个关键字，同理进入某个大类目下可以查看二级、三级、四级等类目下被买家搜索次数最多的前 10 个关键字。

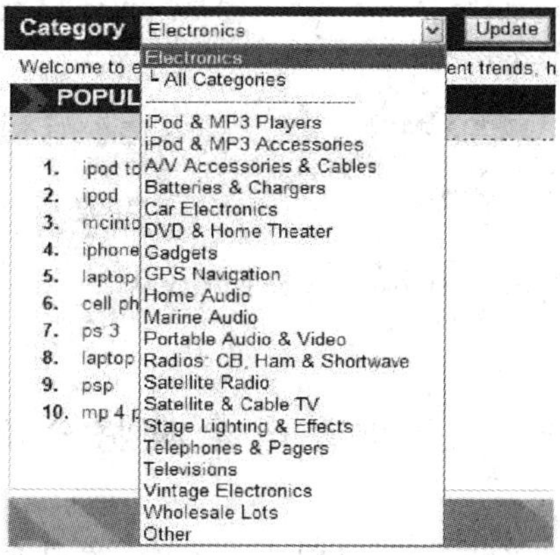


图 6-16　被买家搜索次数最多的前 10 个关键字

### 2. 了解海外市场的热卖商品

(1) Watcheditem(http://www.watcheditem.com/)。Watcheditem 是一个网站，主要向人们推荐 eBay 上的一些热销产品。如图 6-17 所示，Watcheditem 使用方便，直接给出了 eBay 热门产品 Top 500 产品的销量数据推荐，当然里面的产品链接是可以直接点击进行查看的。

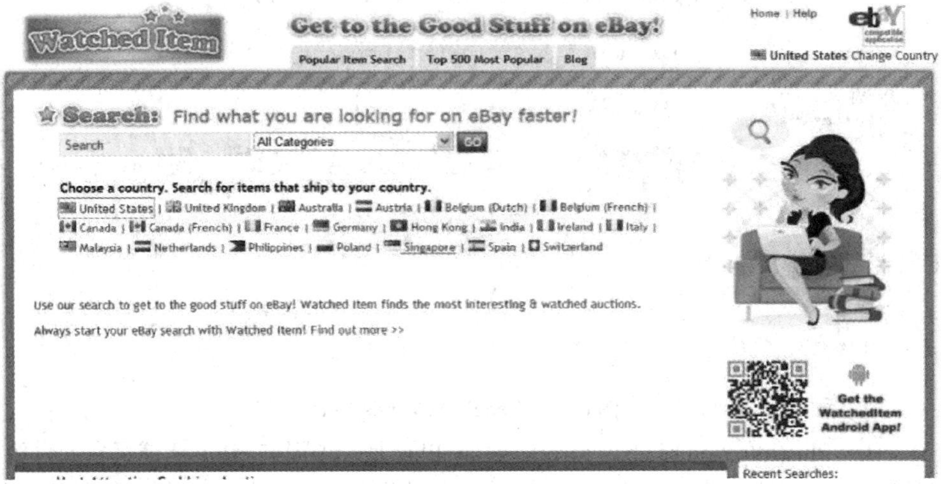


图 6-17　Watcheditem 网站

(2) Watchcount(http://www.watchcount.com/)。该工具可用来查看 eBay 各国站点关注度最高的商品，如图 6-18 所示。

图 6-18　Watchcount 网站

## 第三节　亚马逊后台数据分析报告

数据报告由销售图表、业务报告(按日期或按 ASIN 的归类数据)和亚马逊销售指导三部分数据组成，这些报告的数据通常最多可以保留两年。

## 一、销售图表

卖家可以从销售图表看到当天的销售数据(每小时更新一次)，也可以按照不同的时间将销售数据放在一起对比，可以对今天、昨天、上周今天和去年今天的数据进行对比，也可以自定义时间了解销售情况。

基于这些对比数据，无论升降，卖家迫切想要了解的是数据背后的原因，这时就需要卖家进一步深入了解具体哪些数据存在升降，具体涉及哪一个 Listing 等问题。

图 6-19 所示为亚马逊销售图表界面。

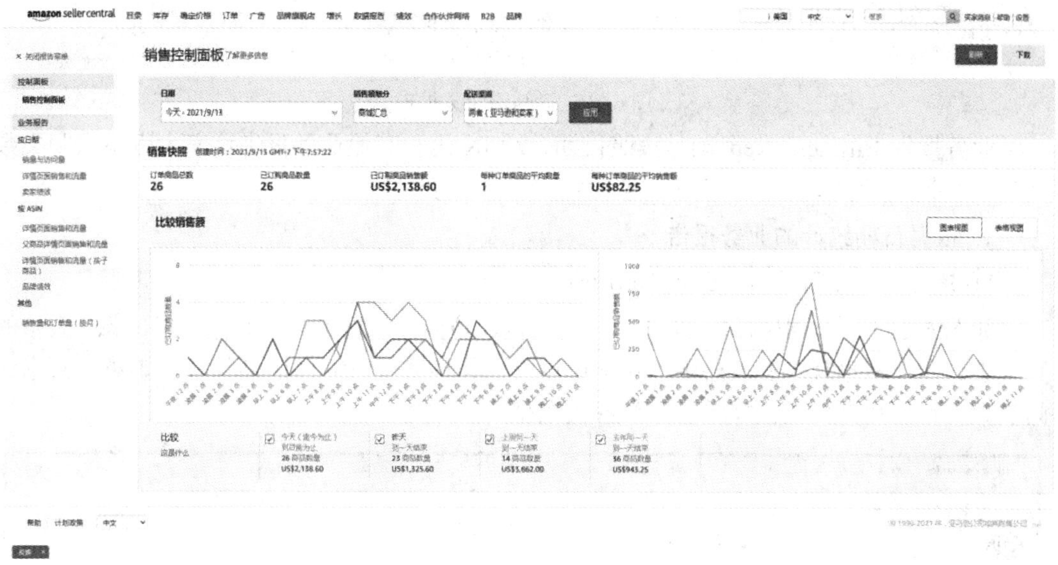


图 6-19　店铺营销活动分析

销售图表(Sales Dashboard)由销售概览、销售对比和商品类别销售排名三部分组成：

(1) 销售概览(Sales Snapshot)。销售概览通常会显示卖家当天的销售情况，数据大约每小时更新一次。

(2) 销售对比(Compare Sales)。销售对比由直观的图表组成。它能将不同时间的销售数据放在一起对比，可以很直观地看到商品销量、净销售额的升降情况。销售对比具有互动式功能。

(3) 商品类别销售排名(Sales by Category)。商品类别销售排名能让卖家知道在具体时间段内，排在店铺前几名的产品类别分别有哪些，各分类的商品数量、净销售额有多少，以及商品数量百分比和净销售额百分比。

## 二、亚马逊业务报告

卖家可以打开账户后台，在“数据报告(Report)”选项中找到“业务报告(Business Report)”入口，进入页面后可以看到业务报告(Business Report)，如图 6-20 所示。

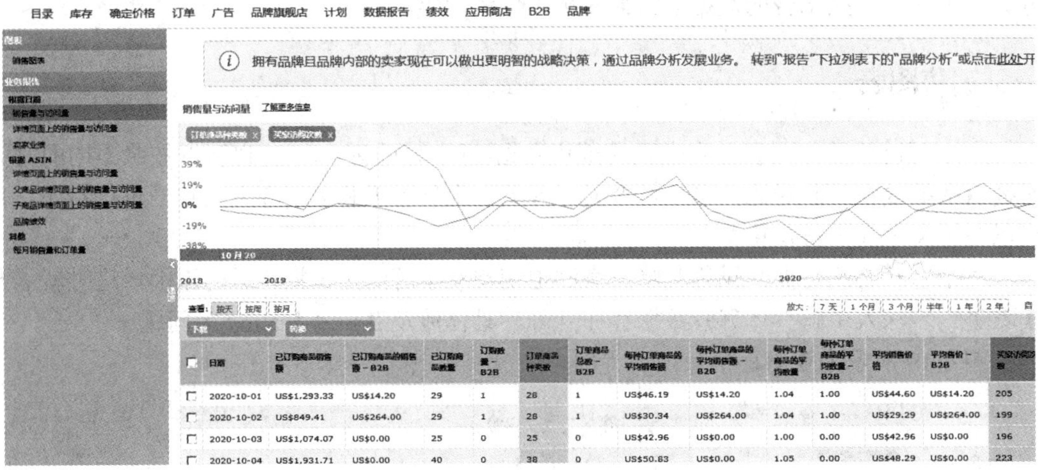

图 6-20　亚马逊业务报告

业务报告(Business Report)是按照日期、ASIN 码和其他业务报告这三大版块来归类数据的。业务报告涉及的数据较多，卖家常看的数据有以下几项。

## 1. 根据日期统计的业务报告

### 1) 销售量与访问量(Sales and Traffic)

如图 6-21 所示，根据日期统计的“销售量与访问量”这部分的数据，以图像+表格的形式表达，非常直观。在表格中，卖家可以看到具体某段时间内的销售额、销量、买家访问次数、订单商品种类数、转化率等各类数据。

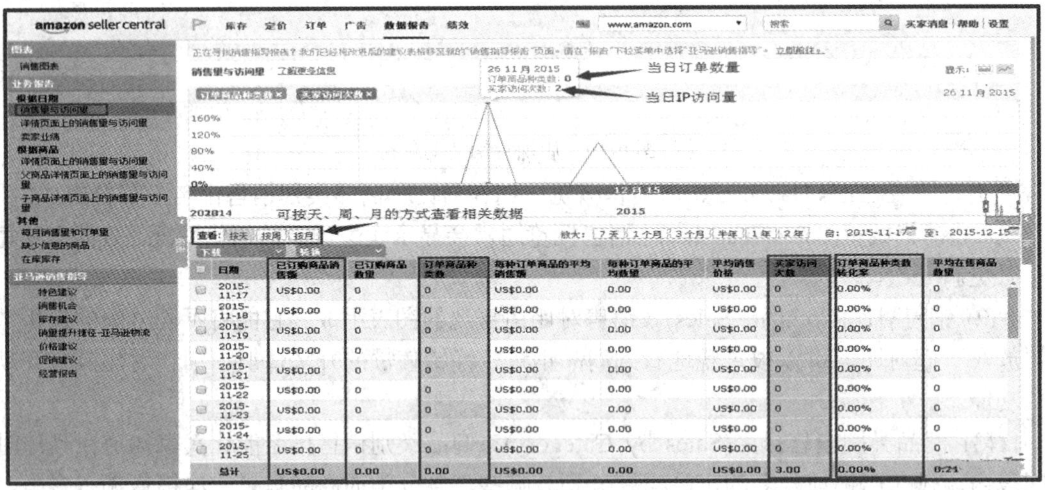


图 6-21　销售量与访问量页面

其中，各类数据的具体项目涉及以下方面。

(1) 日期(Date)：卖家可以按天/周/月/年查看数据，最长时间为 2 年。

(2) 已订购商品销售额(Ordered Product Sales)：具体时间段内，卖家所有订单加起来的净销售额度。计算公式为：商品价格×已订购的商品数量

(3) 已订购商品数量(Units Ordered)：具体时间段内，卖家所有订单加起来的商品个数的总

和。例如，买家下了一个订单，这张订单含 2 件商品，那么已订购商品数量(Units Ordered)为 2。

(4) 订单商品种类数(Total Order Items)：具体时间段内，所有订单中加起来的商品的品种个数。比如，买家下了 3 个订单，其中 2 个订单的产品都是相机，另外 1 个订单的产品是键盘，相机和键盘是不同的产品，算 2 种产品，那么订单商品种类数就是 2。

(5) 每种订单商品的平均销售额(Average Sales per Order Item)：具体时间段内，平均每一种产品以多少价钱售出。计算公式为：已订购商品销售额/订单商品种类数。例如，当天卖家店铺产生 157 美元销售额，共卖出 36 种产品，那么每一种商品的平均销售额约为 4.4 美元。

(6) 每种订单商品的平均数量(Average Units per Order Item)：具体时间段内，平均每一种商品的平均销售数量。计算公式为：已订购商品数量/订单商品种类数。例如，卖家当天售出了 36 个产品，共 32 个品种，那么每一个品种的平均销量为 1.12。

(7) 平均销售价格(Average Selling Price)：具体时间段内，平均每一个商品以多少价钱售出，也就是我们平常所说的“每个商品的平均价格”。

(8) 买家访问次数(Sessions)：买家对卖家产品页面进行访问的浏览次数的统计。在一次访问中，即使买家多次浏览多个页面(24 小时内)，也只会记为一次访问。买家访问量越高，证明产品曝光度越高。

(9) 商品转化率(Order Item Session Percentage)：在买家访问次数中下单用户所占的百分比。产品有没有吸引力，下单的人数多少，可以从这个转化率看出。

(10) 平均在售商品数量(Average Offer Count)：亚马逊所计算出来的处于“在售”状态的商品的平均数量。

2) 详情页面上的销售量与访问量

如图 6-22 所示，在这项数据报告中，卖家应该重点读取关于销售量与访问量的数据。这里着重解释一下什么是页面浏览次数(Page Views)和购买按钮页面浏览率(Unit Session Percentage)。

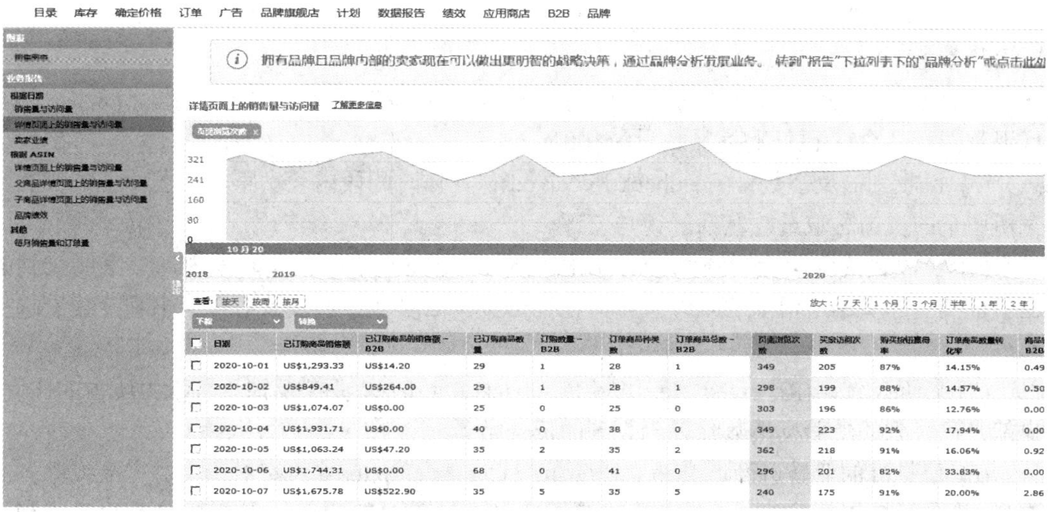


图 6-22 详情页面上的销售量与访问量页面

(1) 页面浏览次数(Page Views)：在所选取的时间范围内，产品详情页面被买家点击浏览的次数，即经常所说的 PV。如果在 24 小时内，同一用户点击了 10 个商品详情页面，那么 PV 就是 10 次，但买家访问次数(Sessions)只算 1 次。所以，“页面浏览次数”一般会比“买家访问次数”要高很多。PV 高也就意味着商品的曝光率增高，对销量、转化率越有利。

(2) 购买按钮页面浏览率(Unit Session Percentage)：是获得黄金购物车购买按钮的商品页面的浏览次数，在总的页面浏览次数中所占的百分比。

3) 卖家业绩

如图 6-23 所示，这一页面的数据主要反映售后情况，包括退款、退货、索赔的相关数据。通过这些数据，可以了解用户体验的好坏，卖家是否做好了售后和客户服务。

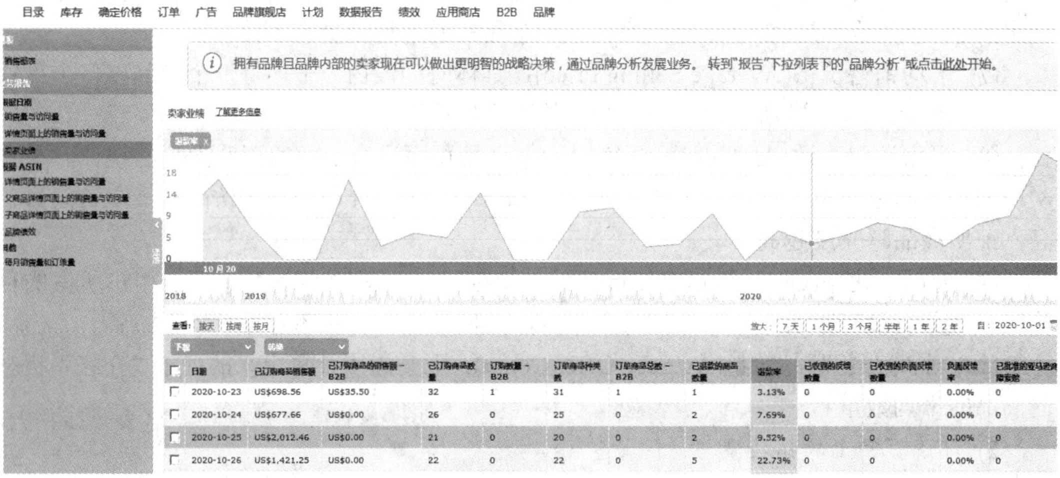


图 6-23　卖家业绩页面

卖家业绩涉及的数据类别具体有如下几个方面。

(1) 已退款的商品数量(Units Refunded)：具体时间段内，卖家被要求退款的商品数量，即退货数量。

(2) 退款率(Refunded Rate)：具体时间段内，已退款的商品所占的比例。计算公式为：已退款的商品数量/已订购商品数量 × 100%。

(3) 已收到的反馈数量(Feedback Received)：具体时间段内，卖家收到已验证购买的买家所留下的反馈总数量，包括好评与差评。

(4) 已收到的负面反馈数(Negative Feedback Received)：某段时间内，卖家所收到的已验证购买的买家所留下的差评数量，包括一星、二星差评。差评对卖家不利，数量越少越好。

(5) 负面反馈率(Received Negative Feedback Rate)：差评在反馈总数量中所占的比例，也就是已收到的负面反馈数除以已收到的反馈数量。

(6) 已批准的亚马逊商城交易索赔(A-to-z Claims Granted)：买家对卖家的产品或服务不满意，就会发起 A-to-z Claims(索赔)，一旦成立就会计入次数。A-to-z 索赔对卖家也很不利，卖家应尽量避免 A-to-z Claims(索赔)的产生。

(7) 索赔金额(Claims Amount)：买家提出的索赔的金额。金额当然是越小越好。

如果卖家的售后与客户服务都做得好，那么退货数量、退货率、负面反馈率都会比较低。

## 2. 按商品(By ASIN 码)统计的业务报告

图 6-24 所示是业务报告中父商品详情页面上的销售量与访问量页面。

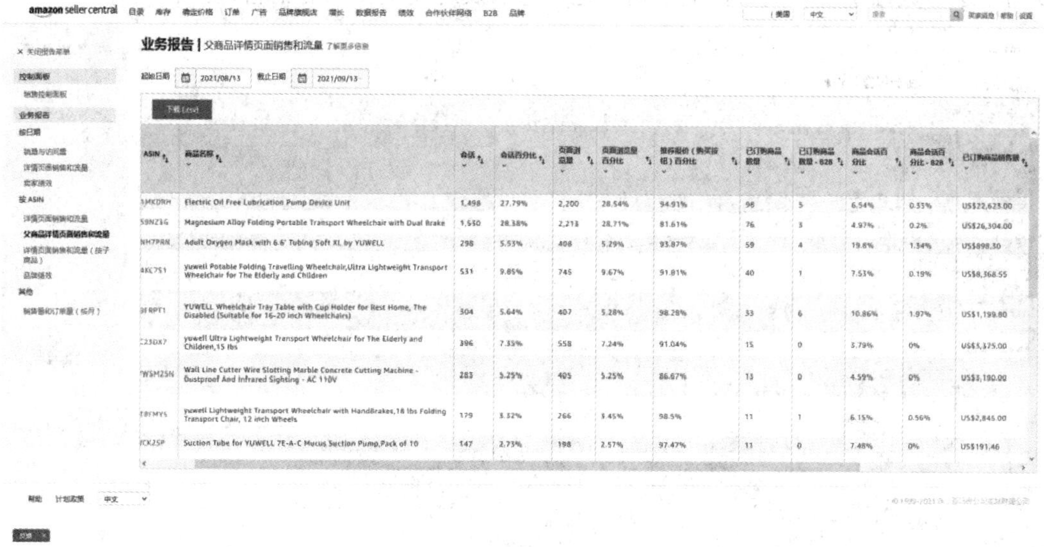

业务报告 | 父商品详情页面销售和流量

起始日期 2021/08/13　截止日期 2021/09/13

| ASIN | 商品名称 | 会话 | 会话百分比 | 页面浏览量 | 页面浏览量百分比 | 推荐报价（购买按钮）百分比 | 已订购商品数量 | 已订购商品数量 - B2B | 商品会话百分比 | 商品会话百分比 - B2B | 已订购商品销售额 |
|---|---|---|---|---|---|---|---|---|---|---|---|
| 3MKDRH | Electric Oil Free Lubrication Pump Device Unit | 1,498 | 27.79% | 2,200 | 28.54% | 94.91% | 96 | 5 | 6.54% | 0.33% | US$22,623.00 |
| S9NZ3G | Magnesium Alloy Folding Portable Transport Wheelchair with Dual Brake | 1,530 | 28.38% | 2,213 | 28.71% | 81.61% | 76 | 3 | 4.97% | 0.2% | US$26,304.00 |
| NH7PRN | Adult Oxygen Mask with 6.6' Tubing Soft XL by YUWELL | 298 | 5.53% | 408 | 5.29% | 93.87% | 59 | 4 | 19.8% | 1.34% | US$898.30 |
| 4KC7S1 | yuwell Potable Folding Travelling Wheelchair,Ultra Lightweight Transport Wheelchair for The Elderly and Children | 531 | 9.85% | 745 | 9.67% | 91.81% | 40 | 1 | 7.53% | 0.19% | US$8,368.55 |
| 3FRPT1 | YUWELL Wheelchair Tray Table with Cup Holder for Rest Home, The Disabled (Suitable for 16-20 inch Wheelchairs) | 304 | 5.64% | 407 | 5.28% | 98.28% | 33 | 6 | 10.86% | 1.97% | US$1,199.80 |
| C23DX7 | yuwell Ultra Lightweight Transport Wheelchair for The Elderly and Children,15 lbs | 396 | 7.35% | 558 | 7.24% | 91.04% | 15 | 0 | 3.79% | 0% | US$5,375.00 |
| WSM2SN | Wall Line Cutter Wire Slotting Marble Concrete Cutting Machine - Dustproof And Infrared Sighting - AC 110V | 283 | 5.25% | 405 | 5.25% | 86.67% | 13 | 0 | 4.59% | 0% | US$3,190.00 |
| T8FMYS | yuwell Lightweight Transport Wheelchair with HandBrakes,18 lbs Folding Transport Chair, 12 inch Wheels | 179 | 3.32% | 266 | 3.45% | 98.5% | 11 | 1 | 6.15% | 0.56% | US$2,845.00 |
| CK2SP | Suction Tube for YUWELL 7E-A-C Mucus Suction Pump,Pack of 10 | 147 | 2.73% | 198 | 2.57% | 97.47% | 11 | 0 | 7.48% | 0% | US$191.46 |

图 6-24　父商品详情页面上的销售量与访问量页面

如果卖家需要仔细分析某个产品的表现，那么按商品统计中的“子商品详情页面上的销售量与访问量”数据可以为卖家提供确实的参考。卖家可以主要查看子商品的买家访问次数、页面浏览次数、已订购商品数量、已订购商品销售额和订单商品种类数这几个反映 Listing 销售量与访问量的数据。

图 6-25 所示是子商品详情页面上的销售量与访问量页面。

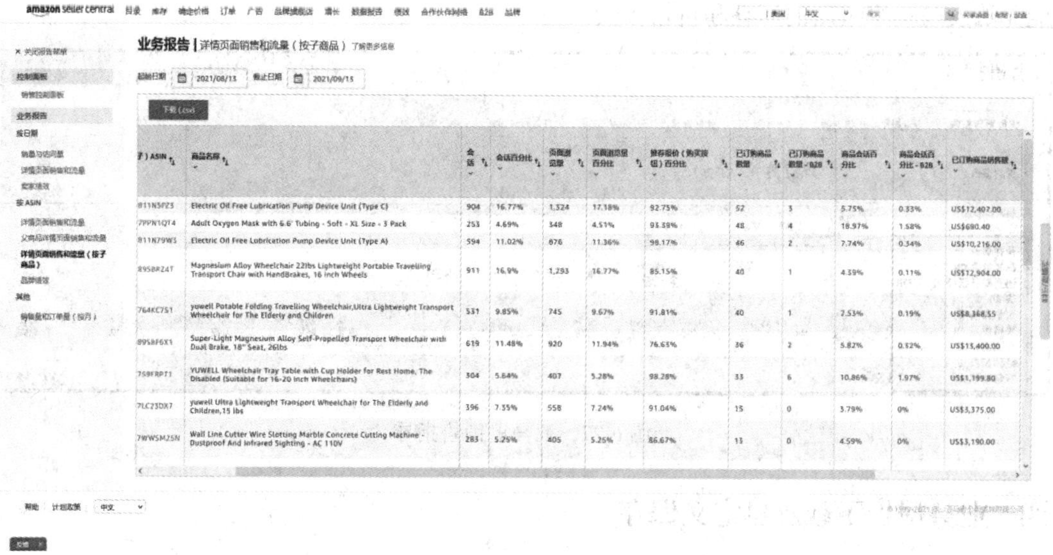

业务报告 | 详情页面销售和流量（按子商品）

起始日期 2021/08/13　截止日期 2021/09/13

| (子) ASIN | 商品名称 | 会话 | 会话百分比 | 页面浏览量 | 页面浏览量百分比 | 推荐报价（购买按钮）百分比 | 已订购商品数量 | 已订购商品数量 - B2B | 商品会话百分比 | 商品会话百分比 - B2B | 已订购商品销售额 |
|---|---|---|---|---|---|---|---|---|---|---|---|
| B11N5PZ3 | Electric Oil Free Lubrication Pump Device Unit (Type C) | 904 | 16.77% | 1,324 | 17.18% | 92.75% | 52 | 3 | 5.75% | 0.33% | US$12,407.00 |
| 7PPN1QT4 | Adult Oxygen Mask with 6.6' Tubing - Soft - XL Size - 3 Pack | 253 | 4.69% | 348 | 4.51% | 93.39% | 48 | 4 | 18.97% | 1.58% | US$690.40 |
| B11N79W3 | Electric Oil Free Lubrication Pump Device Unit (Type A) | 594 | 11.02% | 876 | 11.36% | 98.17% | 46 | 2 | 7.74% | 0.34% | US$10,216.00 |
| 895BRZ4T | Magnesium Alloy Wheelchair 22lbs Lightweight Portable Travelling Transport Chair with HandBrakes, 16 inch Wheels | 911 | 16.9% | 1,293 | 16.77% | 85.15% | 40 | 1 | 4.39% | 0.11% | US$12,904.00 |
| 764KC7S1 | yuwell Potable Folding Travelling Wheelchair,Ultra Lightweight Transport Wheelchair for The Elderly and Children | 531 | 9.85% | 745 | 9.67% | 91.81% | 40 | 1 | 7.53% | 0.19% | US$8,368.55 |
| 895BF6X1 | Super-Light Magnesium Alloy Self-Propelled Transport Wheelchair with Dual Brake, 18" Seat, 26lbs | 619 | 11.48% | 920 | 11.94% | 76.63% | 36 | 2 | 5.82% | 0.32% | US$15,400.00 |
| 759FRPT1 | YUWELL Wheelchair Tray Table with Cup Holder for Rest Home, The Disabled (Suitable for 16-20 inch Wheelchairs) | 304 | 5.64% | 407 | 5.28% | 98.28% | 33 | 6 | 10.86% | 1.97% | US$1,199.80 |
| 7LC23DX7 | yuwell Ultra Lightweight Transport Wheelchair for The Elderly and Children,15 lbs | 396 | 7.35% | 558 | 7.24% | 91.04% | 15 | 0 | 3.79% | 0% | US$3,375.00 |
| 7WWSM2SN | Wall Line Cutter Wire Slotting Marble Concrete Cutting Machine - Dustproof And Infrared Sighting - AC 110V | 283 | 5.25% | 405 | 5.25% | 86.67% | 13 | 0 | 4.59% | 0% | US$3,190.00 |

图 6-25　子商品详情页面上的销售量与访问量

### 3. 按照其他方式统计的业务报告

如图 6-26 所示，主要以月为单位，统计某个月已订购商品销售额、已订购商品数量、订单商品种类数、已发货商品销售额、已发货商品数量、已发货订单数量等数据。卖家可以通过这些数据了解不同月份的数据变化，进而及时调整相应的销售政策。

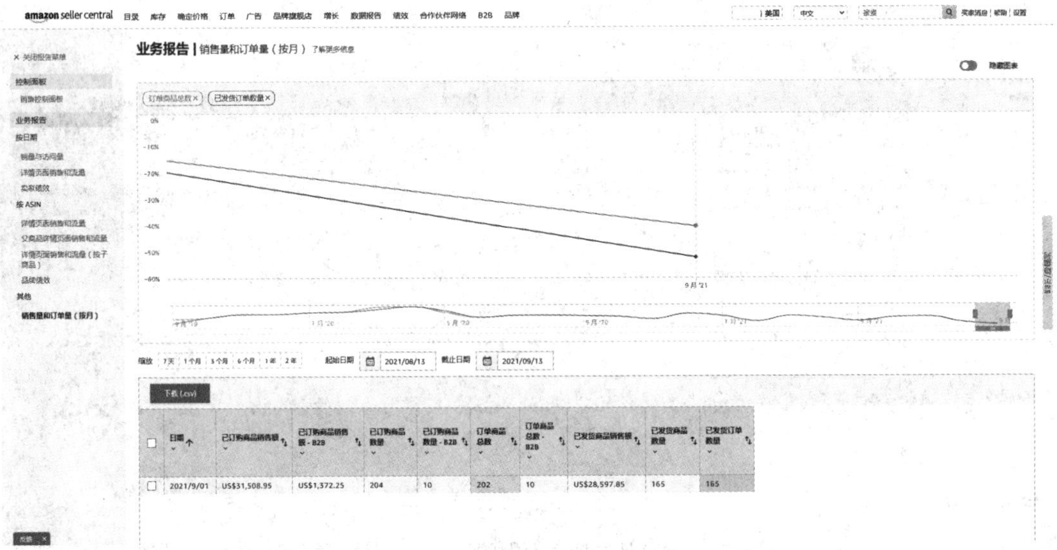


图 6-26　每月销售量和订单量

## 三、亚马逊销售指导版块

亚马逊销售指导版块显示了亚马逊对卖家出售产品、物流、库存、同行最低价格的建议(如图 6-27 所示)。亚马逊销售指导每日更新一次。但需要注意的是，库存和定价信息可能无法反映卖家最新的库存和价格报表。

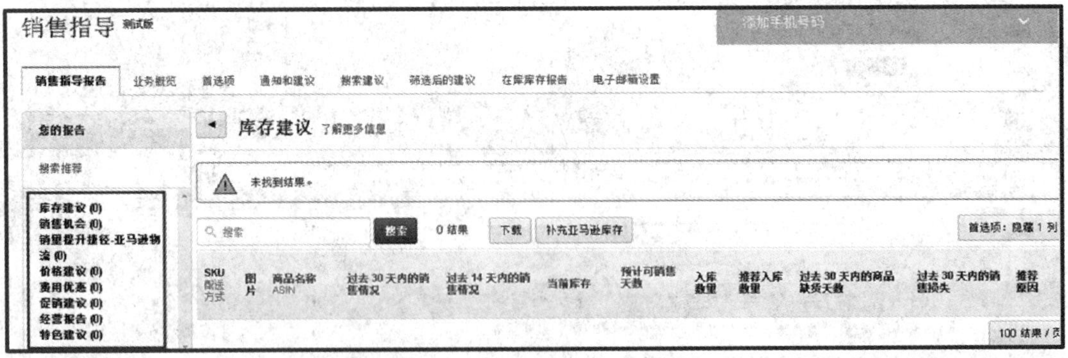


图 6-27　亚马逊销售指导

## 四、业务报告下载及自定义保存

业务报告下载及自定义保存界面如图 6-28 所示。具体来讲，可以通过以下几个步骤来进行。

(1) 勾选需要的产品数据，将鼠标移动到下载下拉的 CSV 文件进行下载；如果不勾选，系统默认下载页面全部的产品数据。

(2) 如果已经创建了自定义报表，可以通过添加书签保存该报表设置，也可以直接复制网址到某处方便以后查看。

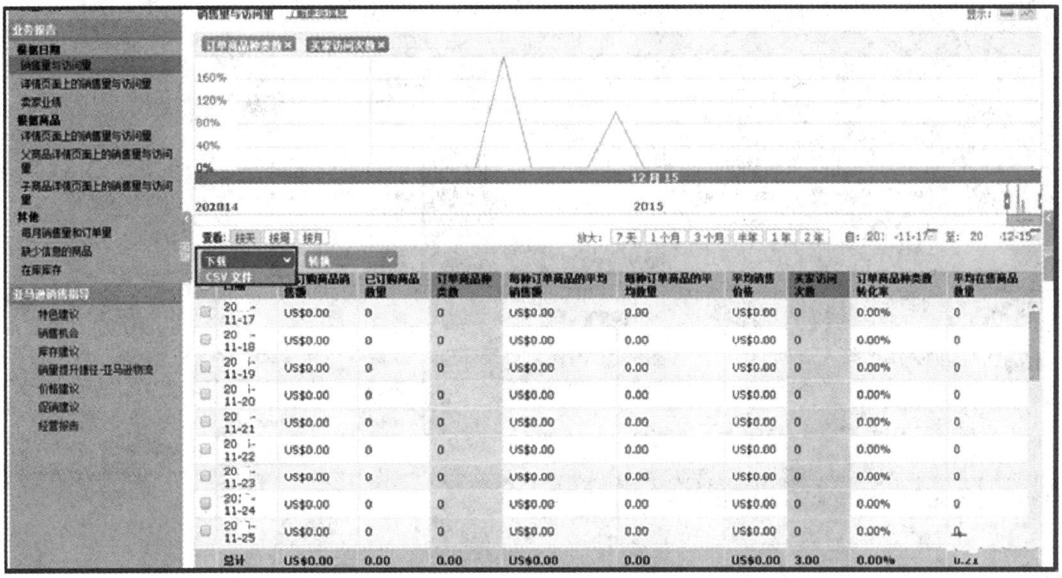


图 6-28　业务报告下载及自定义保存界面

(3) 如果卖家们想要单独了解具体的产品收支信息、亚马逊如何扣款的话，可到后台下载准确的收支数据，选择数据报告点击付款，根据日期范围，点击下载数据(如图 6-29 所示)。

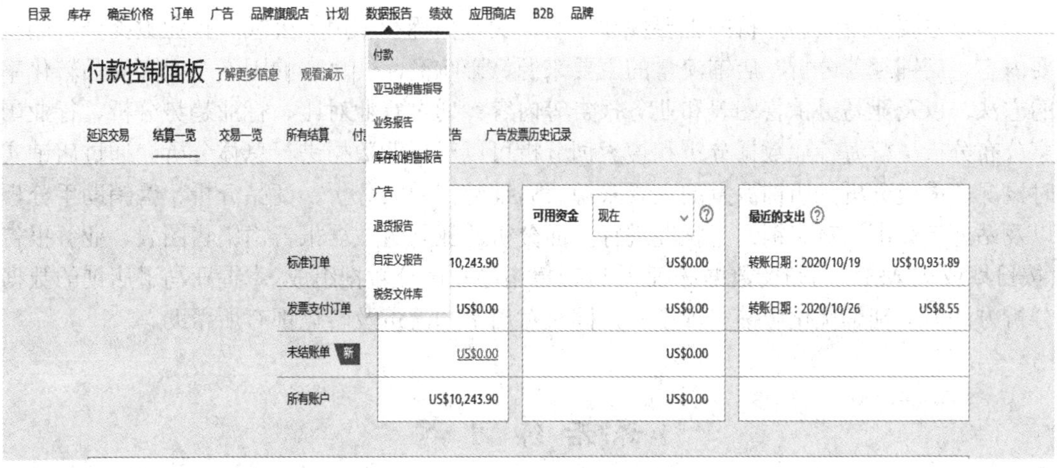


图 6-29　下载准确的收支信息界面

在亚马逊开店的卖家如果想了解店铺一天赚了多少钱，出了多少单，可以直接在后台查看 Business Report 的各项数据，如图 6-30 所示。

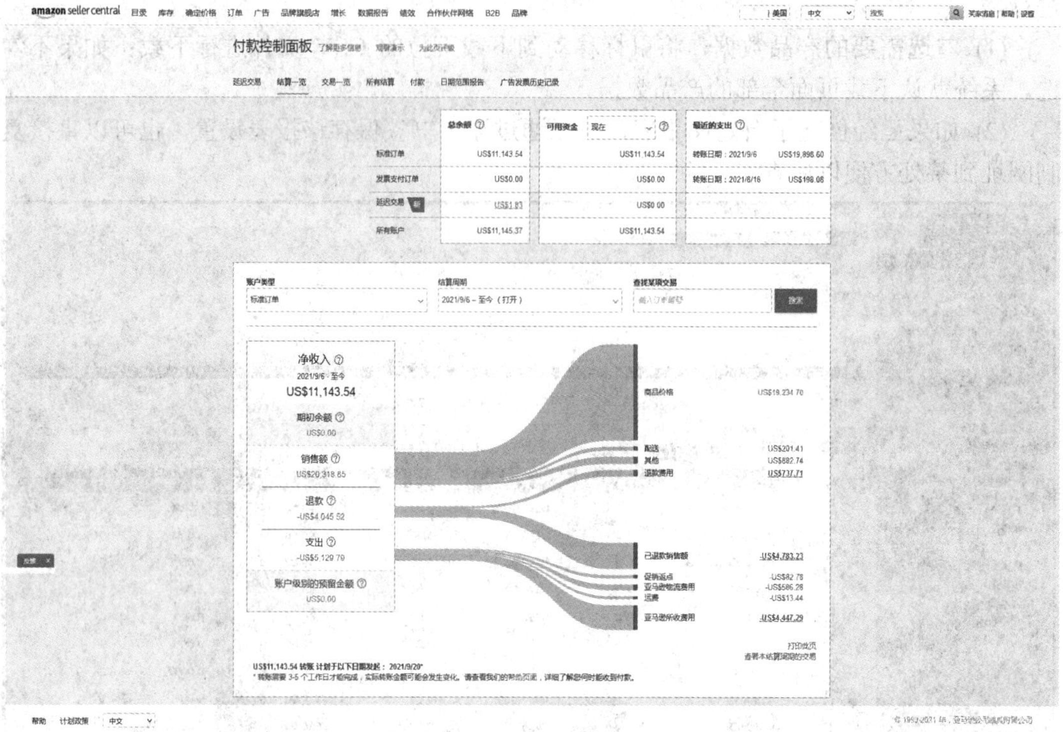


图 6-30　收支信息界面

## 本 章 小 结

本章主要介绍数据分析的重要性和作用、卖家指标和常用的公式、行业数据分析的主要内容、店铺经营分析、店铺流量的主要来源、影响商品转化率的因素、提高商品转化率的方法，以及亚马逊销售图表和业务报告等内容。通过行业对比、行业趋势分析、行业国家分布分析、蓝海行业数据分析和搜索词分析可以对行业数据进行总体分析。通过店铺实时概况、成交分析、店铺流量的主要来源、店铺装修效果分析、商品分析、营销助手分析以及站外工具可以对店铺经营状况进行全面分析。亚马逊数据报告由销售图表、业务报告(按日期或按 ASIN 的归类数据)和亚马逊销售指导三部分数据组成。掌握亚马逊店铺的数据分析方法，有利于优化店铺多项指标，同时对店铺的流量及转化都有所帮助。

## 课 后 练 习 题

### 一、判断题

1. 传统外贸符合相关规定可以办理出口退税，而跨境电商不可以。　(　　)
2. 速卖通既支持零售，也支持小额批发。　(　　)

3. 店铺成交转化率：指成交用户数占所有访客数的百分比，即店铺成交转化率＝成交用户数/总访客数。（　）

4. 蓝海行业指的是未知的市场空间，竞争虽不大但是充满买家需求的行业。（　）

5. 影响商品转化率的因素有很多，可以归纳为流量、商品本身以及客服跟进这三个方面。（　）

6. 商品标题中加入热搜词，可以提升商品被买家搜索的概率，从而提升曝光度，店铺的流量。（　）

7. 衡量 Best Seller 的标准是看店铺的销售额，而不是卖家的评论或客户反馈来计算。（　）

8. 用户浏览商品销售率是通过订购的数量除以总数来计算的。（　）

9. 行业趋势分析是对国家或国际行业分类系统定义的某一特定经济活动部门的定性和定量报告。（　）

10. 关键词就是网民在检索的时候，在搜索框中输入的那个词。（　）

11. 在亚马逊搜索产品时，你会发现销量是最重要的排名因素之一。（　）

12. 在一定订单量的基础上才需求做波动分析。整体波动 10%以内，代表没有异常。（　）

13. 商品分析是根据进货数据、销售数据和库存数据，以分析结构为主线的分析思路。（　）

14. 库销比＝期末库存金额/(本期销售牌价额/销售天数 × 30)。只有在单款 SKU 计算中可用数量替代金额，整体的必须还是看金额。（　）

15. 销售图表由销售概览、销售对比和商品类别销售排名三部分组成。（　）

16. 购买按钮页面浏览率就是获得黄金购物车购买按钮的商品页面的浏览次数，在总的页面浏览次数中所占的百分比。（　）

17. 亚马逊销售指导是对卖家出售产品、物流、库存、同行最低价格的建议。（　）

## 二、思考题

1. 数据分析中的常用指标有哪些？
2. 行业数据分析的主要内容有哪些？
3. 亚马逊店铺流量的主要来源有哪些？
4. 影响商品转化率的因素有哪些？
5. 商品分析三要素是什么？
6. 什么是蓝海行业？
7. 亚马逊销售图表有什么作用？

## 三、实训题

1. 进入 Amazon 平台，在数据报告栏找到业务报告入口，查看某一产品销售图表、业务报告和销售指导数据。

2. 进入 Amazon 或 eBay 平台店铺，通过实时概况的店铺浏览量今日及周同比数据了解店铺的浏览量相比上周同时间段有何趋势。提出店铺优化商品信息、调整营销活动的具体措施？

## 本章参考文献

[1] 胡令. 电子商务理论与实务[M]. 2 版. 北京：人民邮电出版社，2017.
[2] 张瑞夫. 跨境电子商务理论与实务[M]. 北京：中国财政经济出版社，2017.
[3] 陆金英，祝万青，王艳. 跨境电商操作实务(亚马逊平台)[M]. 北京：中国人民大学出版社，2018.
[4] 张函. 跨境电子商务基础[M]. 北京：人民邮电出版社，2019.
[5] 纵雨果. 亚马逊跨境电商运营从入门到精通[M]. 北京：电子工业出版社，2018.
[6] http://www.100ec.cn/detail--6446364.html
[7] https://www.cifnews.com/article/23772
[8] https://www.cifnews.com/theme/selectiontool
[9] http://m.cifnews.com/article/54635

# 第七章　跨境电商客户服务

## 学习目标

1. 了解跨境电商客户服务工作范畴与能力要求。
2. 掌握跨境电商运营过程中的沟通与服务技能。
3. 掌握跨境电商交易纠纷处理的流程和方法。
4. 了解跨境电商的客户服务策略。

## 第一节　跨境电商客服概述

### 一、跨境电商客服与传统外贸销售员的区别

#### 1. 跨境电商客服是传统外贸销售员的升级版

提及在线客户服务，人们想到最多的是淘宝的客服小二。其实，跨境电商平台的在线客户服务，更多地类似于传统外贸业务中的外贸销售员。跨境电商本质上是传统外贸的升级版，因此其很多原理本质上是跟传统外贸相通的。

#### 2. 跨境电商客服与国内电商客服、传统外贸销售的区别

国内的在线客户服务，服务对象大多是70后到00后的中青年网购群体，买家已经非常成熟，而且国内的诸如淘宝、天猫等电商平台的培训系统已经非常完善，只要规范培训，就可以服务好买家。

传统外贸模式下的客户服务，以线下见面为主，因为大额订单周期长、环节多，除了必要的业务员沟通服务素质，更多依靠的是工厂和产品的价格与品质方面的传统竞争力。与其相比，需要打造良好的在线客户体验的跨境电商对客服素质的要求完全不可同日而语。

跨境电商的服务对象理论上是全球的客户，碎片化和在线化使客户的需求和标准呈现多层次的变化。海外在线客户更多是通过页面描述、站内信，以不互动的方式下单，由于价值观、宗教信仰的区别，一旦产生售后问题，无论在退货成本、沟通精力，还是运营风险方面都会对电商形成很大考验。

## 二、跨境电商客服的工作范畴

### 1. 解答客户咨询

客服人员解答咨询的主要工作包括解答客户关于“产品”和“服务”的咨询。

在产品方面，跨境电商客服的工作难度主要体现在产品的种类多、专业信息量大和产品规格差异大两个方面。首先，由于国外客户对“店铺”的概念非常薄弱，所以跨境电商的卖家并非只销售一到两个专业品类的产品，而是涉及多个行业、不同种类的产品，这就使得客服要掌握多类产品的专业信息，工作变得更加复杂。其次，产品规格上存在巨大的国内外差异。例如，令许多卖家头疼的服装尺码问题、电器设备的标准规格问题等。客服人员既要充分掌握各种产品信息，又要把握不同国家的产品规格要求，这样才能为客户做出完整的解答，提出可行的解决方案。

在服务方面，与国内电商客服不同，跨境电商客服经常需要处理客户对于产品运输方式、海关申报清关、运输时间以及产品是否符合其他国家的安全性标准等问题。另外，当产品到达国外客户手中后，客户在产品使用过程中遇到的问题只能远距离通过网络用英语沟通，这就对客服的售后服务能力提出了极高的要求。

### 2. 解决售后问题

据行业数据统计，跨境电商卖家每天收到的邮件中有将近七成都是关于产品和服务的投诉。也就是说，跨境客服人员在日常工作中处理的最主要问题就是售后问题。而售后服务是影响买家满意度的重要环节，因此，做好售后服务非常重要。

**知识拓展**

**售后的注意事项**

售后需要注意以下几点：

(1) 承诺的售后服务一定要兑现。

(2) 预先考虑买家的需求，主动为买家着想。

(3) 当出现纠纷时，应主动及时地沟通并努力消除误会，争取给出令买家满意的结果。

(4) 对不良的评价及时做出解释。

如果被买家打了差评，首先要客观回应买家的批评。如果确实是自己做得不够好，一定要虚心接受，然后改正自己服务中的缺陷。

### 3. 促进销售

销售与促销往往被认为只是业务销售人员的工作。但实际上，在跨境电商行业，客服如果能够充分发挥主观能动性，同样能够为企业和团队创造巨大的销售业绩。

客服对于产品的销售作用不仅仅体现在售前的产品咨询上，更体现在销售后的二次营销上。一次简单的交易到买家确认收货并给予好评后就结束了，但一个优秀的跨境客服仍有很多事情可以做。通过买家交易数据的整理，客服可以识别出有潜力持续交易的买家，从而更有针对性地对他们进行服务并向其推荐优质产品，使这些老买家持续稳定地下单。

**知识拓展**

**二次营销的时机**

(1) 在每次有新的优质产品上线时，宣传最新产品。

(2) 当有些产品特价销售时，做一些让利买家的促销活动。

(3) 感恩节、圣诞节等一些重要节日是买家的购买高峰期。

(4) 转销型买家上一次转销估计已经完成，需要下一次采购的时候。

#### 4. 管理监控职能

跨境电商由于其跨国交易、订单零碎的属性，在日常的团队管理中往往容易出现混乱的情况。无论是在产品开发、采购、包装、仓储、物流或是海关清关等环节，可能出现问题的概率均比国内电商大。

跨境电商团队必须充分发挥客服人员的管理监控职能，让客服人员定期将遇到的所有客户问题进行分类归纳，及时发送到销售、采购、仓储、物流等各部门主管并抄送总经理，为相关部门的决策者对岗位的调整和工作流程的优化提供第一手重要的参考信息。

## 三、跨境电商客服的工作目标

除了工作性质和范畴，跨境电商客服人员还需要了解自己的工作目标，也就是客服工作岗位的考核指标，这样才能做到有的放矢。

#### 1. 保障账号安全

由于面向多国经营，各国法律要求和标准不一，跨境零售电商对卖家的信誉以及服务能力的要求要高于国内电商。卖家要通过提高产品质量和服务水平，不断提升卖家服务等级，以便在平台销售过程中获得更多的资源优势与曝光机会。而卖家要想在其他因素相对稳定的前提下达到更高的卖家服务等级，就需要客服人员通过多种工作方法与沟通技巧，维持店铺的卖家服务等级在“及格”以上。“不及格”的店铺在搜索排序中会受到严重的负面影响，这将直接影响店铺的整体曝光与销量。

店铺指标越好，账号的安全度越高，无论在曝光加权还是在平台活动优先参与权上，才会享受到更多的平台支持与倾斜。这就是跨境电商客服人员的“维护账号安全”目标。保证账号的卖家服务等级在“及格”及以上是店铺对客服团队提出的“最低安全标准”。

#### 2. 降低售后成本

相对国内电商来讲，跨境电商平台店铺的售后成本较高。由于运输距离远、时间长、国外退货成本高，跨境电商的卖家会比国内电商的卖家更多地使用到“免费重发”或者“买家不退货、卖家退款”等“高成本”处理方式。但如果客服人员富有经验且精于沟通，在处理国外卖家投诉时就会采用多元化的解决方案，合理、巧妙地搭配各种售后服务方式，针对不同的情况因地制宜地进行处理，最终达到将售后服务的成本指标控制在合理范围内的目标。

例如，一些消费类电子产品或近年来比较热门的智能家居产品，往往由于国产商品缺少详细的英文说明书或客户缺乏相关产品的操作经验，导致客户使用困难。该类产品的投诉比较集中在使用方法的不明确上。某些缺乏耐心的客户可能就会提交纠纷，甚至要求退款。而这时如果客服人员通过巧妙的方式，用简单易懂的语言向客户说明产品的使用方法，解答关于产品本身的技术性问题，使客户理解整个使用过程并接受产品，则会达到零售后成本的效果。

3. 促进再次交易

跨境电商的客服人员，一方面可以通过交流与沟通，促成潜在批发客户的批发订单成交；另一方面可以有效帮助零散客户再次与店铺进行交易，将其转化为具有“黏性”的老客户。首先，卖家客服帮助客户完美解决问题，客户对卖家的信任往往会显著增强，逐渐转变为忠实客户。其次，跨境零售电商行业中有大量的国外批发买家搜寻合适的中国供应商，有机会促进批发订单的成交。无论是售前还是售后的咨询，这种客户更关注卖家在产品种类的丰富度、产品线的开发拓展速度、物流与清关的服务水平以及批发订单的折扣力度与供货能力等方面。一旦发现此类客户，如果客服人员能够积极跟进，不断地解决客户的所有疑惑与顾虑，最终将会促成批发订单的成交。最后，客服人员与营销业务人员配合，巧妙使用邮件群发工具形成“客户俱乐部”制，通过有效且精准的营销邮件群发，一方面可以增强客户的黏性，另一方面也可以通过发放优惠券促使客户参与店铺的各种促销活动，促进老客回店再次下单。

## 四、跨境电商客服应具备的能力

1. 传统外贸的专业技能

跨境电商客服必须掌握国际贸易基本理论与技能，通晓我国外贸政策、国际外贸规则与惯例、进出口交易程序与合同条款等，具有进行国际商务谈判、草拟和翻译国际商务函电、起草和签订国际贸易合同的能力，熟练掌握和运用国际贸易惯例、国际贸易法律，具有处理国际贸易纠纷的能力及一定的企业经营管理能力。另外，由于国际贸易的交易双方处于不同的国家和地区，各国的政治制度、法律体系不同，文化背景互有差异，价值观念也有所不同，因此要求从业人员熟悉国际贸易法则，通晓国际经济金融、政治法律、社会文化等情况。

2. 对于产品与供应链的理解能力

无论传统外贸还是跨境电商，要把生意做好，首先必须有优质特色的产品。同时，作为一名客服人员，应该非常熟悉店铺产品，这样才能履行一个在线客服人员的基础功能——与客户沟通，引导客户下单交易，从而在后期运营中展现自己的核心竞争力。

3. 对于跨境电商平台的熟悉程度

跨境电商客服应该透彻理解跨境贸易的整个流程与平台规则。很多小型的跨境电商创业团队，其“在线客服”是一兼多能的，不仅负责在线与客户沟通，还要兼顾平台运营。要成为一名合格的跨境电商在线客服，首先应该熟悉运用跨境电商平台的规章制度，熟悉平台才能够顺应平台发展。其次，由于跨境电商的在线客服直接面对客户，所以在线客服应该对于跨境电商的整套流程都非常熟悉，如物流、各国的海关清关政策与流程等。

4. 语言能力

跨境电商客服应具备较高的外语能力，能够利用外语及时有效地与外商进行沟通，包括书面交流(函电)和口头表达(口语、谈判)能力。如果要精细化做好跨境电商运营，英文能力是非常重要的，这不仅体现在详细准确的页面描述上，与客户沟通，特别是在与客户产生消费纠纷时，有语言优势的客服更能快速有效地解决客户的问题。

**5. 对于目的国消费者的了解**

跨境电商客服应了解目的消费国的风土人情，了解不同国家的喜好和需求，才能针对不同国家进行选品，设置产品详情页，并推出相应的营销策略。例如，做速卖通，客服就应熟悉俄罗斯和巴西人的性格。与俄罗斯客户避免交流政治问题、苏联问题等；巴西人比较爽快、幽默，但是性格比较直，客服应直截了当解决客户问题。掌握消费者的性格特征就可以更好地与客户沟通，最终促进销售业绩的增长。

**6. 跨境电商的运营推广能力**

跨境经营者需要熟悉跨境电商入驻平台的活动，如阿里巴巴速卖通的限时限量、全店打折、满立减等活动，熟练利用平台活动来引流、促销；具有一定的客户数据分析能力，对客户进行有效的持续开发，最终达到持续的客户采购。联盟营销也是非常值得跨境经营者学习的引流方式，要注重SNS设计营销，如Facebook和领英等社交平台。要掌握在Google等主流搜索引擎推广的方法。好的跨境电商运营者会运用自身的资源策划一些类似事件营销的广告推广。此外，更精深的运营推广还包括视频营销、外媒广告等。

**知识拓展**

**教你几招解决跨境电商客服问题**

跨境电商企业可以借助专业的第三方跨境客服中心，从多语言版本、连接的速度和稳定性以及语言自动翻译等方面帮助其解决面临的客服难题。

(1) 跨境电商面临的首要问题就是语言。针对这个问题，跨境客服中心可以专门针对跨境电商企业提供多语言版本，平台多语言版本支持中文、英文、日文、法文，系统通过自动识别访客浏览器的首选语言来切换语言。

(2) 第二个问题仍然是语言。平台的智能自动翻译多国语言的功能很重要，客服只需在对话时点击自动翻译输入内容即可翻译为访客的语言进行快速回复，同时访客发送的消息也可在页面中直接进行翻译，做到快速、准确无误需再切换任何翻译软件，企业可大大降低服务门槛。

(3) 第三个问题是连接速度。需要在线客服系统厂商在国外有服务器，并且做了全球加速CDN，让世界各地节点与客服能够很流畅地联通。

## 第二节　跨境电商沟通与服务

### 一、跨境电商客服工具

随着科技的发展，一些在线的聊天工具和软件，不仅可以在电脑上用，还可以装到手机上，与客户随时随地联系。下面介绍几种常见的跨境电商客服工具及社交软件的功能。

1. 站内信息服务工具

(1) 亚马逊平台客户留言。亚马逊是通过站内留言和卖家沟通的。亚马逊不允许买卖双方私下交易，只能用站内留言沟通，这样才能方便监控。亚马逊单一的客户沟通方式，使其跨境客服的时效性得不到保障，买卖双方很多时候得不到及时的互动与沟通，客户满意度不高，如图 7-1 所示。

图 7-1　亚马逊平台客户留言

(2) 阿里卖家。阿里巴巴国际站 TradeManager 作为国际站买、卖家之间的即时沟通工具，一直以来都在发挥着重要的作用。为了更好地满足用户日益丰富的需求，国际站从 2018 年 11 月 19 日起，将 TradeManager 逐步升级到新版阿里卖家(见图 7-2)，把目前 TradeManager 的已有功能和用户的历史数据迁移过去，并在此基础之上，接入新版阿里卖家的一些优质功能，提供一站式的全链路工作台。工作台提供经营核心数据、个性化操作页面(包括旺铺)、外贸直通车(P4P)、信用保障订单交易、询盘、采购直达(RFQ)等业务，卖家可自定义添加或删除这些业务插件，以便打造属于自己的个性化工作台。

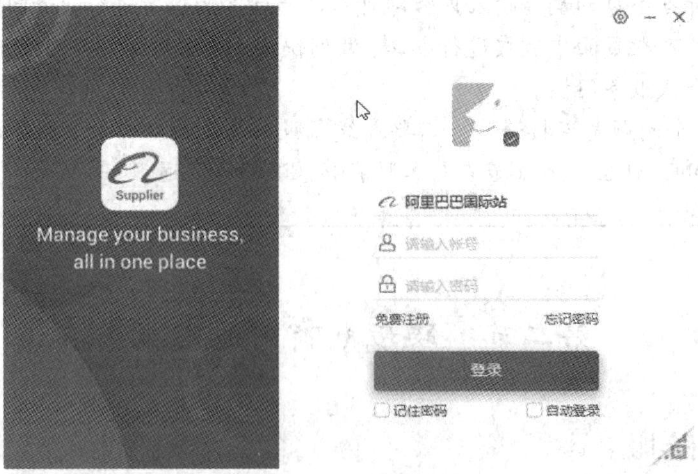


图 7-2　阿里卖家

(3) 速卖通站内信。速卖通站内信可以多功能合并，它的基本沟通功能强大而且有效，并且站内信有准确时间提醒和标识功能，还有指定黑名单和查看历史订单的功能，如图 7-3 所示。

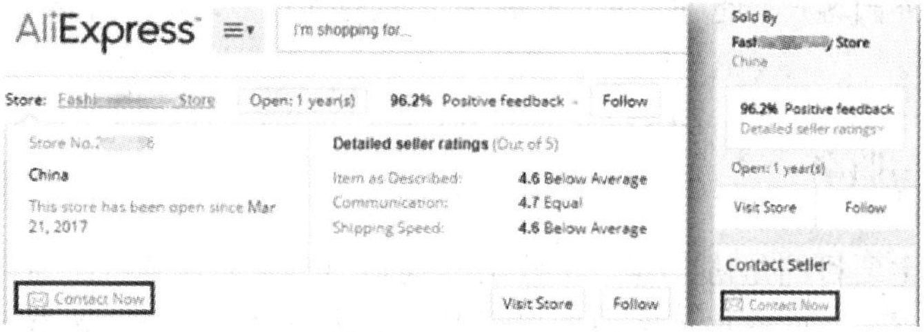


图 7-3　速卖通站内信入口

(4) Wish 平台“客户问题”详情。交易过程中，买家经常会因为要更改尺码颜色或地址、查询物流追踪信息、退换货等原因联络卖家。这时，Wish 商户便可以通过后台的客户问题系统与买家进行沟通交流，如图 7-4 所示。

图 7-4　Wish 平台“客户问题”详情

## 2. 其他辅助工具

当企业普通客户成长为重点客户时，为了与客户保持及时畅通的联系，必定会用到邮件、短信、电话或其他社交工具。

(1) SKYPE。SKYPE 除了网上聊天，也可以进行语音、视频的通话。它最大的功能就是可以绑定电话，方便和朋友间的联系。

(2) Viber。与其他社交工具相比而言，Viber 更为高效快捷，不需话费，只需流量，如果有 WIFI 就可以免费使用了。用手机注册成功后，装上软件，同步到通信录，就可以同远在国外的使用同类软件的客户进行沟通，只拥有普通流量就可以享受高音质的服务。

(3) What Sapp。使用 What Sapp 的人较多，用户大部分都来自中东、南美，也有部分中国人。

(4) Facebook(脸谱网)。以电脑登录脸谱网必须依靠翻墙软件的协助。客服可以在脸谱网上看到客户的动态，也可以跟客户连线对话、建立群组等。这是一个不错的交友网站，可以看到可能认识的人，甚至将客户的朋友也加为好友，还可以通过关键词搜索寻找潜在客户，将其加为好友。

(5) Twitter(推特)。这是类似于 Facebook 的交友网站。

(6) QQ、Wechat。QQ 和 Wechat 都是腾讯的软件，现在很多外国人也在用。微信摇一摇甚至能摇到外国客户！此外，国外的聊天工具还有许多，如 Camfrog、Pal Talk、KIK、SKOUT、ICQ 等。

## 二、售前沟通与服务

售前服务的主要目的是协助客户做好工程规划和系统需求分析，使商家产品能够最大限度地满足用户需要，同时也使客户的投资发挥出最大的综合经济效益。

### 1. 解答客户咨询

售前服务的内容多种多样，主要包括提供信息、市场调查预测、产品定制、加工整理、提供咨询、接受电话订货和邮购、提供多种方便和财务服务等。

(1) 产品方面。提供产品质量、规格、使用情况、产品特点等方面信息。

(2) 服务方面。解答客户在产品开发、上架、交易处理、各国的海关清关、跨境物流配送等各步骤如何运作，以及运输方式、海关申报、运输时间以及产品安全性等方面咨询。

(3) 价格回复。当有订单询价时，回复函包含如下内容：感谢对方询价，希望与对方建立业务，订单的条件和报价。在交易过程中，经常遇到买家砍价的情形。在回复函中，首先要感谢对方的有意购买，然后欣然接受并给出理由。如果不能接受，要表示歉意并给出理由。同时，面对这样的潜在客户，要细致分析，促成交易达成，提供促成交易达成的一些附加条件。

### 2. 购买引导

在解答客户咨询的基础上，重点对产品质量、规格、使用情况、产品特点和产品开发、上架、交易处理、各国的海关清关、跨境物流配送等各步骤如何运作，运输方式、海关申报、运输时间以及产品安全性等方面进行宣传介绍，打消顾客购买疑虑，及时登记汇总信息，如客户信息、产品和服务改进意见等，具体如图 7-5 所示。

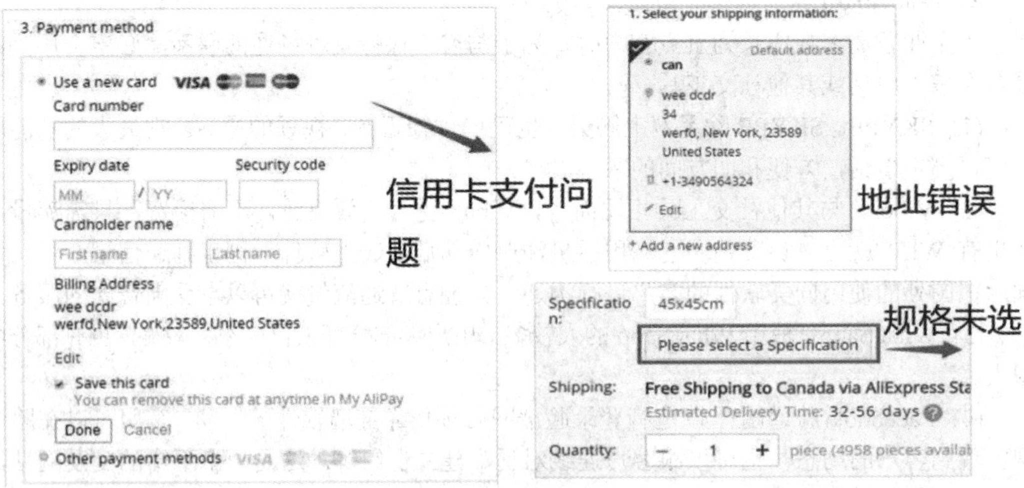


图 7-5　售前购买引导界面

## 三、售中沟通与服务

### 1. 收到订单后催促付款

有些买家下单之后迟迟不付款，如果不及时跟进，将会导致订单过期或取消。因此，在买家下单未付款时，卖家应及时通过站内信或邮件跟客户联系，以保证订单不流失。

### 2. 已付款“资金未到账”订单

买方下单后的 24 小时内，跨境电商平台风控部门会对买家的资金做审核，如果发现资金来源有问题，平台会关闭交易。若未通过风控，需要及时与买家沟通。若风控通过就会让卖家填发货通知，即物流信息。当买家的订单因未通过风控被关闭后，卖家要给买家留言，告诉他/她可以另下一个新的订单，然后用别的支付方式付款，尽量留住客户。已付款“资金未到账”订单界面具体如图 7-6 所示。

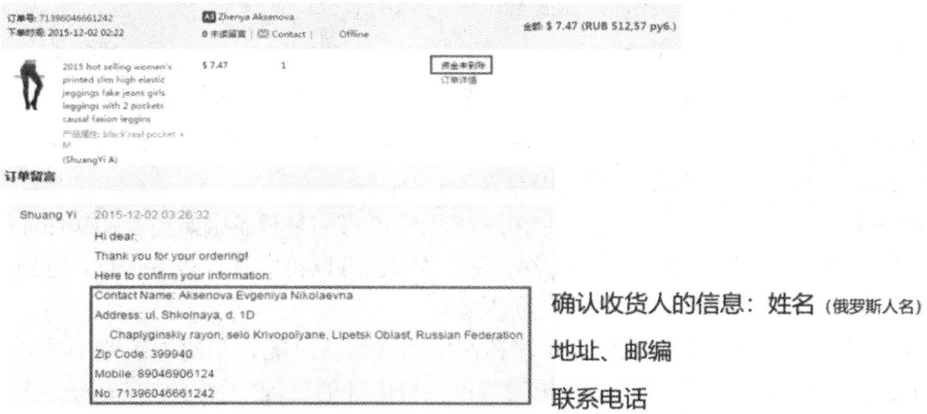


图 7-6　已付款“资金未到账”订单界面

### 3. 已付款“等待卖家发货”订单

客户下单付款后都希望能尽快收到货物，但由于卖家发货后填写的发货信息要 1～3 个工作日才能更新。因此，当买家付款后，卖家最好能在最短的时间内发货，并在发货后及时填写物流单号，且第一时间联系买家，告知其物流运送情况。

除了告诉客户单号及查询网址以及物流大致需要的时间外，还可以提醒客户给我们五星评价及反馈信息。

### 4. 买家申请取消订单

在跨境电商售中阶段，有时会由于卖家或买家自身的原因产生一些问题。无论什么情况，卖家都应及时与买家沟通，尽快解决问题，尽量引导买家选择原因的时候点击“不想购买”，以免对店铺造成不良影响。

## 四、售后沟通与服务

### 1. 售后买家评价处理

信用评价是指交易的买卖双方在订单交易结束后对对方信用状况的评价。信用评价包括五分制评分和言语性评论两部分。图 7-7 为某跨境电商平台的用户评价页面。

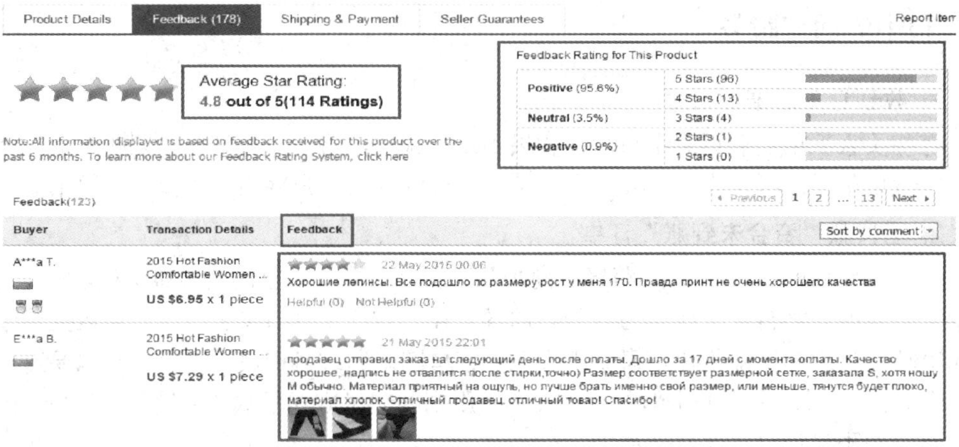


图 7-7　某跨境电商平台用户评价页面

(1) 催促评价之买家收到货之后没有留下评价。有些买家收到货物后不管产品质量好不好一律不给评价，那么卖家可以委婉地催促买家给出评价。收货后可以主动发询盘和邮件咨询客户收到的货物是否符合其需要和期待。有时主动催一下客户反而会使买家对商户更有信任感，好评率和回头率会得到提升。

(2) 催促评价之买家收到上述邮件 10～15 天后没有回复评价。如卖家发邮件提醒买家评价后 10～15 天，买家对评价一事置之不理，卖家也可以再发邮件进行催促，特别是将店铺的链接或者是商品名称列出来明确提醒买家。

(3) 修改评价之中评。跨境电商卖家针对中评该怎么办呢？正视中差评，尽可能地去消除中评的不利影响，甚至创造出积极效应；分析中评的原因，及时与客户进行沟通。如果因为产品质量原因而引起客户不满，要及时和客户进行沟通，让客户知道中评对于一个新手卖家的致命打击。

(4) 修改评价之请求修改差评。客户给了差评，一定要及时跟客户交流，问清楚到底是质量问题还是物流问题慢等其他问题。如果是产品的缺陷就应想办法弥补或者在客户下次购买时在不亏本的前提下给予客户优惠，请求客户修改评价。当然有些买家也不是故意给差评，他们只是不大了解平台规则，这时我们不妨将平台的修改规则告诉他们，买家愿意修改最好，不愿意则可以忽略，收到几个差评也属正常。

(5) 收到好评。店铺好评的提升标志着一个店铺的信用度，好评越多，顾客就会增加对店铺的信任感，提升购买欲望。如果店铺好评很少，即使客户想购买也不会放心。一模一样的商品，价格相等，顾客一定会选择好评高的店铺购买。店铺每卖出一件商品，一直到双方交易成功后，店铺就会增加一个好评(即增加一个红心)。店铺交易量越多，好评就会越高。如果收到好评，一定要对买家进行答谢，有助于买家再次转化。

**2. 售后纠纷处理**

在交易过程中我们要尽量避免纠纷的产生，如果纠纷真的产生也不要害怕，因为如果能顺利解决纠纷反而会让买家感到满意，在留住客户的同时产生口碑效应，赢得更多的客户。

(1) 发货后通知买家发货。国际物流往往有很多不确定因素，比如海关问题、关税问题、派送转运等。在整个运输过程中，这些复杂的情况很难被控制，难免会产生包裹清关延误、派送超时甚至包裹丢失等状况。对于买家来说，长时间无法收到货物或者长时间不能查询到物流更新信息都会直接导致其提交纠纷。因此，卖家在选择快递方式时请务必权衡交易中的风险与成本，尽可能选择可提供实时查询货物追踪信息的快递公司。在发货后，卖家要第一时间给买家发信告诉对方已经发货，并提供运单号和查询网址等信息。

(2) 持续跟踪物流。物流时间长是跨境电商的一个主要问题。因此为了能为客户提供一个好的购物体验，卖家要不时地与客户进行跟进，如果包裹显示在途，请买家耐心等待。

(3) 包裹扣关。国际快递被扣关有很多原因，在被扣关后不要害怕或慌张，只要按照正常的流程解决，通常在交清关税后都可以顺利放行。

(4) 货不对板引发纠纷。买家投诉货物与描述不符或者货物数量不对时，卖家可以请求买家根据问题类型提供相应的证据。

(5) 货物未在规定时间到货。货物由于一些原因仍在途中，超过规定时间未到货，或者货物丢失，都会引起买家提交纠纷。卖家要及时和买家沟通，可通过退款或重新发货来处理纠纷问题。

(6) 产品质量问题引发纠纷。买家因为产品质量问题产生纠纷，卖家要积极与买家协商解决问题，达成一致的解决意见。若确实非产品本身质量存在问题，需表明质量问题不是由我方故意造成，而是由于物流不当等不可抗力或意外情况造成质量问题，以便能得到客户谅解，但是最好能够承诺下次的购物优惠，让客户能更好地接受。

(7) 卖方过错，给予退款或退货。订单升级为平台纠纷，可能存在多种情况，在纠纷提交阶段，卖家要认真核实买家投诉的原因，根据投诉原因提供有效的证据。卖家要查看买家的留言和反馈的问题，与买家进行及时有效的沟通，争取在3天内协商一致并给出解决方案；如果问题已经解决，可以引导买家关闭纠纷。

## 第三节　跨境电商纠纷处理

### 一、纠纷判定原则

买家投诉原因分为“没有收到货”“货物与描述不符”和“其他原因”。因投诉引发的无论是协议纠纷、平台升级纠纷，还是售后纠纷，均遵循如下的判定处理原则。

#### 1. 未收到货

买家可以在卖家发货以后的4～120天内发起未收到货的投诉。买家没有收到货物可能存在虚假运单号、货物在途等原因。

(1) 虚假运单号。当调解中心介入后，仍未提供有效运单号的，视为卖家全责，调解中心执行全额退款；或卖家录入的货运单号有可显示的跟踪信息，但与该订单无关，视为卖家全责，调解中心执行全额退款。

(2) 货物在途。官方货运网站上显示货物仍在去往买家指定的收货地址途中，货物介于“收寄”和“妥投”之间的情形。调解中心介入后，如卖家未提供有效的妥投证明，货运状态在货运官网上已经超过10天未有任何更新，不论金额大小，视为卖家全责，调解中心执行全额退款。

(3) 货物妥投。货物返回并妥投到发件地；或者在返回发件地途中，货运在途状态长期停滞。调解中心介入时，如货运状态在货运官网上已经超过 10 天未有任何更新，视为卖家全责，执行全额退款。如买家投诉卖家发货延迟(以卖家承诺给买家的发货日期或者发货截止日期为准)，并以此拒签了包裹，视为卖家全责，调解中心为买家全额退款。

(4) 无货运单号。对于无货运单号的小包发货方式，无法确认卖家是否发货，以买家的收货反馈为处理依据。在调解中心介入后的 15 天内，如买家反馈仍没有收到货物，调解中心裁决给买家全额退款。

(5) 邮政小包。因邮政小包发货方式无法在官网上查询到详细的货运信息或者货运信息显示不全，且货运周期较长，卖家承担此运输方式下的货运责任和风险。

(6) 延迟发货。如果卖家填写实际有效货运信息(包括但不限于在其他地方告知有效货运单号)晚于备货截止日，买家因此提起的纠纷，平台将视为卖家责任并根据订单情况执行部分退款或退货退款。

#### 2. 货物与描述不符

买家实际收到的产品与卖家的广告图片或者描述内容不符，如大小、尺寸、颜色、外观、款式、型号和材质不符，且能直观从肉眼做出判断。

(1) 描述不符。在买家提供有效证明的情况下，被判定为严重与描述不符的，调解中心将执行全额退款或者高额部分退款，买家无需退货。判定为一般不符的，如买家同意部分退款，调解中心将执行相应的部分退款。如买家选择退货退款，由卖家承担退货运费和风险，调解中心将配合跟进。

(2) 数量不符。调解中心将按照卖家提供的货运底单证明或者称重证明调查纠纷，并根据证明做出裁决。

(3) 质量问题。如买家能提供符合投诉内容的相关证据(图片/视频)，且能够被调解中心确认，均为卖家责任。如买家要求退货退款，由卖家承担退货运费和风险。同时，对于货物有严重质量问题，影响买家使用的情况，调解中心将直接判定卖家全责，执行全额退款，买家无需退货。

(4) 假货。珠宝类产品，如卖家产品描述中有 Diamond、Gold、Silver 的字眼，但卖家无法提供与描述相匹配的产品(以买家提供的图片证据为依据)，视为卖家责任，调解中心介入后裁决全额退款。

(5) 知识产权侵权类。对于知识产权侵权类的投诉，如卖家无法提供品牌持有人的品牌授权证明，调解中心介入后，裁定卖家全责，执行全额退款。

(6) 虚拟产品。对于无实物交易产品的投诉，一旦调解中心介入，将执行全额退款。

(7) 货运方式不符。卖家未按照买家所指定的货运方式执行订单，且买家就此问题升级纠纷，视为卖家责任。调解中心介入后会根据订单实际的货运方式所产生的运费和买家指定并已经支付了的运费额度，裁决卖家对买家进行相应的补偿。

#### 3. 其他原因退货与恶意投诉

买家无具体投诉原因要求退货的订单，如买家以“我不喜欢了”“我不想要了”等原因要求退货，调解中心视纠纷真实情况做出退货或者退款裁决。其他原因的退货适用于无理由退货，如卖家在产品描述中有此项服务的承诺，卖家须严格履行。

对于恶意投诉，跨境电商平台已经为卖家开放了举报恶意买家的入口。针对恶意买家，可在对应订单中对其进行举报。例如，速卖通平台上，针对同一个买家，卖家可以多次举报。平台将以每周一次的频率批量处理卖家的举报，对涉及的买家账号进行处罚，并删除相关交易产生的不良数据。处理结果将会定期以邮件的形式通知卖家。对于被关闭的买家账号，平台将定期对其相关订单的数据指标进行清洗，即不计入卖家的服务等级指标考核中。

## 二、纠纷处理流程

下面以敦煌网为例，介绍跨境平台的纠纷处理流程。

### 1. 协议纠纷流程

一般来说，买家开启协议纠纷的 5 天内，卖家需做出响应，否则系统会自动执行买家选择的解决方案进行处理。

若卖家在 5 天内及时做出响应，且愿意接受协议内容，则买卖双方达成协议，由系统执行。若卖家拒绝买家的协议，需要重新提交新协议。若买家同意新协议，则系统执行协议；若买家拒绝，则纠纷升级，需要调解中心介入处理。具体纠纷处理流程见图 7-8。

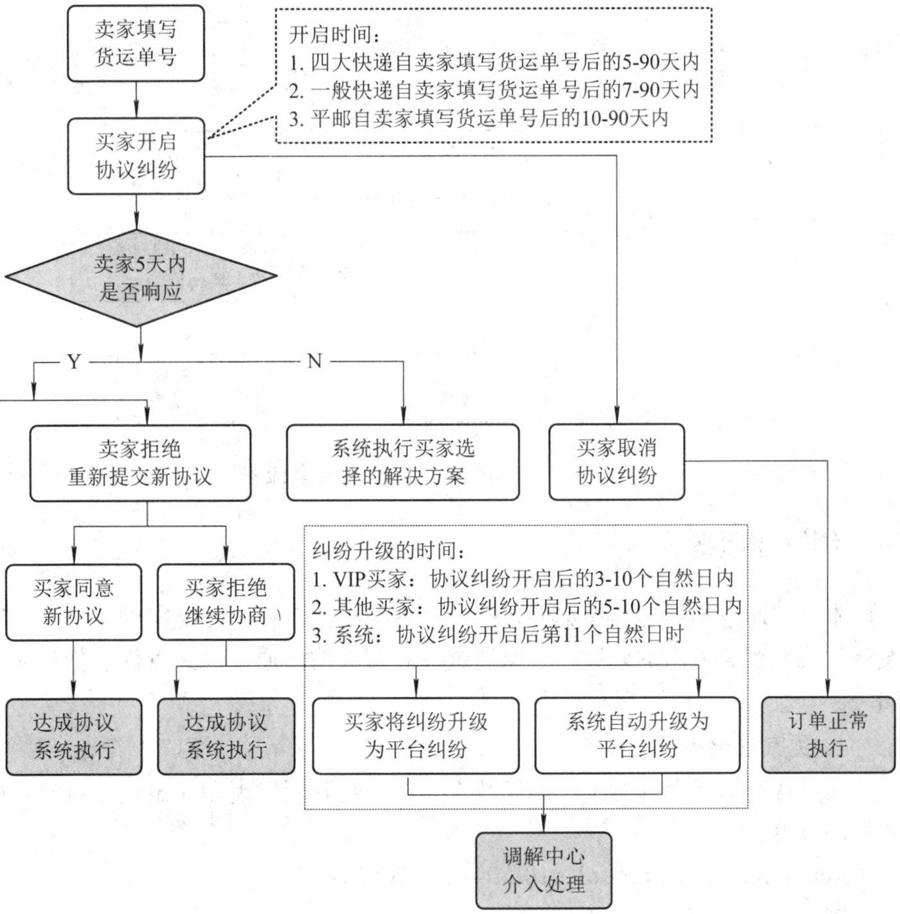


图 7-8　协议纠纷处理流程

### 2. 升级纠纷处理流程

当纠纷升级时，针对买家未收到货的情况，卖家需要在 3 个自然日内在系统中提供有效底单，否则系统自动执行买家协议。如果卖家及时提交底单，平台在审核后，调解中心会参照为收到货政策进行全额/部分退款或者放款。

针对货描不符的情况，买家需要在 3 个自然日内提供有效证据，由平台审核证据并判定责任方做出裁决，决定全额/部分退款、放款或者退货退款。之后卖家需在 5 个自然日内在系统中填写退货地址，否则系统会自动退款给买家。在卖家填写完退货地址后，买家需在 7 个自然内日在系统中填写退货单号，否则系统会自动放款给卖家。具体处理流程见图 7-9。

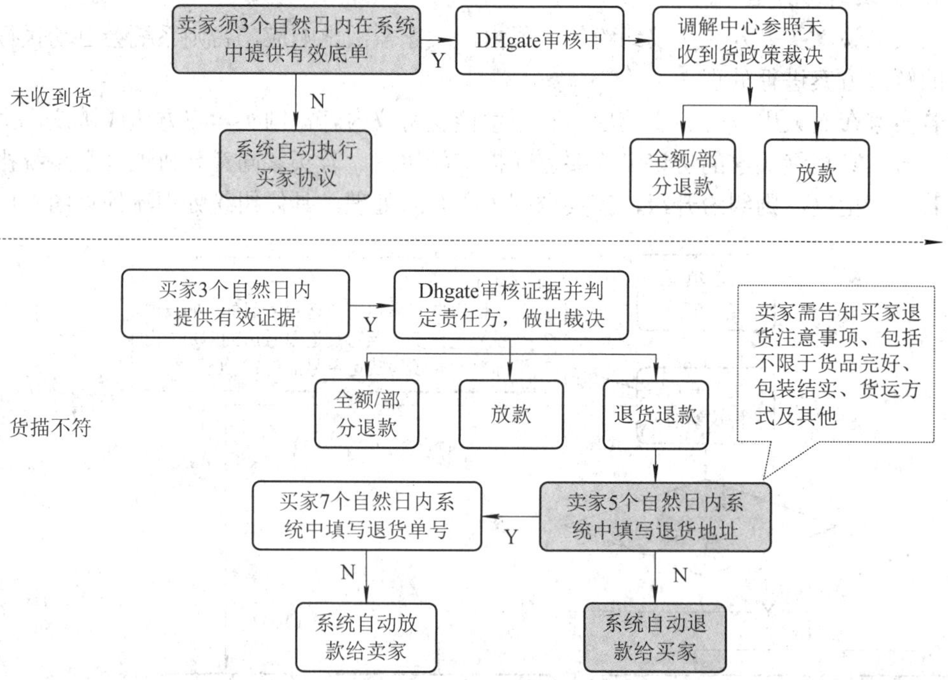


图 7-9　升级纠纷处理流程

## 三、纠纷处理案例

本小节通过实际的纠纷案例，介绍处理纠纷的流程。在此案例中，亚马逊平台上卖家发错款式，买家提出诉讼后，卖家通过及时有效的沟通，最终以优惠折扣的方式成功处理纠纷。

### 1. 买家提出投诉

买家在亚马逊上订购了一件印花女童装，收到后发现印花错误，对卖家提出“发错款式”的投诉。

Return Requested for order 106-0412257XXXX

发件人：XXX

已发送：2016 年 11 月 11 日 星期五 0：07

收件人：XXX

订单编号：106-0412257XXXX

Dear XXX and XXX,

This email is being sent to you by Amazon to notify and confirm that a return authorization has been requested for the item(s) listed below.

XXX, please review this request in the Manage Returns tool in your seller account.Using the Manage Returns tool, please take one of the following actions within the next business day:

1. Authorize the customer's request to return the item.
2. Close the request.
3. Contact the customer for additional information(through Manage Returns or the Buyer-Seller Communication tool).

XXX the information below is confirmation of the items that you have requested to return to XXX.NO additional action is required from you at this time.

Order ID: 106-0412257XXXX

Item：XXX

Qty：1

Return reason：Wrong item was sent

Customer comments：Just arrived today. The item I received is not the same print as the one shown here. Not what I ordered. Totally different. I would like to exchange for the correct print.

Request received：November 11 , 2016

Sincerely ,

Amazon Services

**2. 卖家投诉处理**

经仓库核实，确实将相似款式发错。第一时间跟客户沟通解决，回复客户。提出三套方案，供客户选择。

关于：Return Requested for order 106-0412257XXXX

发件人：XXX

已发送：2016 年 11 月 12 日 星期六 5:05

收件人：XXX

订单编号：106-0412257XXXX

Dear XXX,

Have a nice day.

Firstly, we feel very sorry sending wrong print.

But please don't worry，we provide some solutions for you :

1. NO need to return it, we will give 50% claim code (ZRHT-VY65SR-XXXX) for you. You can buy any liked color for your lovely baby again.

2. NO need to return it, we will return half money of the clothes for you.

3. You can send it to us. We will refund this item's money to you.

Sorry bringing this trouble to you again.

Hope to get your kind understanding.

XXX Customer Service Center

3. 买家与卖家沟通

客户提出，希望得到优惠折扣，他非常喜欢这个款式，想再次购买。

Re：关于：Return Requested for order 106-0412257XXXX

发件人：XXX

已发送：2016 年 11 月 12 日 星期六 11:04

收件人：XXX

订单编号：106-0412257XXXX

Hi,

Thank you. Looking forward to getting the right color this time. They are very cute.

Sent from my iPad .

Re：关于：Return Requested for order 106-0412257XXXX

发件人：XXX

已发送：2016 年 11 月 12 日 星期六 12:32

收件人：XXX

订单编号：106-0412257XXXX

Dear XXX,

I forgot to mention, I will chose option 1.

1. NO need to return it ,we will give 50% claim code (ZRHT-VY65SR-H4S6WP) for you. You can buy any liked color for your lovely baby again.

Sent from my iPad .

客服回复客户，他可以下单购买，会马上发货。

关于：Return Requested for order 106-0412257XXXX

发件人：XXX

已发送：2016 年 11 月 12 日 星期六 21:05

收件人：XXX

订单编号：106-0412257XXXX

Dear XXX,

Thank you for your kindly understanding.

You can place a new one for your lovely girl.

We will send it tomorrow.

Hope our cloth fit your girl.

Best wishes.

XXX Customer Service Center

最终，客户取消前期退款申请，同时用折扣码又新订 2 件衣服，具体如图 7-10 所示。

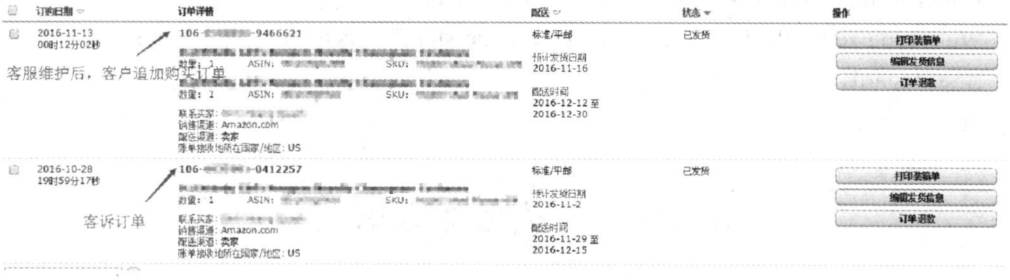


图 7-10　客户订单

## 4. 投诉解决

客户最终给了五星好评，如图 7-11 所示。

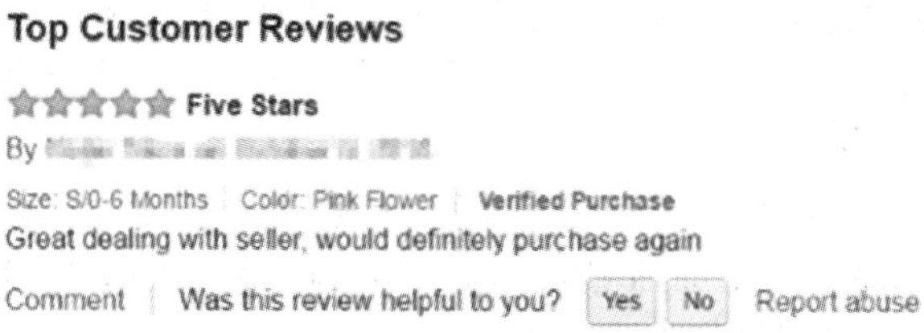


图 7-11　五星好评

## 5. 案例分析

在此案例中，客服在收到投诉后，第一时间联系了买家。在核实投诉后，客服提出了三套解决方案供买方选择，客诉纠纷解决非常妥当，不仅避免了损失，还为店铺赢得了新订单，也提升了客户满意度。以下为客服在收到投诉后，两封相应的邮件回复样本。

Sample 1

Dear Customer,

The photos were received with thanks. Sorry that we failed to check out the problem and we would pay more attention on this part.

Anyway, we will refund you $3 for compensation or may you just accept this time and we would like to provide bigger discount for your next order?

So sorry about the trouble. Please feel free to let us have your comment.

Thanks!

Best Regards

(Your name)

Sample 2

Dear Customer,

We sincerely regret that you haven't received your parcel yet. We can confirm that we sent your order on January 10, 2016; however, we were informed by the shipping company that the package has been delayed due to problems on their end.

We can arrange reshipment or full refund to you. Please let us know what is your preferred option and we'll resolve this matter as quickly as possible.

We apologize for the inconvenience. Your understanding is greatly appreciated.

Best Regards

(Your name)

# 第四节　跨境电商客服策略

## 一、跨境电商客服一般策略

### 1. 按网店购物者常规类型分类

(1) 初次上网购物者。这类购物者尝试着领会电子商务的概念，他们可能会从在网上购买小宗的安全种类的物品开始。这类购物者要求界面简单、过程容易，产品照片对说服这类购买者完成交易有很大帮助。

(2) 勉强购物者。这类购物者对安全和隐私问题感到紧张。因为有恐惧感，他们在开始时只想通过网站做购物研究，而非购买。对这类购物者，只有明确说明安全和隐私保护政策才能够使其消除疑虑，轻松面对网上购物。

(3)“便宜货”购物者。这类购物者广泛使用比较购物工具。这类购物者不玩什么品牌忠诚，只要最低的价格。网站上提供的廉价出售商品，对这类购物者最具吸引力。

(4)“手术”购物者。这类购物者在上网前已经很清楚自己需要什么，并且只购买他们想要的东西。他们的特点是知道自己做购买决定的标准，然后寻找符合这些标准的信息，当他们很自信地找到了正好合适的产品时就开始购买。快速告知其他购物者的体验和对有丰富知识的操作者提供实时客户服务，会吸引这类购物者。

(5) 狂热购物者。这类购物者把购物当作一种消遣。他们购物频率高，也最富于冒险精神。对这类购物者，迎合其好玩的性格十分重要。为了增强娱乐性，网站应为他们多提供观看产品的工具、个人化的产品建议，以及像电子公告板和客户意见反馈页之类的社区服务。

(6) 动力购物者。这类购物者因需求而购物，而不是把购物当作消遣。他们有自己的一套高超的购物策略来找到所需要的东西，不愿意把时间浪费在东走西逛上。优秀的导航工具和丰富的产品信息能够吸引此类购物者。

了解外贸网店客户的特点和基本类型，对于提高网店客服的服务质量和服务效率具有极其重大的作用。

### 2. 按消费者购买行为分类

(1) 交际型。有的客户很喜欢聊天，会先和卖家聊很久，聊得愉快就到卖家店里购买商品，成交后与卖家也成了朋友。对于这种类型的客户，卖家要热情如火，并把工作的重点放在这种客户上。

(2) 购买型。有的顾客直接买下商品，很快付款，收到商品后也不和卖家联系，直接给卖家好评，对卖家的热情很冷淡。对于这种类型的客户，卖家不要浪费太多的精力，如果执着地和他保持联系，他可能会认为是一种骚扰。

(3) 礼貌型。本来因为一件拍卖的商品和卖家发生了联系，如果卖家热情如火，在聊天过程中运用恰当的技巧，买家会直接到卖家店里再购买一些商品。对于这种客户，卖家尽量要做到热情，能多热情就多热情。

(4) 讲价型。讲了还讲，永不知足。对于这种客户，要咬紧牙关，坚持始终如一，保持微笑。

(5) 拍下不买型。对于这种类型的客户，可以投诉、警告。也可以全当什么都没发生，因各自性格决定采取的方式。

### 3. 买家常见的顾虑

(1) 卖家信用是否可靠。对于这一担心，卖家可以用交易记录等来对其进行说服。

(2) 价格低是不是产品有问题。针对这一担心，卖家要同买家说明价格的由来，为什么会低，低并非质量有问题。

(3) 同类商品那么多，到底该选哪一个？卖家可尽量以地域优势(如快递便宜)、服务优势说服买家。

(4) 交易安全。详细介绍安全交易的流程来打消买家的顾虑。

(5) 收不到货怎么办？货实不符怎么办？货物损坏怎么办？退货邮费怎么办？买家迟迟不付款，犹豫不决。卖家可以通过售后服务、消费者保障服务等给予买家信心。

## 二、跨境电商客服争议解决策略

跨境电商目前最大的痛点就是客户体验差，其深层次原因包括跨境物流时间长、售后服务难、沟通成本大等，而跨境电商发生争议后往往卖家的压力和损失非常大，很难像淘宝退货这样简单，所以在线客服解决定单争议的能力尤为重要。

### 1. 让客户体会到卖家解决争议的诚意

西方消费者非常看重卖家的态度。西方消费理念非常成熟，买家认为卖家感恩买家的购买是顺理成章的事情，这也是为什么西方的消费者更强调购物的维权主张。遇到客户对产品不满意、物流体验差、客户要求退款的争议，商家首先要做的是体现解决争议的态度，感恩客户，对客户的遭遇表示理解，并且承诺会积极地解决问题。

### 2. 真正地了解订单争议的来龙去脉

跨境电商的争议性最容易集中在物流环节，如丢件、产品破损等。遇到客户争议，首先应该冷静地分析事情的来龙去脉，注意电子数据证据，如聊天记录、物流记录，需找物流公司的找物流公司。如果是客户误会，应及时通过真实的电子证据与客户真诚沟通，请求客户的理解。

### 3. 引导客户疏解负面情绪的能力

客户对订单有争议、对产品不满意，肯定会有很多负面的情绪，其表现形式包括给予差评、社交媒体的曝光等。这时是最考验在线客服业务能力的时候。好的客服会通过自己的专业技能、语言能力，通过站内信、APP 软件、电话与客户充分沟通，并且理解认同客户，最终让客户再次信任我们，让客户化解负面情绪，为争议的解决打下基础。

4. 货物白送，全额退钱并不明智

如果发一个美国的跨境快件，很多时候物流价值其实比产品本身价格高得多，很多跨境电商的新人考虑到店铺运营的满意度、店铺好评率和评分，也为了快速地解决客户争议，会直接且草率地告知客户："货不要了，钱全部退给你"。其实这样表面上看上去很豪爽的争议处理方式恰恰证明了在线客户服务的不专业和不成熟，这样对于卖家来说成本损失是最大的。很多时候欧美客户反而会认为商家不够真诚，因为更多的客户花钱是希望得到真正想要的产品，简单粗暴的处理方式并不能挽回客户的体验感。

5. 二次免费发货

免费再给客户发一次货是解决争议的一种处理方式。在这里有一个沟通处理技巧，商家可以在客户充分原谅的基础上，建议客户承担一次货物的部分价值。例如，一个产品 100 美金，因为破损或者其他原因不满意，让客户承担 70 美金。其实大部分客户都会愿意接受，同时二次发货，加上产品的利润率，有时候可以保住成本。

6. 给以客户折扣

这是最倡导的一种方式。例如，产品破损直接给客户扣除交易金额，一般来说客户都愿意接受。这时在线客服沟通的技巧直接决定客户退让的幅度。

7. 严谨售前服务才是根本

把跨境电商客户的争议率控制在非常低的范围也是在线客服的重要考核指标。好的在线客服，在销售前应该与客户进行充分的沟通，真正理解客户对于产品的要求和需求，提前预判可能产生的争议。确保发货、跨境物流包装万无一失，选择可靠的物流公司。最好的体验会带来客户的一次满意与好评。

## 本 章 小 结

本章着重介绍了跨境电商运营过程中的沟通和服务技巧、交易纠纷处理流程和方法，以及客户服务策略。根据跨境电商客服岗位特征，说明了跨境电商客服的工作范畴主要包括解答客户咨询、解决售后问题、促进销售和管理监控职能；工作目标包括保障账号安全、降低售后成本和促进再次交易；应具备的能力包括传统外贸的专业技能、语言能力、理解产品和供应链、熟悉跨境电商平台、了解目的国消费者以及跨境电商的运营推广能力。以沟通理论与技巧为切入点，系统介绍了跨境电商客服工具和跨境电子商务客服的工作流程，包括售前、售中和售后的沟通与服务；结合亚马逊案例和真实的语料，剖析了跨境电商的纠纷判定与处理流程，梳理了跨境电商客服的日常工作策略和争议解决策略。

## 课 后 练 习 题

### 一、单项选择题

1. 下列关于跨境电商客服人员需要具备的素质说法错误的是(　　)。

A. 了解境外消费者网络购物的消费理念和文化

B. 有关知识产权和法律知识以本国为准

C. 熟悉跨境电子商务平台的运营规则

D. 具备“当地化/本地化”思维

2. 下列关于跨境电子商务在线客户争议解决方案说法错误的是(　　)。

A. 让客户体会到卖家解决争议的诚意　　B. 真正了解订单争议的来龙去脉

C. 积极正面引导客户的负面情绪　　D. 不问任何原因，直接全额退款

3. 跨境电商客服的工作范畴不包括(　　)。

A. 促进销售　　B. 解答咨询

C. 解决售后问题　　D. 网店设计

4. 下列哪种原因产生的客户投诉可能会追究买方的责任？(　　)

A. 没有收到货　　B. 货物与描述不符

C. 恶意投诉　　D. 无理由退货

5. 下列属于售后沟通与服务工作的是(　　)。

A. 解答客户咨询　　B. 购买引导

C. 处理评论　　D. 价格沟通

**二、简答题**

1. 跨境电子商务的“客户服务”和传统外贸模式下的“客户服务”有哪些异同点？

2. 跨境电子商务客户开发的方法有哪些？请选择其中一种方法尝试操作。

**三、业务分析题**

1. 假设你在 Aliexpress 上经营一家主营服装的网店。通过数据分析，你发现店铺的巴西客户和俄罗斯客户数量最多，你将如何分别针对这两国客户进行店铺营销和客服沟通？(请说明你将选择什么样的店铺营销手段，在沟通过程中应注意哪些问题？)

2. 假设你在 Wish 平台卖出了一件女士 T-shirt，客户对此提起纠纷：

(1) 如果客户在预计时间内未收到货物，该如何处理？

(2) 如果客户对产品的质量不满意，该如何处理？

(3) 如果客户对交易严重不满，该如何处理？

(4) 如果客户要求退货，该如何处理？

3. 客户 Mr.Green 最近三个月在你的公司店铺连续购买了几样商品，累计金额较大：

(1) 作为客服人员，你该如何与 Mr.Green 保持沟通？

(2) 若 Mr. Green 因最后一次购物对产品质量问题有疑义，客服人员该如何处理？

4. 假设你在亚马逊上经营一家童鞋网店，一名客户投诉鞋子颜色与图片不符，你将如何与客户沟通？请写一封纠纷处理邮件。

## 本章参考文献

[1] 邓志超，崔慧勇，莫川川. 跨境电商基础与实务[M]. 北京：人民邮电出版社，2017.

[2] 胡令. 电子商务理论与实务[M]. 2 版. 北京：人民邮电出版社，2017.
[3] 张瑞夫. 跨境电子商务理论与实务[M]. 北京：中国财政经济出版社，2017.
[4] 关继超. 跨境电商[M]. 广州：广东人民出版社，2016.
[5] 李鹏博. 揭秘跨境电商[M]. 北京：电子工业出版社，2015.
[6] 易静. 跨境电子商务客户服务[M]. 北京：人民邮电出版社，2019.
[7] 刘敏. 跨境电子商务沟通与客服[M]. 北京：电子工业出版社，2017.
[8] 韩雪. 跨境电商客服[M]. 北京：中国人民大学出版社，2018.

# 第八章　跨境电商风险管理与法律法规

## 学习目标

1. 了解跨境电商知识产权风险的概念与类型。
2. 熟悉跨境电商欺诈风险的概念与类型。
3. 掌握防范知识产权侵权和欺诈风险的方法与策略。
4. 了解全球主要国家跨境电商法律法规内容与实施。
5. 熟悉我国跨境电商政策体系与政策实施。

## 第一节　跨境电商风险管理

### 一、知识产权风险

随着知识经济时代的到来，作为企业甚至国家的核心竞争力和战略资源，知识产权的重要地位日益凸显。然而，伴随着跨境电商贸易的快速发展，著作权、商标权等知识产权侵权行为也屡见不鲜，正严重威胁着企业的切身利益。因此，知识产权的风险管理与控制显得愈加重要。

#### 1. 知识产权概念

知识产权，也称知识所属权，指权利人对其所创作的智力劳动成果享有的专有权利，一般只在有限时期内有效。各种智力创造，比如发明、文学、艺术作品以及在商业中使用的标志、名称、图像、外观设计等，都可被认为是某一个人或组织所拥有的知识产权。

#### 2. 知识产权分类

1) 著作权

著作权又称版权，指自然人、法人或者其他组织对文学、艺术和科学作品依法享有的财产权利和精神权利的总称。著作权分为著作人身权与著作财产权。

(1) 著作人身权，指作者对其作品所享有的各种与人身相联系或者密不可分而又无直接财产内容的权利，是作者通过创作表现个人风格的作品，依法享有获得名誉、声望和维护作品完整性的权利。该权利为作者终身享有，不可转让、剥夺和限制。

(2) 著作财产权，指作者对其作品的自行使用和被他人使用，享有的以物质利益为内容的权利，包括复制权、发行权、出租权、展览权、表演权、放映权、广播权、信息网络传播权、摄制权、改编权、翻译权、汇编权、追续权以及应由著作权人享有的其他权利。

2) 工业产权

工业产权，指人们依法对应用于商品生产和流通中的创造发明和显著标记等智力成果，在一定地区和期限内享有的专有权。按照《保护工业产权巴黎公约》的规定，工业产权包括发明、实用新型、外观设计、商标、服务标记、厂商名称、货源标记以及制止不正当竞争的权利。在我国，工业产权主要是指商标权和专利权。

(1) 商标权。商标权是商标专用权的简称，是指商标主管机关依法授予商标所有人对其注册商标受国家法律保护的专有权。商标注册人拥有依法支配其注册商标并禁止他人侵害的权利，包括商标注册人对其注册商标的排他使用权、收益权、处分权、续展权和禁止他人侵害的权利。商标是用以区别商品和服务不同来源的商业性标志，由文字、图形、字母、数字、三维标志、颜色组合、声音或上述要素的组合构成。

商标权的获得必须履行商标注册程序，实行申请在先原则。根据《商标法》规定，商标权有效期为10年，自核准注册之日起计算，期满前6个月内申请续展；商标权还是一种无形资产，具有经济价值，可以进行转让。

(2) 专利权。专利权，简称“专利”，指对一项发明创造向国家专利局提出专利申请，经依法审查合格后，向专利申请人授予的在规定时间内对该项发明创造享有的专有权。它主要分为发明专利、实用新型专利和外观设计专利。

① 发明专利是对产品、方法或其改进所提出的新技术方案而享有的专有权利。授予发明专利权一般有三个条件：新颖性、创造性、实用性。

② 实用新型专利通常是指对产品的形状、构造或者其结合所提出的适合实用的、新的技术方案。实用新型专利的创造性要求不太高，而实用性较强，实用价值大。

③ 外观设计专利是指对产品的形状、图案或者结合以及色彩与形状、图案的结合所做出的富有美感并适于工业应用的新设计。

根据《中华人民共和国专利法》第十一条第二款规定：外观设计专利权被授予后，任何单位或者个人未经专利权人许可，都不得实施其专利，即不得为生产经营目的制造、许诺销售、销售、进口其外观设计专利产品。

### 3. 知识产权侵权行为

随着社会的不断进步，创新成为自主知识产权的源泉，为企业、国家带来极大的经济和社会价值。知识产权制度的应运而生，一定程度上保护了创新者和产权人的智力劳动成果和利益，成为推动科技进步、经济发展的动力和保护机制。但知识产权制度保护范围有限，导致大量知识产权侵权行为仍充斥在商业贸易中。跨境电商行业的快速发展，使知识产权风险和侵权问题不断出现，成为威胁企业利益的主要问题。

跨境电商行业拥有庞大的市场体量，与之相比，参与贸易活动的电商企业则显得力量薄弱。相当一部分从事跨境电商贸易的企业属于中小型企业，知识产权保护意识及法律风险防范能力较弱，在处理侵权行为、贸易纠纷等问题时出现诸多难题，甚至导致企业经营危机。因此，跨境电商从业人员应了解和认识知识产权侵权行为，并加强对知识产权侵权行为的防范。

互联网信息量庞大，加之相关部门监管困难，导致一些侵权问题的发生。一些商家擅自使用他人原创图片、视频等内容，侵犯了原创者的著作权；还有很多中小卖家打着品牌授权的名号公然销售假冒伪劣产品，导致网络假货横行，同时侵犯了品牌所有者的商标权。这些侵权行为无一不影响着市场秩序和产权人的利益。

跨境电商中的知识产权侵权行为主要有著作权侵权和工业产权侵权。

1) 著作权侵权

著作权侵权是指一切违反著作权法而侵害著作权人享有的著作人身权、著作财产权的行为。具体来说，凡是行为人实施了《著作权法》规定的侵权行为，侵犯了他人的著作权造成财产或非财产损失，都属于对著作权的侵权。

著作权侵权行为主要有以下类型：

(1) 未经著作权人许可，发表其作品。

(2) 歪曲、篡改他人作品的。

(3) 剽窃他人作品的。

(4) 未经著作权人许可，以展览、摄制电影和以类似摄制电影的方法使用作品，或者以改编、翻译、注释等方式使用作品的。

(5) 使用他人作品，应当支付报酬而未支付的。

(6) 未经电影作品和以类似摄制电影的方法创作的作品、计算机软件、录音录像制品的著作权人或者与著作权有关的权利人许可，出租其作品或者录音录像制品的。

(7) 未经出版者许可，使用其出版的图书、期刊的版式设计的。

(8) 出版他人享有专有出版权的图书的。

(9) 未经表演者许可，复制、发行录有其表演的录音录像制品，或者通过信息网络向公众传播其表演的。

(10) 未经录音录像制作者许可，复制、发行、通过信息网络向公众传播其制作的录音录像制品的。

跨境电商贸易中，如未经著作权人许可擅自使用他人原创性的文字、图片、视频等，或使用前进行文字内容上的二次编辑，均属于著作权侵权行为。所以，商家在使用图片、文字、视频等时一定要使用原创作品或经授权的作品。

**知识拓展**

**著作权侵权**

某商家在搜索引擎上找到一些产品图片，因其质量很高，并且与其公司产品相似，该商家便在该图片上添加了本公司水印后，直接将图片发布在网上。该商家的这种擅自使用他人原创图片的行为就构成了侵犯原作者著作权的侵权行为。

对原图进行复制、抠图、拼图、细节图展示等操作均属于盗用图片的行为，侵犯了权利人的著作权。例如，某侵权人在某原图基础上进行了简单抠图、配文字等操作。虽然没有直接使用原图，但因进行了二次编辑，也属于著作权侵权行为。

2) 工业产权侵权

工业产权侵权有商标权侵权和专利权侵权等，本节主要介绍商标权侵权和专利权侵权两种侵权行为。

(1) 商标权侵权。商标是用于区别商品或服务来源的，由文字、图形、字母、数字、三维标志、声音、颜色组合，或是上述要素的组合，是具有显著特征的标志，是现代经济的产物。经国家核准注册的商标为“注册商标”，受法律保护。

商标权侵权行为主要有以下几种类型：未经商标注册人许可，在相同商品或者类似商品上使用与他人注册商标相同或者近似的商标，可能造成混淆的；销售侵犯注册商标权的商品的；伪造、擅自制造与他人注册商标标识相同或者近似的商标标识，或者销售伪造、擅自制造的与他人注册商标标识相同或者近似的标识的；未经商标注册人同意，更换其注册商标并将该更换商标的商品又投入市场的；在相同或者类似商品上，将与他人注册商标相同或者近似的标志作为商品名称或者商品装潢使用，误导公众的；故意为侵犯他人商标权行为提供仓储、运输、邮寄、隐匿、加工、生产工具、生产技术或者经营场地等便利条件的；复制、模仿、翻译他人注册的驰名商标或其主要部分在不相同或者不相似商品上作为商标使用，误导公众，致使该驰名商标注册人的利益可能受到损害的；将与他人注册商标相同或者相近似的文字注册为域名，并且通过该域名进行相关商品宣传或者商品交易的电子商务，容易使相关公众产生误认的；给他人的注册商标专用权造成其他损害的。

在同一种商品上使用与他人注册商标相同的商标，属于假冒行为。假冒注册商标是最严重的侵害商标专用权的行为。情节严重的，需依法追究刑事责任。

在同一种商品上使用与他人注册商标相近似的商标，在类似商品上使用与注册商标相同的商标，在类似商品上使用与他人注册商标相近似的商标，均属于仿冒行为。

**知识拓展**

### 商标权侵权

魔术贴又名粘扣带，是衣服上常用的一种连接辅料。魔术贴分为子母两面，一面是细小柔软的纤维圆毛(LOOP)，另一面是较硬带钩的刺毛(HOOK)。该产品广泛用于服装、鞋子、帽子、手套、皮包、沙发、车船、座垫、航空用品、雨披、窗帘、玩具、睡袋、体育运动器材、音响器材、医疗器械、帐篷、小轮车护套、各类军工产品等。

在该产品的跨境电商贸易中，很多外贸出口企业使用“Velcrotape”来表示“魔术贴”。然而很多商家并不了解，“Velcro”并非仅仅是一个单词，是早已被美国罗克牢公司成功注册的商标。也就是说，任何使用“Velcro”这个单词来表示魔术贴，或使用这个单词推广产品的行为，都属于侵犯美国罗克牢公司商标权的行为。由于商家缺乏对相关知识产权信息的了解，Velcro 商标侵权投诉量成倍增长，有些商家甚至因此受到惩罚，被迫关闭账号。商家如在贸易中遇到类似情况，应及时修改或删除信息，避免因侵权而受到严重处罚。

跨境电商贸易中商标侵权行为一般为出售假冒商品和不正当使用商标。例如，海尔从来没有生产过电子词典，但却有人在某平台上售卖“海尔”品牌电子词典，这就是出售假冒商品，构成严重商标侵权行为。有些商家在平台销售产品时，将未授权的某知名品牌的商标用在自己的产品或网页上，则属于不正当使用商标的侵权行为。

(2) 专利权侵权。专利权侵权行为是指在专利权有效期限内，行为人未经专利权人许可又无法律依据，以营利为目的实施他人专利的行为。专利权侵权必须以存在有效的专利为前提，实施专利授权以前的技术，已经被宣告无效、被专利权人放弃的专利或者专利期限届满的技术，不构成侵权行为。

专利权侵权行为分为直接侵权行为和间接侵权行为。直接侵权行为指直接由行为人实施的侵犯他人专利权的行为，具体表现形式如下：制造、使用、许诺销售、销售以及进口发明专利产品、实用新型产品、外观设计专利产品的行为；使用专利方法以及使用、许诺销售、销售、进口依照该专利方法直接获得产品的行为；假冒他人专利的行为。间接侵权行为是指行为人本身的行为并不直接构成对专利权的侵害，但却故意诱导、怂恿、教唆别人实施他人专利，发生直接侵权行为，行为人在主观上有诱导或唆使别人侵犯他人权利的故意，客观上为别人直接侵权行为的发生提供了必要的条件。

间接侵权行为通常为直接侵权行为制造条件，具体表现形式如下：故意销售、许诺销售、进口只能用于专利产品的关键部件，或专门用于专利产品的模具，或专门用于实施专利方法的机器设备或中间体材料；未经专利权人授权或委托，擅自许可他人实施专利技术；专利许可合同的被许可方，违反合同中关于“不得转让”的约定，擅自许可第三人实施专利技术；专利权共有人未经其他共有人的同意而许可第三人实施专利技术；技术服务合同的受托方在委托方解决特定的技术问题时，未经专利权人的许可而利用了其专利技术。

**知识拓展**

### 专利权侵权

方形和圆形是饭盒类产品常见的外观设计，一般消费者对于上述两种形状更为熟知。某公司在销售本公司饭盒时，发现另外一个产品有着与其相似的外观，该公司立即指控其侵犯了本公司的外观设计专利权。在这两款饭盒的外观设计中，投诉方的产品是方形饭盒，而被投诉方是圆形饭盒，但除外观为圆形外，在产品各个细节上，包括提手、卡扣、分体状态等方面的设计均与投诉方产品完全一致。这样被投诉方就构成了近似外观设计的侵权行为，如继续生产、销售此产品，将受到处罚。

#### 4. 知识产权侵权预防

近年来，在跨境电商行业中，商标权、著作权的知识产权侵权案件逐年上升。我国企业的被投诉率远高于国际平均水平，这与跨境电商从业人员对知识产权认知程度低有很大关系。一旦出现知识产权侵权案件，企业将为此付出一定的经济代价，甚至会造成难以挽回的损失。

**知识拓展**

**知识产权侵权风险**

深圳某著名鞋业贸易有限公司发现一个网店售卖假冒其品牌的产品，于是在龙岗法院将对方告上法庭，要求赔偿 50 万元。该鞋业贸易公司提交的诉状称，这家网店是深圳最大规模销售假冒其品牌的网上鞋店，经营者叶某已通过网络销售该公司旗下多个品牌的鞋靴达 1800 双。经开庭审理，被告叶某未经商标权利人授权，其侵权事实清楚、证据确凿。此案经过法官调解，被侵权的该著名鞋业贸易公司将赔偿要求降至 22 万元，但叶某仍无法接受。法官又多次从中协调，最终双方以 8 万元赔偿达成调解协议。

跨境电商商家可以从以下几个方面着手预防知识产权侵权行为。

(1) 做好产品来源管理。

① 如果是自有品牌的企业，在平台发布产品信息时，要确保该产品已经获得知识产权保护(即获得商标权、专利权等)。

② 如果是经销型企业，产品来自第三方代理商，要尽量了解产品的知识产权所有人和销售权代理人，谨慎进货，保证货源合法正规。要审查供货方资质，务必留存正规进货凭证(发票)，不要从不能提供品牌授权文件的代理商处进货。

(2) 做好在线营销管理。

① 未经授权不要随意使用他人商标，不要将他人商标的全部或部分内容作为宣传品传播，不要随意使用他人商标的文字信息作为关键词进行推广。

② 未经授权不要随意使用他人原创的文字、图片、视频等内容，也不要对他人原创的图片、视频进行剪辑、复制等二次编辑。

③ 品牌商在发布产品时，要确保文字、图片、视频等一定是原创内容。如需用到非原创素材，必须通过正规渠道获得并得到产权所有人的授权方可使用。

(3) 了解各大平台知识产权规则和处罚规定。了解平台对知识产权侵权行为的认定以及处罚手段，确认一般侵权行为和严重侵权行为，避免因缺乏规则认知而导致知识产权侵权。

## 二、跨境电商欺诈风险

随着跨境电子商务的快速发展，交易欺诈行为日益严重，制约着行业的健康发展。与普通的商业欺诈行为不同，跨境电商欺诈具有方式多样化、欺诈行为隐蔽性强、风险管控难度大等特点。因此，在跨境电商运营中，要时刻警觉和辨识欺诈行为，以防陷入欺诈陷阱，造成经济损失。

### 1. 跨境电商欺诈概念

跨境电商欺诈是以非法占有他人财产为目的，通过互联网信息系统向受骗人虚构事实或者隐瞒真相，骗取他人财物的行为，泛指在跨境电子商务领域的各种欺诈犯罪行为。跨境电子商务欺诈是指参与交易双方在利益的冲突下，围绕商品交易展开的某一方对互联网信息的恶意操作、破坏、篡改，故意使对方产生不正确理解，进而达成非法获得利益的行为。

### 2. 跨境电商欺诈类型

跨境电商行业的飞速发展使网络欺诈问题日益严重。据统计，关于涉嫌网络欺诈的投诉在电子商务投诉中占比近一半。产生跨境电商欺诈的原因很多，主要体现在以下两方面。一方面，虚拟网络的信息不对称是欺诈行为产生的基础。在交易中，当交易一方无法完整地获得另外一方真实信息，或者无法观测、监督另一方行为时，就可能导致其中一方实施欺诈行为。另一方面，交易主体、方式的多元化使监管困难，为欺诈提供了可乘之机。跨境电商的交易人员众多，且涉及多个国家和地区。跨境电商中的交易方式也呈现多样化趋势，从展示、沟通到付款、配送都存在各种不同形式。就欺诈行为主体的不同，电商欺诈可分为卖家欺诈、买家欺诈、第三方欺诈三种类型。

1) 卖家欺诈

卖家欺诈主要有以下四种：

一是卖家身份欺诈。由于平台方对卖家准入监管存在漏洞，使用虚假身份的骗子就可能在各大平台上注册成为平台卖家进行欺诈。当有买家急需采购一批产品时，就很可能碰到这种类型的骗子。例如，骗子公司要求买家先提交一定的货款到其账户，而当买家支付这笔款项后，骗子公司随之失去联系。

二是虚假宣传欺诈。由于网络本身的特殊性，买家只能凭借网络卖家发布的信息来选择商品，因此很可能受到虚假信息的干扰而遭受欺诈行为。虚假信息发布贯穿于各环节。其形式有伪造性价比高的产品、夸大商品质量、宣称各种资质等，具体表现在以下几个方面：

(1) 成交不卖。卖家发布虚假信息促使买家付款后，不进行发货处理，以此欺诈买家，致使买家利益遭受损失。

(2) 以次充好。卖家发布商品信息时，过度宣扬产品性能、使用效果等，促使买家下单购买，但买家实际收到的商品与宣传品相差甚远，卖家借此赚取利益。

(3) 销售假货。卖家宣称所售商品来自正规渠道，具有正规品牌授权，但实际销售为假冒伪劣产品，不但损害买家利益，也严重侵害了品牌所有人的知识产权。

**知识拓展**

**卖家欺诈风险**

张女士在某跨境电商网站以 899 元人民币的价格购买了一件衣服，标明材质为真丝。网站上对该商品的描述为：真丝面料，主成分含量为 91％～95％，假一赔十。张女士在收到裙子后感觉不像是真丝的，便到权威检测机构进行检测，结果显示该裙子真丝含量为 0。张女士和卖家联系无果，于是将卖家起诉到法院。法院做出一审判决，支持张女士的诉求：被告返还张女士购买裙子的货款 899 元；被告于判决生效后十日内支付原告张女士违约金 8000 元并支付原告服装面料检测费用 200 元。此卖家进行虚假宣传，误导消费者，构成了虚假宣传欺诈行为，严重侵害了消费者的知情权，必须承担违约和侵权责任。

三是价格欺诈。价格欺诈是指通过控制商品价格来达到营销目的，从而诱使消费者购买的行为，主要表现为以下几方面：

(1) 虚构原价。卖家在发布商品信息时，虚构一个远高于商品售价的原价，然后再将商品打折到正常销售价格出售给买家。例如，某商品价格仅 30 元，但商家虚构原价为 300 元，再对商品进行 1 折促销。

(2) 限量低价。卖家以极少量超低价格的产品作为噱头来吸引买家，但实际上卖家只可能销售一两件，买家很难买到。

(3) 先涨后降。卖家使用先涨价再降价的手段，声称商品降价促销，诱骗消费者购买。

四是履约欺诈。履约欺诈行为主要体现在拒绝售后服务方面。拒绝售后服务是指买卖双方在交易完成后，当买家商品或服务出现问题需要售后服务时，卖家不按照合同约定进行售后服务，或虽然实施了售后服务但质量很差。

综上所述，跨境电商中的卖家欺诈存在于交易的多个环节中，具有一定的隐蔽性，不易被买家及时察觉。但其行为严重影响市场环境，危害性不容忽视。作为跨境电商交易的主要参与人，卖家如果不能履行商业准则，做诚信商家，而是想尽办法实施欺诈行为，既不利于自身事业的发展，也不利于交易的顺利进行，情节严重者可能引致法律制裁。

2) 买家欺诈

买家欺诈行为是指买家在交易中获取不正当利益的行为，主要有以下两种：

一是买家身份欺诈。买家使用虚假身份在各大平台上注册成为买家，进行欺诈行为。

二是退款欺诈。退款欺诈主要有两种表现形式：一种是买家通过对商品、服务质量的虚假信息宣传(例如虚假的差评)要求退款，从而进行退款欺诈，此时买家虚假信息的宣传主要表现在售后服务环节；另一种形式是，买家在跨境电商平台上购买某产品或服务，使用信用卡或借记卡付款，然后向卖家提出账户信息被盗，要求退款但不退货，买家获得退款的同时也得到了商品或服务。

跨境电商欺诈中，买家欺诈行为相对易于辨识，并且诈骗数额不大。所以只要卖家能够提高警惕，积极预防，就可以降低买家欺诈行为发生的概率。

**知识拓展**

**买家欺诈风险**

张某刚刚注册成为 DHgate 卖家。因为是新店，流量很少，更没有买家下单。突然在某天晚上张某接到了一个印尼客户的邮件，说明其有订货需求，总金额大概 500 美元。在简单沟通产品细节后，该客户说马上下单付款，并且特别向张某强调该订单仅仅是试单，后期还会有很多订单。之后，该客户突然告知张某，其店铺被暂停交易权限，并且向张某发截图证实确实是敦煌网下单的图片。客户向张某索要邮箱地址以便处理问题。张某随即收到一封邮件，内容是要求他使用微信扫码激活，并确保微信账户中有 500 元人民币，强调激活后即可返还 500 元。因被订单冲昏头脑，张某马上按照要求操作，但钱支付出去之后并没有返回，这位印尼客户也不在线了。张某这才反应过来碰到了买家欺诈行为。

3) 第三方欺诈

跨境电商贸易中，除了买卖双方在交易中的欺诈，还存在着大量故意制造陷阱来骗取钱财的欺诈行为。这些欺诈行为的参与人一般是专门行骗人员或团伙，他们严重扰乱市场秩序，损害买卖双方和平台利益。这种以欺诈为目的，由专门人员进行的欺诈行为称为第三方欺诈。

在第三方欺诈行为中，主要存在以下几种类型：

(1) 账户盗窃欺诈。账户盗窃是指利用已泄露的多家网站用户数据进行大量组合或尝试组合(用户名和密码)的行为进行身份盗用。一旦组合成功，贸易信息中的商品信息、收件人信息、物流信息等内容都会被行骗人所掌握。行骗人即可利用这些已掌握信息，或冒充客服，或冒充客户，实施诈骗行为。有的甚至尝试盗取支付信息，进行账户余额提现等行为。

(2) 网络钓鱼欺诈。网络钓鱼欺诈是指利用欺诈性的电子邮件或伪造的网络站点来进行诈骗活动，骗取他人的银行卡号、账户名、密码口令、财务数据等的行为。

(3) 虚假信息欺诈。某些欺诈网站通过发布虚假信息，打着“免费”或“低价”等口号吸引消费者眼球，并承诺提供某些售后服务，从而在消费者充分相信其信息的真实性后实施欺诈行为。例如，某网站以在规定时间期限内可免费使用网站为承诺，强制要求用户以手机号注册。结果用户注册使用后并没有超时，却支出了高额电话费。网站以此形式来欺诈消费者，赚取高额电话费。

显然，任何形式的欺诈行为都会给受骗人造成损失。它不仅恶化了网络交易环境，还降低了人与人之间的信任程度。可见，跨境电商贸易的快速发展在带来商业机会的同时，也带来了一定风险。行骗人无孔不入的欺诈手段，让买卖双方正常的交易行为受到严重威胁。因此，提高警惕，加强对跨境电商欺诈行为的识别，是每一个参与跨境电商活动人员必须具备的基本素质。

**知识拓展**

### 第三方欺诈风险

某电子商务网站以关门清仓为由，低价销售各种商品，吸引买家下单付款。因其商品价格确实非常优惠，吸引了相当多的买家，一时间该网站消费热度达到高潮。然而，得到优惠的喜悦还没有完全冲淡，就有买家开始在网上吐槽其收到的货物是假冒伪劣产品。还有很多买家付款半个月仍没有收到货物，也没有收到订单退款。此时，该网站的 24 小时客服电话已经没有人接听，商品缺失损坏无人负责处理。另有买家反映，自己已在商城提交订单且使用支付宝已经付款，然而在账户查询订单时却发现订单数为 0，网页提示为“系统自动作废”。该买家试图联系网站客服，但无人接听，发送邮件也不回复。

据调查，因很多买家在该网站购买产品后，钱款支付出去但没有收到相应货物，数额庞大，且负责网站的相关人员失去联系，因此涉嫌虚假信息欺诈。

买家如遇到类似情况，首先应该保留好订单信息、支付凭证等，然后向相关部门寻求帮助或进行投诉。如涉及订单金额巨大，买家还应该直接向法院起诉，要求欺诈方直接归还财产，并要求相关部门对欺诈方依法进行处罚。

### 3. 跨境电商欺诈预防

跨境电商活动中涉及人员较多，环节复杂。因此，预防欺诈行为，不仅仅是卖家的责任，买家也应该注意保护隐私，提高自身的警惕性。此外，跨境电商交易的平台方也应该加强监管机制，提高反欺诈技术手段，减少欺诈行为的发生。

总之，维护跨境电商市场正常健康的环境，需要商家、消费者、电子商务平台以及社会中介机构、政府等社会力量的共同努力。预防跨境电商欺诈的发生需要从交易环节和提升监管两方面着手。

#### 1) 从交易环节预防跨境电商欺诈

跨境电商欺诈分为卖家欺诈、买家欺诈和第三方欺诈三种类型。在这些欺诈类型中，存在于交易环节的欺诈行为尤其损害买卖双方利益。因而，买卖双方都应提高欺诈防范意识，在交易环节中预防跨境电商欺诈，降低贸易风险。具体预防措施包括：

(1) 提高买卖双方防范意识。由于互联网系统自身的缺陷，电商交易存在很多隐蔽的不安全因素。因此，买卖双方在网络上进行交易时，一定要提高欺诈防范意识，加强自我防御能力。

(2) 加强设备及网络的日常维护。加强设备及网络的日常维护，可以降低交易风险，避免病毒恶意侵扰。具体操作措施有：给电脑安装杀毒、防火墙等安全防护软件，定期体检和杀毒；上网时尽量不浏览劣质网站；尽量不在公共电脑上或公共网络中使用涉及资金的个人账户。

(3) 做好交易过程安全防范，具体可从以下几方面着手：

① 交易账号安全管理。账号涉及资金、订单、联系方式等信息，保护账号安全是预防欺诈的重要环节。其具体措施如下：修改账号密码；使用数字、字母、符号的组合形式作为账号密码，并不向任何人透露密码；修改账号绑定的个人邮箱的密码；更改账号密码提示；确认账号的个人信息经过实名认证；保护银行账户信息安全。

② 交易过程中提高警惕。首先，在交易前应注意识别欺诈行为，切勿相信“天上掉馅饼”。应本着诚信交易的原则，仔细甄别对方行为，详细了解对方信息，如有异常应立即停止交易。其次，在进行交易时，买卖双方都要注意保留书面文件，对于诸如修改规格、交货期、物流方案等一系列要求需经买卖双方同意才能生效，必要时签订合同条款或补充合同条款。交易中一旦一方不按约定履行交易程序，应马上停止合作，并要求对方付款后再做下一笔生意，切忌心存侥幸。如果交易中发生纠纷，应抓紧时间搜集各种证据，并寻找正规途径或向平台投诉以解决问题。

③ 卖家在订单管理中有效预防。发货前应再次核实买家信息，并核实款项到账情况。确认可以发货后，要保留发货凭证和物流单号等相关单据，并时刻关注物流信息，避免客户实施欺诈。

记录不良买家订单信息和个人信息，包括地址信息、语言特征、不良下单行为等，防止这些买家再次行骗。也可对这些行为进行整理，对有关人员进行培训以提高警惕。

#### 2) 提升监管预防跨境电商欺诈

电子商务行业监管机制不健全，仍是制约电商行业进一步发展的最大弊端，也使得欺诈行为有机可乘。因此，可通过健全监管制度、提升监管水平来预防跨境电商欺诈。

目前，社会信用体制尚未完善，电子商务贸易中现存的各个平台制定的信用等级评价体系还属于个人或行业行为，并没有得到政府的支持和认可，评价等级依据也并未得到法律认可，没有法律效力。因此，社会信用系统的缺失严重影响电商行业的正常发展。

纵观各国电子商务犯罪立法情况可知，大多数国家并未制定专门针对电子商务方面的法律条款。因此，一旦出现欺诈行为，难以通过法律法规来划分法律责任。

# 第二节　跨境电商法律法规与实施

## 一、世界部分国家和地区跨境电子商务的相关法律法规

### 1. 美国跨境电子商务相关法律

美国是全球电子商务发展最早、最快的国家，它不仅拥有世界上最大的在线零售市场，也拥有全球最受欢迎的跨境市场。在2013年跨境电子商务交易中，美国网站是在线交易的最主要目的地，占全部交易的45%。美国政府出台了一系列的法律和文件，采用鼓励投资、税收减免等措施，营造促进电子商务发展的便利环境。美国制定了一系列与电子商务相关的法律和文件，在整体上构成了电子商务的法律基础和框架。其主要包括以信息为主要内容的《隐私权法》(Privacy Act of 1974)和《信息自由法案》(Freedom of Information Act)等；以基础设施为主要内容的《1996年电信法》(Telecommunications Act of 1996)；以计算机安全为主要内容的《计算机安全法》(Computer Security Act of 1987)和《国家网络空间安全保护法》(National Cybersecurity Protection Act of 2014)等；以商务实践为主要内容的《统一电子交易法》(Uniform Electronic Transactions Act)和《全球商务与国家商务中的电子签名法案》(Electronic Signatures in G1obal and National Commerce Act)；还有属于政策性文件的《国家信息基础设施行动议程》(The National Information Infrastructure:Agenda for Action)和《全球电子商务框架》(A Framework for Global Commerce)等。

### 2. 欧盟跨境电子商务相关法律

欧洲的8.2亿居民中有5.3亿互联网用户，2.59亿在线购物用户，电子商务为欧洲贡献了大约5%的GDP。从区域上看，欧洲地区已成为全球最大的跨境电子商务市场。

欧盟共同贸易政策是由欧盟成员国统一执行的对外贸易政策、海关税则和法律提醒。其内容最初仅涉及改变关税税率、缔结关税和贸易协定等。1997年，欧盟签署的《阿姆斯特丹条约》(AmsterdamTreaty)，将进出口政策覆盖范围从货物贸易扩展到大部分服务贸易。2001年，欧盟签署的《尼斯条约》(Treaty of Nice)，又将进出口政策覆盖范围扩展到所有服务贸易以及与贸易相关的知识产权方面。2007年，欧盟又签署了《里斯本条约》(Treaty of Lisbon)，进一步扩大了欧盟在FDI(外商直接投资)领域中贸易政策的权限。

在税收方面，欧盟对个人从欧盟境外邮购的商品，其价值在150欧元以下的，免征关税；对价值超过150欧元的则按照该商品在海关关税目录中规定的税率征收关税，其中关税的税基不是商品价格，而是商品价格和进口增值税的总额。欧盟对企业通过网络购进的商品普遍征收增值税。1997年，欧盟签署了《波恩声明》(Bonn Declaration)，规定不对国际互联网贸易征收关税和特别税，但对网上交易并不排除要征收商品税。1998年，欧盟发布了《关于保

护增值税收入和促进电子商务发展的报告》(Interim Report on the Implications of Electronic Commerce for VAT and Customs)。该报告认为征收增值税和发展电子商务并不矛盾，欧盟企业，无论是通过欧盟网站还是国外网站购入商品或劳务，一律须征收20%的增值税。非欧盟企业在向欧盟企业提供电子商务时也需要缴纳增值税，而向欧盟个人消费者提供电子商务时则不用缴纳增值税。这使欧盟成为世界上第一个对电子商务征收增值税的地区。

2000 年，欧盟委员会就网上交易增值税提出新的议案，规定对欧盟境外企业通过互联网向欧盟境内消费者销售货物或提供劳务且金额超过 10 万欧元的，应在欧盟进行增值税纳税登记，并按当地税率缴纳增值税。2002 年，欧盟通过了《欧盟 2002/38/EC 指令》(Council Directive 2002/38/EC)，规定非欧盟企业通过互联网向欧盟境内企业或个人提供电子供应服务(Electronically Supplied Services)时，均应向欧盟成员国申报和缴纳相应增值税。电子商务领域征税范围包括提供网站服务器空间、远程系统和设备维护，提供软件及相关服务，提供图像、文字、信息等数据服务。税率根据欧盟各国现行增值税税率而定。

在知识产权保护方面，欧盟在《欧盟 608/2013 条例》(Regulation (EU)No.608/2013)中规定了对假冒和盗版的少量货物采用“特殊销毁程序”，使海关有权以简单快捷的方式迅速销毁侵权货物。该特别程序是权利人在其边境保护申请中已提出请求的条件下，允许各具体案件在不需要权利人个案申请的情况下就可以销毁涉嫌货物，并由权利人承担实施该特殊程序所产生的费用。

### 3. 日本跨境电子商务相关法律

日本在跨境贸易方面制定了一系列的法律法规，包括《外汇及外贸管理法》《进出口交易法》和《贸易保险法》等。根据进出口的相关法律，日本政府还颁布了《输入贸易管理令》和《输出贸易管理令》。日本经济产业省则颁布了具体的《输入贸易管理规则》和《输出贸易管理规则》。

《外汇及外贸管理法》规定日本的对外交易活动可自由进行，政府部门仅在必要时采取最低限度的管理和调控。《进出口交易法》允许日本的贸易商在价格、数量等贸易条件方面进行协同以及结成诸如进出口协会之类的贸易组织，必要时政府可以通过行政命令对外贸进行调控。该交易法同时确立了对外贸易的秩序，以实现对外贸易的健康发展。在此基础上，日本政府制定的《输入贸易管理令》和《输出贸易管理令》，可对货物进行具体分类并加以管理。

日本政府于 2000 年发布了《数字化日本之发端——行动纲领》。该行动纲领针对电子商务制定了相关的政策，其核心是建立高度可靠的互联网商业平台，其中对电子商务的发展趋势、如何构建电子认证系统、界定网络服务提供者的责任、推进跨境电子商务及网络域名等问题进行了细致的分析论述，并对比欧美的做法提出了适合日本国情的建议。该行动纲领指出，为了发展跨境电子商务，除了要解决语言、税收、汇率等问题，还要重点明确电子合同具有法律认可的效力，能够合理解决跨境贸易中的合同纠纷。

## 二、中国跨境电子商务相关法律法规

### 1. 跨境电子商务贸易、商务、运输类的法律法规

首先，关于贸易主体、贸易监管的法律法规，我国出台的最重要的法律是《中华人民

共和国对外贸易法》。修订后的《中华人民共和国对外贸易法》规范了贸易经营者、货物进出口、贸易秩序、知识产权和法律责任等，从根本上确立了贸易经营者的备案登记，同时包括了对货物进出口的许可管理、监管及知识产权保护等。与此同时，针对贸易经营者的登记问题，我国又出台了《对外贸易经营者备案登记办法》，规范了登记需要递交的材料和审核细节。针对货物进出口环节，我国还制定了《中华人民共和国货物进出口管理条例》，具体规定了对禁止进出口、限制进出口、自由进出口等的管理措施。

其次，在贸易合同方面，跨境电子商务的合约除了电子合同的属性外，还具有贸易合同的性质。我国的《中华人民共和国合同法》不仅仅规范了销售合同，还对商事代理方面的合同行为提出了专门的条款，对运输过程中的一些问题也做了规定。

在知识产权方面，我国相继出台了《中华人民共和国专利法》《中华人民共和国商标法》和《中华人民共和国著作权法》。我国已经加入了《保护工业产权巴黎公约》和《商标国际注册马德里协定》，在加入 WTO 之后同时受到《与贸易有关的知识产权协定》的约束。这些法律及国际公约详细规定了知识产权的性质、实施程序和争议解决机制。

最后，在跨境运输方面，我国主要参照《中华人民共和国海商法》《中华人民共和国航空法》和《中华人民共和国国际货物运输代理业管理规定》。这些法律法规对承运人的责任、交货提货、保险等事项做了具体规定，也对国际贸易中的货物运输代理行为进行了规范，理清了代理人作为承运人的责任。同时我国制定的《中华人民共和国合同法》解决了代理合同当中委托人、代理人、第三人之间的责任划分问题，对货运代理的代理人身份和独立经营人身份/合同当事人的双重身份进行了规范。

**2. 跨境电子商务通关、商检、外汇和税务的法律法规**

跨境电子商务活动仍然需要受到跨境贸易监管部门的监管，主要涉及通关、商检、外汇、税收方面的法律法规。

在通关方面，我国出台了《中华人民共和国海关法》，并通过《中华人民共和国海关企业分类管理办法》和《中华人民共和国海关行政处罚实施条例》进一步细化。《中华人民共和国海关法》涉及海关的监管职责，包括对进出境运输工具、货物、物品的查验，以及对关税的监管。《中华人民共和国海关企业分类管理办法》对海关管理企业实行分类管理，对信用较高的企业给予便利通关，对信用较低的企业采取严密的监管。我国出台的《中华人民共和国知识产权海关保护条例》及其实施办法，加强了通关环节的海关保护。针对目前空运快件、个人物品邮件增多的情况，我国还出台了《中华人民共和国海关对进出境快件监管办法》和海关总署公告 2010 年第 43 号《关于调整进出境个人邮递物品管理措施有关事宜》等。

在商检方面，我国制定了《中华人民共和国进出口商品检验法》，对商品检验检疫方面的进口、出口的检验以及监督管理职责进行规范，同时依据《中华人民共和国进出口商品检验法》出台了《中华人民共和国进出口商品检验法实施条例》，对商检法等各个部分拟定了细则。我国还制定了《进出境邮寄物检疫管理办法》和《出入境快件检验检疫管理办法》，对邮递和快件的检验检疫进行监管。

在外汇管理方面，我国出台了《中华人民共和国外汇管理条例》等。《中华人民共和国外汇管理条例》中经常涉及的项目售汇、结汇条文会直接影响跨境电子商务的部分支付问题。

最后在税收方面，我国发布了《中华人民共和国进出口关税条例》和涉及退税阶段的各类规章制度。《中华人民共和国进出口关税条例》在《中华人民共和国海关法》和国务院制定的《中华人民共和国进出口税则》的基础上具体规定了关税征收的细则，包括货物关税税率的设置和适用、完税价格确定、进出口货物关税的征收、进境物品进口税的征收等。

**3. 与电子商务信息技术相关的法律法规**

首先，在电子商务登记、准入、认定方面，我国制定了《中华人民共和国电信条例》和《互联网信息服务管理办法》，对设立网站的个人准入条件进行审批和登记。从参与交易或服务经营的角度出发，我国出台了《网络商品交易及有关服务行为管理的暂行办法》。电子商务各项活动的参与者应符合《电子商务模式规范》中关于成立、注册、身份认定的要求，第三方平台服务商还需要符合《第三方电子商务交易平台服务规范》等其他准入条件。

在电子商务合同、签名、认证方面，目前电子商务合同主要参照的是《中华人民共和国合同法》中的相关条文。电子商务合同中的较多内容可以在《中华人民共和国合同法》中找到对应的、等同的条文。另外，我国出台了《中华人民共和国电子签名法》，对电子签名的适用范围、法律效力、法律责任进行了详细规定。

在电子商务支付方面，目前我国制定的《电子支付指引(第一号)》对电子支付的原则、安全、差错处理、各方法律关系和权利义务等进行了说明和规范。

最后是知识产权、安全隐私、消费者权益保护方面的相关法律。我国制定了《中华人民共和国商标法》《中华人民共和国著作权法》和《中华人民共和国专利法》，对个人的知识产权进行保护，还出台了关于域名管理、网络信息传播管理的相关规定。

综上所述，目前国内还没有专门规范跨境电子商务行为的法律规范。2018 年颁布的《中华人民共和国电子商务法》也只是对跨境电商做出了宏观的宣示性规定，几乎没有涉及具体问题，对实践指导意义有限。

**知识拓展**

**大数据“杀熟”？还是用户画像？**

根据《中华人民共和国电子商务法》第十八条规定，“电子商务经营者根据消费者的兴趣爱好、消费习惯等特征向其提供商品或者服务的搜索结果的，应当同时向该消费者提供不针对其个人特征的选项，尊重和平等保护消费者合法权益。电子商务经营者向消费者发送广告的，应当遵守《中华人民共和国广告法》的有关规定。”通常把以上内容认为是禁止大数据杀熟最直接的条款。

2020 年 11 月 10 日，国家市场监督管理总局所出台的《关于平台经济领域的反垄断指南(征求意见稿)》(以下简称《反垄断指南》)中也明确提出禁止大数据杀熟。根据《反垄断指南》第十七条，“具有市场支配地位的平台经济领域经营者，可能滥用市场支配地位，无正当理由对交易条件相同的交易相对人实施差别待遇，排除、限制市场竞争。

分析是否构成差别待遇，可以考虑以下因素：① 基于大数据和算法，根据交易相对人的支付能力、消费偏好、使用习惯等，实行差异性交易价格或者其他交易条件；② 基于大数据和算法，对新老交易相对人实行差异性交易价格或者其他交易条件……”

《反垄断指南》的推出，再次引发了大家对大数据杀熟和《电子商务法》之间关系的关注。对于《电子商务法》第十八条中所提到的“电子商务经营者根据消费者的兴趣爱好、消费习惯等特征向其提供商品或者服务的搜索结果的，应当同时向该消费者提供不针对其个人特征的选项”，目前在社会上有不同理解。但本条规定并没有禁止经营者通过收集消费者兴趣偏好、消费习惯等个人信息，包括对消费者的搜索足迹、消费记录等进行分析，再向消费者提供其所关注的商品或服务。保留条件是指在向消费者提供商品和服务时应向消费者提供不针对其个人的选项，即不能因人而异地为这位消费者造“小鞋”、设“圈套”。

# 第三节　跨境电商政策与实施

## 一、我国促进跨境电商发展的相关政策

为促进跨境电子商务发展，我国相继出台了多项促进跨境电子商务发展的相关政策法规，具体如表 8-1 所示。

表 8-1　我国促进跨境电子商务发展的相关政策法规(部分)

| 发布时间 | 法律法规 | 主 要 内 容 | 发文单位 |
|---|---|---|---|
| 2005.1 | 《关于加快电子商务发展的若干意见》 | 属于综合大法，建议出台完善电子商务贸易链条及有利于市场参与者发展的法规 | 国务院办公厅 |
| 2007.12 | 《商务部关于促进电子商务规范发展的意见》 | 推动网上交易健康发展，规范网上交易行为，帮助和鼓励网上交易各参与方开展网上交易，警惕和防范交易风险 | 商务部 |
| 2009.11 | 《商务部关于加快流通领域电子商务发展的意见》 | 扶持传统流通企业应用电子商务开拓网上市场，培育一批管理运营规范、市场前景广阔的专业网络购物企业和网上批发交易企业 | 商务部 |
| 2012.3 | 《关于利用电子商务平台开展对外贸易的若干意见》 | 明确要为电子商务平台开展对外贸易提供政策支持，鼓励电子商务平台通过自建或合作方式，努力提供优质高效的支付、物流、报关、金融、保险等配套服务，实现“一站式”贸易 | 商务部 |

续表一

| 发布时间 | 法律法规 | 主 要 内 容 | 发文单位 |
| --- | --- | --- | --- |
| 2012.5 | 《关于组织开展国家电子商务示范城市电子商务试点专项的通知》 | 围绕促进电子商务健康快速发展的目标，依托国家电子商务示范城市，组织开展电子商务试点工作 | 国家发改委 |
| 2013.4 | 《关于进一步促进电子商务健康快速发展有关工作的通知》 | 进一步促进电子商务健康快速发展，继续加快完善支持电子商务创新发展的法规政策环境 | 国家发改委办公厅、财政部办公厅等 13 部门 |
| 2013.7 | 《关于促进进出口稳增长、调结构的若干意见》 | 积极研究以跨境电商方式出口货物(B2B/B2C 等方式)所遇到的海关监管、退税、检验、外汇收支、统计等问题，完善相关政策，抓紧在有条件的地方先行试点，推动跨境电商的发展 | 国务院办公厅 |
| 2013.8 | 国务院办公厅转发商务部等部门《关于实施支持跨境电子商务零售出口有关政策的意见》的通知(89 号文) | 针对现行管理体制、政策、法规及现有环境条件已无法满足跨境电商市场需求的背景，《意见》提出了六项具体措施，主要集中在海关、检验检疫、税务和收付汇等方面 | 国务院办公厅 |
| 2013.11 | 《关于支持跨境电子商务零售出口的指导意见》 | 提出了支持跨境电子商务零售出口的六条指导意见 | 质检总局 |
| 2014.5 | 《关于支持外贸稳定增长的若干意见》 | 激发市场活力、提振外贸企业信心，促进进出口平稳增长的 16 条举措，并明确提出进一步加强进口、出台跨境电商贸易便利化措施 | 国务院办公厅 |
| 2014.6 | 《关于支持外贸稳定增长的若干措施》 | 支持以跨境电商为代表的新型贸易平台发展 | 海关总署 |
| 2014.10 | 《关于开展电子商务与物流快递协同发展试点有关问题的通知》 | 决定在天津、石家庄、杭州、福州、贵阳 5 个城市开展电子商务与物流快递协同发展试点。财政部将划拨专项资金，帮助 5 个试点城市推进电商快递协同发展工作。明确了 5 个试点城市的重点任务，即统筹规划基础设施建设、推行运营车辆规范化、解决末端配送难题、加强从业人员基本技能培训、鼓励电商企业与物流快递企业合作 | 财政部、商务部、国家邮政局 |
| 2014.11 | 《关于加强进口的若干意见》 | 总结试点经验，按照公平竞争原则，加快出台支持跨境电商发展的指导意见 | 国务院办公厅 |

**续表二**

| 发布时间 | 法律法规 | 主 要 内 容 | 发文单位 |
|---|---|---|---|
| 2015.3 | 《关于同意设立中国(杭州)跨境电子商务综合试验区的批复》 | 全国唯一的跨境电商综合试验区正式落户杭州，着力在跨境电子商务交易、支付、物流、通关、退税、结汇等各环节先行先试，逐步形成一套适应和引领全球跨境电子商务发展的管理制度和规则，为推动我国跨境电子商务的发展提供可复制、可推广的经验 | 国务院办公厅 |
| 2015.5 | 《关于大力发展电子商务加快培育经济新动力的意见》 | 明确了如何推进跨境电商加速发展，包括加强电子商务国际合作，积极发起或参与多双边或区域关于电子商务规则的谈判和交流合作，力争国际电子商务规则制定的主动权和跨境电子商务发展的话语权 | 国务院办公厅 |
| 2015.5 | 《关于加快培育外贸竞争新优势的若干意见》 | 在当前国际环境和国内发展条件都发生重大变化的背景下，指导今后一段时期我国外贸的纲领性文件，并对跨境电商做出重要部署 | 国务院办公厅 |
| 2015.5 | 《“互联网＋流通”行动计划》 | 协同推进跨境电商“单一窗口”综合服务体系建设，加强知识产权和消费者权益保护，加快电子商务海外营销渠道建设，参与和主导电子商务国际规则制定 | 商务部 |
| 2015.6 | 《关于促进跨境电子商务健康快速发展的指导意见》 | 新形势下促进跨境电子商务加快发展的指导性文件，明确了跨境电子商务的主要发展目标，并提出了五个方面的支持措施：一是优化海关监管措施，二是完善检验检疫监管政策措施，三是明确规范进出口税收政策，四是完善电子商务支付结算管理，五是提供财政金融支持 | 国务院办公厅 |
| 2015.7 | 《关于促进进出口稳定增长的若干意见》 | 加快推进外贸新型商业模式发展 | 国务院办公厅 |
| 2016.1 | 《关于同意在天津等12个城市设立跨境电子商务综合试验区的批复》 | 新设一批跨境电子商务综合试验区，包括天津、上海、重庆、合肥、郑州、广州、成都、大连、宁波、青岛、深圳、苏州，将先行试点的中国(杭州)跨境电子商务综合试验区初步探索出的相关政策体系和管理制度，向更大范围推广 | 国务院办公厅 |
| 2018.7 | 《关于同意在北京等22个城市设立跨境电子商务综合试验区的批复》 | 明确了新设一批综合试验区，逐步完善促进其发展的监管制度、服务体系和政策框架，推动跨境电商在更大范围发展 | 国务院办公厅 |

续表三

| 发布时间 | 法律法规 | 主 要 内 容 | 发文单位 |
|---|---|---|---|
| 2018.12 | 《关于跨境电子商务零售进出口商品有关监管事宜的公告》 | 进一步全面规定了跨境电子商务企业管理、零售进出口商品通关管理等事项，为跨境电子商务零售进出口监管工作提供了详细的法律依据，促进跨境电子商务健康有序发展 | 海关总署 |
| 2020.1 | 《关于扩大跨境电商零售进口试点的通知》 | 将石家庄、秦皇岛、廊坊、太原、赤峰、抚顺、营口、珲春、牡丹江、黑河、徐州、南通、崇左、泸州、遵义、安顺、德宏、红河、拉萨、西宁、海东、银川、乌鲁木齐等 50 个城市(地区)和海南全岛纳入跨境电商零售进口试点范围 | 商务部等六部委 |

## 二、我国促进跨境电商发展的相关政策实施

### 1.《关于实施支持跨境电子商务零售出口有关政策的意见》(89 号文)

2013 年 8 月，国务院办公厅转发由商务部会同国家发改委、中国人民银行、海关总署等 9 个部门共同研究制定的《关于实施支持跨境电子商务零售出口有关政策的意见》(89 号文)，这是对于出口跨境电商最具标志性意义的文件。该文件将跨境电子商务零售出口纳入海关的出口贸易统计，提出了对跨境电子商务零售出口的支持政策以及出口检验、收结汇等六项具体措施。

### 2.《关于支持跨境电子商务零售出口的指导意见》

2013 年 11 月，质检总局发布《关于支持跨境电子商务零售出口的指导意见》，提出了支持跨境电子商务零售出口的六条指导意见：积极推动跨境电子商务零售出口；建立电子商务出口企业及其产品备案管理制度；建立电子商务出口产品全申报制度；创新电子商务出口产品监管模式；加强跨境电子商务检验检疫信息化建设；加强沟通联系和宣传引导。

### 3.《关于促进跨境电子商务健康快速发展的指导意见》

2015 年 6 月，国务院办公厅印发《关于促进跨境电子商务健康快速发展的指导意见》。这是新形势下，促进跨境电子商务加快发展的指导性文件。该意见体现了“在发展中规范，在规范中发展”的总体原则，明确了跨境电子商务的主要发展目标，既普遍支持国内企业利用电子商务开展对外贸易，又突出重点，鼓励有实力的企业做大做强。该意见特别提出要培育一批公共平台、外贸综合服务企业和自建平台，并鼓励国内企业与境外电子商务企业强强联合。

该意见提出了五个方面的支持措施。一是优化海关监管措施，进一步完善跨境电子商务进出境货物、物品管理模式，优化跨境电子商务海关进出口通关作业流程。二是完善检验检疫监管政策措施，对跨境电子商务进出口商品实施集中申报、查验和放行，对跨境电子商务经营主体及商品实施备案管理制度。三是明确规范进出口税收政策，继续落实现行

跨境电子商务零售出口税收政策，按照有利于拉动国内消费、公平竞争、促进发展和加强进口税收管理的原则，制定跨境电子商务零售进口税收政策。四是完善电子商务支付结算管理，稳妥推进支付机构跨境外汇支付业务试点，鼓励境内银行、支付机构依法合规开展跨境电子支付业务。五是提供财政金融支持，对跨境电子商务企业“走出去”重点项目给予必要资金支持，为跨境电子商务提供适合的信用保险服务，向跨境电子商务外贸综合服务企业提供有效的融资、保险支持。

该意见强调，国务院有关部门要制定和完善配套措施，做好指导、服务，加强部门间沟通协作和相关政策衔接，适时扩大跨境电子商务综合试点。各级地方政府要结合实际情况制订完善工作方案，履行服务、督导和监管责任，加大对重点企业的支持力度。

**4.《关于扩大跨境电商零售进口试点的通知》**

2020 年 1 月 17 日，商务部、发展改革委、财政部、海关总署、税务总局、市场监管总局等六部委联合印发《关于扩大跨境电商零售进口试点的通知》，明确将进一步扩大跨境电商零售进口试点范围。本次扩大试点后，跨境电商零售进口试点范围将从 37 个城市扩大至海南全岛和其他 86 个城市(地区)，覆盖 31 个省、自治区、直辖市。

扩大跨境电商试点有利于扩大进口，有利于降低进口综合交易成本，同时，也使得普通老百姓能更加方便地购买自己所需要的商品，提升生活水平。而此次在试点地区的选择上，主要考虑的因素包括：一是统筹考虑自贸试验区发展需要，将符合海关监管条件的自由贸易试验区所在地区纳入试点；二是积极支持跨境电商综合试验区发展，将新设立的跨境电商综试区所在城市纳入试点；三是积极发挥跨境电商扩大消费、支持相关地区开放发展作用，将符合海关监管条件的国家级贫困县所在城市纳入试点。

## 本 章 小 结

本章着重介绍了跨境电商的风险管理与相关政策法规。跨境电商的风险主要有知识产权风险和欺诈风险。预防知识产权侵权的措施有做好产品来源管理、做好在线营销管理、了解各大平台知识产权规则和处罚规定等。跨境电商欺诈的类型有卖家欺诈、买家欺诈、第三方欺诈。可以从交易环节和提升监管两方面预防跨境电商欺诈。在跨境电商法律法规与政策实施方面，介绍了美国、欧盟、日本的跨境电商相关法律法规，梳理了我国促进跨境电商发展的相关政策文件与法律法规，并重点分析了重要政策文件的落地实施情况。

## 课 后 练 习 题

### 一、判断题

1. 被邀请的当事方向提出邀请的当事方告知同意调解时，网上调解即告开始。(　　)

2. 跨境电子商务纠纷解决机制与物流服务、支付服务等一样，都是跨境电子商务交易的衍生服务。(　　)

3. 在国际法律实践中，进行网上仲裁、网上调解的双方当事人可以就争议应当适用的法律做出预定。（　）

4. 专利权的侵权与版权和商标侵权一样容易判断。（　）

5. 网络店家在网店中使用未经授权的广告描述、广告语与原创性广告图片、产品图片等不属于著作权侵权。（　）

二、简答题

1. 跨境电商面临的风险主要有哪些？

2. 简述跨境电商预防知识产权侵权的措施。

3. 跨境电商的欺诈有哪几种类型？

4. 简述《关于促进跨境电子商务健康快速发展的指导意见》的主要内容。

三、论述题

1. 试论述如何有效预防跨境电商欺诈。

2. 《电子商务法》对跨境电商的规范体现在哪些方面？

## 本章参考文献

[1] 何力. 一带一路战略与海关国际合作法律机制[M]. 北京：法律出版社，2015.

[2] 薛源. 跨境电子商务网上争议解决机制研究[M]. 北京：中国政法大学出版社，2014.

[3] 鲁丹萍. 跨境电子商务[M]. 北京：中国商务出版社，2015.

[4] 杨坚争. 世界市场的二元化与我国跨境电子商务发展策略研究[M]. 上海：立信会计出版社，2016.

[5] 唐应茂. 国际金融法：跨境融资和法律规制[M]. 北京：北京大学出版社，2015.

# 下篇　跨境电商创业实战

# 第九章　了解电商创业，做好创业准备

## 学习目标

1. 理解创业的含义与分类。
2. 了解电商创业的趋势和风险。
3. 掌握网络经济定律和网络思维特征。
4. 理解电商创业者的素质要求。
5. 掌握电商创业的选择策略。

## 任务一　了解电商创业形势

### 一、创业的内涵与类型

#### 1. 创业的含义

“创业”一词最早出现于《孟子·梁惠王下》的“君子创业垂统，为可继也”。《辞海》对创业的解释是“开创基业”。当前，创业被视为一种劳动方式，是一种需要创业者运营、组织、运用服务、技术、器物作业的思考、推理和判断的行为，是寻求机会进行价值创造的行为过程。根据杰夫里·提蒙斯(Jeffry A.Timmons)所著的创业教育领域的经典教科书《创业创造》(New Venture Creation)的定义：创业是一种思考、推理结合运气的行为方式，它为运气带来的机会所驱动，需要在方法上全盘考虑并拥有和谐的领导能力。

创业的概念可以从三个方面进行阐释和理解。

首先，创业需要积极寻找机会。机会是具有时间性的有利情况，最好的机会就是在恰好的时间做恰好的事情。创业者必须完成识别机会、把握机会、实现机会的有效活动。只有对机会进行有效把握，才能完成资源整合和价值创造的任务。可以说，寻找有利时机是创业的基本前提。

其次，创业需要有效整合资源。很多创业者在创业早期所拥有的资源非常稀少甚至是“白手起家”。因此，创业活动是创业者在资源条件受约束的情况下进行的财富创造过程，在此期间，需要创业者努力拓展资源获取渠道、创新资源整合手段，才能摆脱资源短缺的困境。可以说，寻求创造性整合资源的新方法、新模式是创业的重要环节。

最后，创业需要进行价值创造。创业的本质在于创新，创业强调创造出创新性价值，这些新价值通过技术、服务、产品等方式的变革更好地为消费者服务，进一步促进社会发展与进步。在价值创造过程中，需要创业者付出更多的时间和努力，承担更多的风险。价值创造是创业的本质所在，也是创业者追逐的目标。

2. 创业的类型

克里斯琴(Christian)认为，依照其对市场和个人的影响程度，创业可以分为四种类型，即复制型创业、模仿型创业、安定型创业和冒险型创业。

(1) 复制型创业。复制型创业是指创业者复制原有公司的经营模式，延续原有公司的流程。这种类型的创业较为常见，但创新的成分很低。例如，某人原本在一家乳制品公司担任生产经理，后来离职自行创立一家与原公司类似的乳制品公司。新乳制品公司如果完全套用原任职公司的经营模式，则属于复制型创业。这种类型创业的创新贡献较低，缺乏创业精神的内涵，不是创业管理主要研究的对象。

(2) 模仿型创业。模仿型创业是指创业者跨界进入某一领域，模仿业内企业的经营模式。这种类型的创业虽然也无法给市场带来新价值的创造，创新的成分也较低，但与复制型创业的不同之处在于，其创业过程对于创业者而言具有很大的冒险成分。例如，某一纺织公司的经理辞掉工作，开了一家跨境电商店铺。这种形式的创业具有较高的不确定性，学习过程长，犯错机会多，代价也较高昂。创业者如果具有适合的创业人格特性，经过系统的创业管理培训，掌握正确的市场进入时机，则有机会获得成功。

(3) 安定型创业。安定型创业一般是指大公司的内部创业。对创业者而言，本身并无太大的改变，所从事的仍旧是原先熟悉的工作，但却不断为市场创造新的价值，为消费者带来实惠。这种创业类型强调的是个人创业精神的实现，也就是创新的活动，而不是新组织的创造。例如，研发单位的某小组在开发完成一项新产品后，继续在该企业部门开发另一项新品。

(4) 冒险型创业。冒险型创业意味着创业者进入一个全新领域从事创新活动。由于是创造新价值的活动，将面临较高的失败风险，也给创业者个人的前途带来很高的不确定性。冒险型创业是种难度很高的创业类型，但高风险也伴随着高收益。这种类型的创业如果想要获得成功，必须在创业者能力、创业时机、创业精神发挥、创业策略研究拟定、经营模式设计、创业过程管理等各方面，都有很好的搭配。

## 二、电商创业及其发展趋势

1. 电商创业的内涵

电商创业是网络经济时代下新形式的创业活动，通常是指创业者利用互联网技术或者借助互联网电商平台开展商业经营活动、创造价值、谋求利润的过程。

我们通常所说的创业就是创办一家新企业的过程，创业过程受到各种环境因素的影响。那么网络经济时代的创业活动究竟发生了怎样的改变呢？

互联网被公认为是种划时代的技术成果，原因就是，它革命性地改变了人与人之间的连接方式。人们基于互联网的交流不必受制于空间和时间的局限，可以随时随地甚至随心所欲。创业者不再限囿于以空间和距离划分的商圈，因为互联网已经将更大的市场组织在一起。利用网络技术，供需双方以从未有过的速度和精度相互联系，资金和货物也在网络的控制下加速流转。因此，网络经济时代给每位创业者带来的是更大的舞台和更强的力量，以及全新的机遇和挑战。网络时代的创业具有冒险型特征，创业者需要寻找新的商业机会，创新产品和服务，构建新的营销模式和渠道，探索新的经营理念。

### 2. 电商创业的发展趋势

#### 1) 电商创业的政策环境

2015 年 6 月，国务院下发了《关于大力推进大众创业、万众创新若干政策措施的意见》(国发〔2015〕32 号)，要求充分认识推进大众创业、万众创新的重要意义，提出坚持深化改革、营造创业环境，坚持需求导向、释放创业活力，坚持政策协同、实现落地生根，坚持开放共享、推动模式创新的总体思路。2015 年 7 月，国务院发布的《关于积极推进“互联网+”行动的指导意见》(国发〔2015〕40 号)中指出，“积极发挥我国互联网已经形成的比较优势，把握机遇，增强信心，加快推进‘互联网+’发展，有利于重塑创新体系、激发创新活力、培育新兴业态和创新公共服务模式，对打造大众创业、万众创新和增加公共产品、公共服务‘双引擎’，主动适应和引领经济发展新常态，形成经济发展新动能实现中国经济提质增效升级具有重要意义。”

为了支持和鼓励创新创业与网络经济更好地融合发展，国务院、有关部委以及多地人民政府相继出台了一大批有利于电商创业的政策，如《国务院关于大力发展电子商务加快培育经济新动力的意见》(国发〔2015〕24 号)、《国务院办公厅关于促进跨境电子商务健康快速发展的指导意见》(国办发〔2015〕46 号)、《国务院办公厅关于推进线上线下互动加快商贸流通创新发展转型升级的意见》(国办发〔2015〕72 号)等。

众多国家和地方政策的出台，为创业者指明了国家经济发展的宏观趋势，大力支持和鼓励利用互联网技术和平台进行的创新创业，创造出越来越多的创业商机。电商创业已成为“大众创业、万众创新”时代的主要模式之一。

#### 2) 电商创业的市场环境

近年来，中国电子商务行业交易规模持续扩大，稳居全球网络零售市场首位。同时，电子商务就业规模日益壮大，电子商务与实体经济融合发展加速，带动更多人从事电子商务相关工作。商务部电子商务司发布的《中国电子商务报告 2019》显示：中国网民规模已超过 9 亿人，全国电子商务交易额达 34.81 万亿元，其中网上零售额达 10.63 万亿元，同比增长 16.5%；实物商品网上零售额 8.52 万亿元，占社会消费品零售总额的比重上升到 20.7%；电子商务从业人员达 5125.65 万人。电子商务已经全面融入国民经济各领域，推动形成全球协作的国际电子商务大市场。

未来，实体经济与网络经济的融合将成为电子商务发展的重要方向。初创的线上企业将更加重视线下活动的开展，已有的传统实体企业也将目光纷纷投向线上，向线上线下融合的新企业模式蜕变。互联网基础设施建设的不断完善，利好政策持续出台，加上互联网对于各个行业的渗透，将共同促进网民规模持续增长。2016 年上半年，国务院等相关部门相继出台有关“互联网＋政务服务”“互联网＋流通”“互联网＋制造业”等指导意见，推动互联网与各个行业的融合，促进电子商务覆盖社会发展各领域，搭建助力就业创业、惠及城乡发展的重要平台。此外，政府还积极发展农村电子商务、大力发展行业电子商务、推动电子商务应用创新，加强电子商务国际合作。

巨大的现实规模、逐步健全的市场和积极的政策环境都昭示出中国电子商务良好的发展前景，电商创业已然成为当前乃至今后很长时间内主流的网络创业方向。

## 三、电商创业的风险

### 1. 门槛不高难坚持

相比实体创业，电商创业不需要投入大量的资金，资本原始积累比较容易实现。然而，正是由于电商创业的资金门槛较低，引来大量创业者加入，带来了行业内部的激烈竞争。而激烈的行业竞争往往会拉低创业者的收入，甚至导致部分电商创业者放弃创业。

### 2. 法律风险需注意

为了在激烈的市场竞争中获取更高的利润，一些“A 货”“超仿”“水货”充斥于电商市场，使得消费者因质疑而不肯轻易下单。另外，创业者必须清楚，任何没有获得品牌授权的商家出售该品牌商品均属违法行为，存在着潜在的法律风险。

### 3. 物流制约市场拓展

物流是电商创业过程中的不可控环节，也是创业者最为关注的问题。尤其是在电商市场尚不发达的地区，由于缺少物流的规模效益，物流成本普遍较高，增加了交易成本。例如，某些经营需要冷链配送产品的电商创业者，深感有的西部城市物流成本过高，大大制约了他们对此类新兴潜在市场的拓展。

### 4. 推广费用占大头

电商创业必然需要支出各种费用，但开店费用往往并不是主要费用，推广费用才是大头开支。近几年，电商行业的各大网站一方面纷纷通过降价、促销等方式来吸引用户，另一方面加大推广成本。例如，淘宝中的直通车、营销活动等的推广费用都较昂贵。推广获得的流量能否成功地转换为销量，成为电商创业者必须考虑的风险。

**知识拓展**

**对电商创业的几点建议**

做好长期准备：在电商平台进行创业是一个艰辛漫长的过程，需要花费大量的时间，并且创业是否可行也需要一个考察的过程。

具有足够兴趣：没有足够的兴趣作为支撑，受日常的烦琐事务困扰的创业者，其热情可能会逐渐消退。

找准目标市场：任何一次创业实践，在缺乏市场验证的情况下其成败都是不确定的。因此，创业者需要先研究市场需求，思考自己的点子或商品是否能满足这些需求，这是创业计划是否可执行的前提。

不要期望太高：基于电商平台进行创业虽然投入的资金和设备可能相对较少，但为其投入的时间与精力是不可少的，并且电商创业者众多，竞争压力大。

首先投资自己：基于电商平台进行创业是一个不断摸索的过程，在这个过程中创业者需要掌握各个方面的知识，这需要创业者不断丰富自我。

5. 人工成本持续上涨

除了产品、推广、库存成本外，人工成本也是电商创业支出中的重要组成部分。电商运营过程中可以通过采用软件自动化处理，减少对人工成本的依赖，如减少客服人员雇用成本等。但是某些工作必须由人工去完成，如货源寻找、包装、发货、填单等。由于社会工资水平的持续上涨，人工成本也在不断上涨。对此，电商创业者必须有所警惕，提前做出应对安排。

# 任务二　认识电商创业规律

## 一、网络经济四大定律

网络经济是知识经济的一种具体形态，这种新的经济形态正以极快的速度影响着社会经济与人们的生活。与传统经济相比，网络经济具有快捷性、高渗透性、自我膨胀性、边际效益递增性、外部经济性、可持续性、直接性等特征。电子商务属于网络经济的重要组成部分，也是目前该领域发展得最为成熟的部分。因此，电商创业也属于网络经济的范畴，自然其发展也要符合网络经济的特征，并遵循网络经济的定律。

1. “性能更强、价格更低”的摩尔定律(Moore's Law)

摩尔定律以英特尔公司创始人之一的文登·摩尔命名。1965 年，摩尔预测到单片硅芯片的运算处理能力，每 18 个月就会翻一番，而与此同时，价格则减半。实践证明，50 多年来，这一预测一直比较准确。以个人计算机(PC)的中央处理器(CPU)的发展来看，基本符合上述定律。但近些年来出现了某些产品性能更新加速、价格降低减速的迹象。例如，苹果手机的更新换代速度约为 1 年，但价格下降幅度则不到一半。

2. 宽带日益充裕的吉尔德定律(Gilder's Law)

美国激进的技术理论家乔治·吉尔德在 1993 年预测：在可以预见的未来 25 年内，主干网的带宽将每 6 个月增加 1 倍，其增长速度超过摩尔定律预测的中央处理器(CPU)增长速度。随着通信能力的不断提高，吉尔德断言网络传输价格将朝着免费的方向发展。在美国，如今已经有很多的互联网服务提供商(ISP)向用户提供免费上网服务 。

3. 网络价值倍增的梅特卡夫法则(Metcalfe Law)

以太网的发明人鲍勃·梅特卡夫指出，网络价值同网络用户数量的平方成正比。假设一个网络对于其中每个人的价值是 1 美元，那么规模为 10 倍的网络价值约为 100 美元，而规模为 100 倍的网络总价值为 10 000 美元。按照此法则，网络经济的价值等于网络节点数的平方，这说明网络产生和带来的效益将随着网络用户的增加而呈指数形式增长。假设中国移动只有 1 个手机用户，那么该网络对该用户就几乎没有价值；但当中国移动有了数亿手机用户，那么该网络对该用户就价值非凡了。

4. 赢家通吃的马太效应(Matthews Effect)

在网络经济中，由于人们的心理反应和行为惯性，在一定条件下，优势或劣势一旦出现并达到一定程度，就会导致不断加剧而自行强化，出现“强者更强、弱者更弱”的垄断局面。马太效应反映了网络经济时代企业竞争中一个重要因素——主流化。自 2010 年初我国第一家团购网站上线以来，到 2011 年 8 月我国团购网站的数量已经超过了 5000 家，业内誉为“千团大战”。团购导航网站的数据显示，2013 年排名前五的团购网站成交额达到 38.8 亿元，占团购行业成交额的 95.7%。截至 2014 年 1 月，全国团购网站的数量仅为 213 家。到了 2015 年，大部分消费者的手机里只剩下美团、百度糯米、窝窝团购等几家团购巨头的客户端了。

## 二、互联网思维法则

“互联网思维”就是在(移动)互联网＋、大数据、云计算等科技不断发展的背景下，对市场、用户、产品、企业价值链，乃至对整个商业生态进行重新审视的思考方式。互联网思维由百度公司创始人李彦宏最早提出，此后许多知名企业家也都在不同场合对互联网思维进行了多种多样的解释说明，当然也有一些知名企业家对此并不认同。综合各方观点，互联网思维包括用户思维、简约思维、极致思维、迭代思维、流量思维、社会化思维、大数据思维、平台思维、跨境思维等。其中，用户思维和流量思维分析如下。

### 1. 以用户为中心

“以用户为中心”是互联网思维中最重要的思维，要求创业者“以用户为中心”去考虑创业的一系列问题。那么创业者该如何运用“以用户为中心”思维呢？可以从以下四个方面进行运用。

一是抓住大众化需求。抓住大众化需求是指贴合大部分普通用户需求。

二是提高用户参与。提高用户参与的方式不仅可以推广品牌形象、改善产品的缺陷，而且可以刺激新老客户的活跃度。设置用户参与的方式很多，如参与分享、问题反馈、选款投票、创意征稿大赛等，还可以进行一些推广活动，如活动抽奖、打折促销、送红包等。此外，还可以进行线上传播的一系列造势活动，如天猫“双十一”前的造势等。

三是粉丝培养。粉丝即是商品的爱好者，他们对品牌注入了感情因素，不仅单纯地购买或再次购买品牌商品，还会参与到品牌传播中。想最大化获取粉丝经济的价值，商家就需要利用各种渠道去“吸粉”，培养粉丝群体。

四是注重用户体验。用户体验是用户在使用商品过程中所建立起来的一种纯主观感受，这种感受的好坏直接影响了对商品的评价。创业者注重用户体验，应该从细节开始，从为消费者解决使用商品过程中所有细小的问题开始，让用户使用起来舒适，给用户带来惊喜。例如，微信新版本对公众账号的折叠处理，就是很典型的注重用户体验的例子。

### 2. 抓住流量

在互联网世界“人所聚处，钱必追随”，流量在电子商务中可以理解成潜在交易行为的开端。因此，电商创业要想成功，仅靠过硬的商品质量远远不够，还需要流量。流量越大，店铺的销量也会相对增大。那么，流量该如何获取呢？

一是使用免费策略。免费策略是争取用户、锁定用户最有效的手段之一。例如，360 安全卫士用免费杀毒抢占市场，挤占卡巴斯基、瑞星等杀毒软件的市场。“免费是最昂贵的”，当免费商品中的用户活跃数量达到一定程度时，就会开始产生质变，从而带来商机。

二是利用社交工具。利用社交工具来获取流量，如微信、QQ、微博、论坛、直播等。在社交渠道中，口碑营销相当重要。当然口碑营销不是自说自话，而是要站在用户的角度，以用户的方式和用户沟通。

三是利用推广工具。各电商平台均提供了推广引流的工具，如淘宝的直通车、钻展、淘宝客等都是有效的引流手段。

# 任务三 评价电商创业者

## 一、创业者的含义和类型

### 1. 创业者含义

创业者一词由法国经济学家 Cantillon 于 1755 年引入经济学。1800 年法国经济学家萨伊(Say)给出了创业者的定义，他将创业者描述为将经济资源从生产率较低的区域转移到生产率较高区域的人，并认为创业者是经济活动过程中的代理人。著名经济学家熊彼特(1934)则认为创业者应为创新者。这样，创业者概念中又加了一条，即具有发现和引入新的、更好的能赚钱的产品、服务和过程的能力。

在欧美学术界和企业界，创业者被定义为组织、管理一个生意或企业并承担其风险的人。创业者的对应英文单词是 Entrepreneur。Entrepreneur 有两个基本含义：一是指企业家，即在现有企业中负责经营和决策的领导人；二是指创始人，通常理解为即将创办新企业或者是刚刚创办新企业的领导人。实践中，创业者是创业活动的推动者，只有带领企业获得商业上的成功后，才能逐步转变成企业家。

### 2. 创业者的类型

随着经济的发展，投身创业的人越来越多，根据国内创业类权威杂志《科学投资》的深度调查研究表明，国内创业者基本可以分成生存型创业者、主动型创业者、赚钱型创业者、创意创新创业型创业者、迭代创业型创业者五种类型。其中，本书主要对生存型创业者和主动型创业者分析如下。

(1) 生存型创业者。生存型创业者大多为下岗工人，失去土地或因种种原因不愿困守乡村的农民，以及刚刚毕业找不到工作的大学生，这是中国数量最大的创业人群。清华大学的调查报告表示，这一类型的创业者占中国创业者总数的 90%。这类人群创业大多加入商业贸易行列，少量从事实业经营，最终能成长为大中型企业的数量极少。如今国内市场已经发生翻天覆地的变化，如刘永好兄弟、鲁冠球、南存辉等依靠机遇成就大业的传奇已经很难复制。

(2) 主动型创业者。这类人群并不是因为金钱上的窘境而进行创业。主动型创业者又可分为两个类型：盲目型创业者和冷静型创业者。盲目型创业者一般都是善于博彩且在博彩中取得过一定成果的人，自信心强、行事比较冲动。他们对成败的概率没有太大的要求，因此创业项目一般会做得比较大，而失败的概率也会相对比较高，但是如果成功了可能会取得巨大的成就。冷静型创业者属于创业者中的精英。这些人通常会冷静分析，三思而后行，对资源的准备比较充分，因此他们的创业行为目的性强、执行力强，成功的几率非常大。

## 二、创业者的自我评价

### 1. 创业者的素质要求

虽然电商领域机会较多，但并不是每一位电商创业者都能够获得成功。随着新晋创业者的不断涌现和传统企业的陆续加入，同类网店的竞争越来越激烈，这也对电商创业者的能力和素质提出了更高的要求。良好的心理素质、健康的身体素质和知识素质都是创业者应具备的基本素质(见表 9-1)。

表 9-1　电商创业者的基本素质

| 要　点 | 含　　义 |
| --- | --- |
| 良好的心理素质 | 创业是一个复杂的过程，创业者可能面临许多问题，如资金短缺、知识不足等；面对这些困难，创业者要有强大的心理承受能力并能给予自己积极的心理暗示，善于进行自我调节和克服盲目冲动等 |
| 健康的身体素质 | 创业是一个繁杂的过程，创业者工作繁忙、工作时间长，并且压力大，需要健康的身体作为支撑，否则无法承担创业重任 |
| 知识素质 | 电商创业者需要掌握多方面的知识，要掌握创业行业与创业产品的相关知识、技能等；掌握电商经营管理方面的知识，以提高管理水平；掌握涉及电商的相关法律知识，不违反法律，并善于利用法律维护自己的权益；掌握市场经济方面的知识，包括市场营销与推广手段、财务会计等 |

创业是一个漫长的过程，这就需要创业者必须具备 5 个方面的能力(见表 9-2)。

表 9-2　电商创业者的能力要求

| 要　点 | 含　　义 |
| --- | --- |
| 专业的行业技能 | 创业者在创业之初需要在工作中面面俱到，熟练的专业知识、精湛的专业技能是保证自己在行业内游刃有余的基础 |
| 敏锐的眼光 | 创业者是走在创业前沿的人，一个决策可能会影响企业的发展，甚至是生死存亡；因此，创业者需要具备广博的知识、开阔的眼界，并善于通过观察抓住本质，能审时度势、明察秋毫，善于抓住商机 |
| 组织与管理能力 | 能够组织并科学化地管理团队，调动团队成员的积极性，带领团队朝着共同的目标奋斗 |
| 人际交往能力 | 人脉即是钱脉，要建立庞大牢固的人脉，就要求创业者发挥个人魅力，积极处理好人际关系；在该过程中，创业者若具备宽广的胸怀，诚实守信、踏实稳重的品质，更容易获得他人的认可 |
| 善于反省与总结 | 对于新手而言，创业是一个不断摸索的过程，创业者在创业过程中难免会因为各种问题犯错，及时反省和总结可以发现并纠正自己的错误，可以避免以后犯同样的错误，并学到新的东西，为赢得成功累积经验 |

### 2. 电商创业条件和资源要求

电商创业的条件和资源是指创业者要实现创业目标而必须具备的条件和资源，一般包括家庭支持、人力资源、社会资源、资金资源和物资资源等，见表 9-3。

表 9-3　电商创业者需要具备的条件和资源

| 要　点 | 含　义 |
| --- | --- |
| 家庭支持 | 电商创业可能需要随时随地响应客户咨询，夜以继日地工作，这势必对创业家庭生活产生严重影响，家人的理解和支持是电商创业者挺过初创难关的重要保障 |
| 人力资源 | 创业者需要选择并组建满足创立和发展企业所需要的创业团队，他们能够弥补创业者在相关知识、技能、经验等方面的不足 |
| 社会资源 | 电商企业的创办和经营离不开各种社会资源的帮助和支持，如创业培训机构的指导和帮助、政府部门的政策支持、与大客户建立联系的关键人员的帮助等 |
| 资金资源 | 创业者在创业初期通过企业内部或外部可能获得的资金情况 |
| 物质资源 | 物质资源指的是电商创业所必需的软硬件条件，如计算机、网络基础设施等，以及所需的产品供应渠道、电商平台的某些特殊权限等 |

### 3. 从电商创业者的角度评价自己

电商创业的成败往往和电商创业者的能力和条件密切相关。在决定创业之前，创业者应该认真分析自己，看看当前自己所拥有的创业素质、相关知识技能以及必要的条件资源处在何种状态，并分析自身的长处和不足在哪里。

电商创业者的自我评价，可以通过对自身创业素质、知识和技能及条件资源等各项指标的综合评价来实现，从而全面了解现阶段的个人状态。具体而言，可以采用“雷达图”来呈现价值结果，使自己能够更为直观和清晰地看到自己的长处和不足。这里，“雷达图”指以从同一点开始的轴上表示的三个或更多个定量变量的二维图表的形式显示多变量数据的图形方法，也称为网络图、蜘蛛图、星图、蜘蛛网图等。雷达图中各指标的分值能够帮助分析自己各方面能力的强弱程度，这更有利于针对个人情况进行强化和改进。

# 任务四　做好电商创业准备

## 一、电商创业的基本准备

与传统的创业模式相比，电商创业虽然门槛低了很多，但是相应的创业准备必不可少。根据不完全统计，新手电商创业的成功率仅有 5%～20%。要提升创业成功率，首先就需要找到电商创业的基本路径，然后看看自己是否已经做好了进入电商创业大军的准备。电商创业准备的路径见图 9-1。

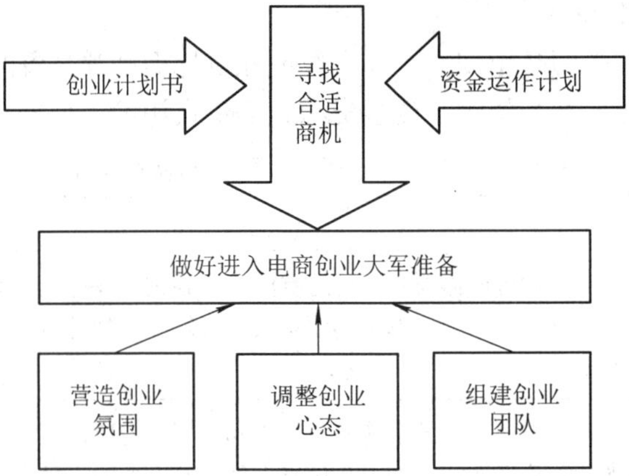


图 9-1　电商创业准备路径

### 1. 寻找合适的商机

创业的最终目的就是盈利，找到合适的商机才能实现盈利。因此寻找合适的商机是创业成功的关键。商机是指需求的产生和满足方式在时间、成本、数量、对象上的不平衡状态。商机无处不在，创业者需要从生活和市场中挖掘和研判。

### 2. 制作一份完整的创业计划书

每一位创业者或者准备创业者在创业之初都会有个粗略的创业想法，将这些想法详细落实到规范的创业计划书上，可以促进创业者对创业成本、能否赚钱、赚多少钱、何时赚钱、具体的赚钱方法等问题进行清晰的梳理，使创业更具可行性。需要注意的是，创业者在研究和编写创业计划的过程中，不能主观臆想，需要建立在客观有效的市场分析基础上。

### 3. 制作详细的资金运作计划

资金运作计划是创业计划中不可忽视的一部分。开展电商创业时，创业者定要做好 3 个月以上或到预测盈利期之前的资金准备，将其编制成周密的资金运作计划，如商品成本、仓库租金、运输成本、人力成本、预计盈利额、坏账准备等各种费用，开业后还需要根据各种情况的变化，如销售不畅、人员增加、费用增加等来随时调整资金运作计划，使收入与支付进入循环状态，不断持续盈利。

### 4. 为自己营造一个好的氛围

创业初期由于缺少社会经验和商业经验，创业者往往会难以把握行业发展态势，这时可以先给自己营造一个小的商业氛围，如加入行业群、进入行业协会等。通过结识行业伙伴，建立广泛合作，逐步打造自己的核心竞争力，不断提升在行业中的地位和影响。

### 5. 良好的创业心态

无论做什么，具备良好的心态更容易成功。正确看待失败、不断总结、不断学习、有足够的耐心、胆大心细、勇于承担责任等都是创业者需要具备的创业精神。对于创业者来说，失败乃是常事，不经历几次挫折，很难找到走向成功的方法。

### 6. 从亲力亲为到建立团队

在创业的初期，由于受到资金缺、客户少等条件的限制，方方面面的事情都必须由创业者自己去完成。业务扩大、资金充足后，为了赢得更多利润，创业者就需要建立并管理一支团队，将事情分担到团队中去完成。

## 二、电商创业的项目选择

通过各种渠道筹措的资金只有用在赚钱的项目上才能实现利润的最大化。选择正确的项目是电商创业成功的关键。创业者选择创业项目需要考虑的因素很多，除了经济环境、政策因素、自身资源外，还要对项目有充分的了解。总之，要想创业成功，就需要选择一个适合自己的项目，然后在细分领域做出自己的特色。

### 1. 关注有市场需求的项目

创业者要选择有市场需求的项目去开拓市场，不能仅凭一时的兴趣或者盲目跟风去创业。当大多数人称赞某个项目，说项目很赚钱的时候，创业者最好不要考虑了。如果某个项目确实有前景，但目前几家公司都做得不好时，创业者则可以好好考虑这个项目，如确定实施项目则必须做好前期的市场调研，并改进或创新产品与服务。

### 2. 产品/服务尽量专业化

对于现阶段的电商创业而言，“产品一上架就不愁没人买”的时代已悄然远去，创业者要充分考虑自身资源和市场需求，朝着“专业化”方向发展。产品及服务专业化在生产和流通方面更容易形成技术优势和批量经营优势，通过不断的专业化发展可以不断拓展市场规模、提升市场竞争力。

### 3. 形成差异化竞争优势

差异化竞争优势往往是创业者基于自身具备的某方面优势，能更好地满足目标客户的市场需求。要实现差异化竞争，创业者主要考虑所利用的自身资源是否有他人难以企及的技术高度、渠道优势或使用价值上的独特性。例如，是否具备他人难以模仿的核心技术，进货渠道是否优于竞争对手，或者是否拥有创新的营销手段等。

### 4. 采用“小而美”经营模式

“小而美”是我们提倡的电商创业店铺经营模式，它实则是指个人或者小企业在电子商务上的精细化运营。该经营模式可以是满足某个群体认同的需求，可以是店长个性化诠释的需求，也可以是让用户感动的特色服务。简而言之，“小而美”并不意味着规模小，而是寓意店铺的商品、服务足够精细且有特色。

## 三、电商创业的实现方式

选择电商创业项目后，创业者就要考虑选择电商创业的实现方式，即在哪里创业。由于受到资金、能力、经验等限制，不同创业者选择的创业方式也有所不同。电商创业的实现方式多种多样，具体包括以下内容：

### 1. 创建个人店铺

个人店铺一般具有低资金、低门槛的特点。创建个人店铺的平台主要有淘宝、微店等。其中，淘宝平台海量的流量，让其成为众多草根电商创业者起步的平台。在淘宝平台上可以积累经验，为以后做大做强打下坚实的基础。而且，创业者仅需几千元资金即可在淘宝上开启自己的创业之旅。

#### 2. 入驻商城

从创建个人店铺开始，当店铺慢慢做大，从星钻到皇冠，销量节节攀升后，很多商家开始考虑入驻商城。商城具有稳定性强、用户黏性大的优点，可以很好地宣传企业形象，在提升销量的同时提高企业知名度。目前商家入驻最多的平台是天猫(淘宝商城)、京东商城、窝窝团(团购网)等。

#### 3. 分销平台

分销平台是指由某个网络运营商研发、提供，用于帮助供应商搭建、管理及运作网络销售渠道，帮助分销商获取货源渠道的平台。需要一定的销量才能实现盈亏平衡的商品大多采用平台分销，具体而言，就是在平台中寻找零售商，将部分利润空间让给零售商，然后通过零售商将商品销售给用户。阿里巴巴是目前国内知名的分销平台。

#### 4. 服务外包

由于传统企业电商人才匮乏，在转型电商初期，直接投入电商创业很容易失败，因此许多传统企业开始进行电子商务外包，即把企业的电子商务承托给专业的代运营公司来操作。电子商务外包服务可以帮助企业有效降低成本，获得更专业的服务，提高工作效率，满足企业对拓展电子商务战略的需求。

#### 5. 独立运营

当企业具备一定的综合实力后，可以考虑成立电商运营部门或电商运营子公司来实现电商创业。独立运营一般需要自己建设电商网站。自建网站如何实现引流是困扰大部分电商的重要问题，因此大部分电商都会“以自建网站为主，以平台店铺为辅”的形式展开电商运营。

## 本章小结

本章着重介绍了创业的含义和分类、电商创业的趋势和风险、互联网思维与规律、电商创业者素质、创业条件、创业准备。互联网思维包括用户思维、简约思维、极致思维、迭代思维、流量思维、社会化思维、大数据思维、平台思维、跨界思维等 9 种。摩尔定律、梅特卡夫法则、马太效应、吉尔德定律是网络经济遵循的 4 个定律。良好的心理素质、健康的身体素质和知识素质都是创业者应具备的基本素质。家庭支持、人力资源、社会资源、资金资源和物资资源是电商创业必须具备的条件和资源。电商创业者的准备工作包括：基本准备、创业项目选择与实现方式选择。

## 课后练习题

### 一、判断题

1. 创业的本质在于创新，创业强调创造出创新性价值。 (　　)

2. 复制型创业往往复制原有公司的经营模式，创新的成分很低，实践中这种创业形式几乎不存在。 (　　)

3. “强者更强、弱者更弱”是赢家通吃的马太效应。 (　　)

4. 免费策略是争取用户、锁定用户最有效的手段之一。 ( )

5. 盲目型创业者自信心强、行事比较冲动，他们对成败的概率没有太大的要求，他们的创业属于被动型创业。 ( )

6. 创业者要有强大的心理承受能力并能给予自己积极的心理暗示，这是对创业者的能力要求。 ( )

7. 创业的最终目的就是盈利，合适的商机才能实现盈利，因此寻找合适的商机才是创业成功的关键。 ( )

8. 当企业具备一定的综合实力后，必须考虑成立电商运营部门或电商运营子公司来实现电商创业。 ( )

## 二、思考题

1. 电子商务行业发展迅猛，当前电子商务创业者面临着哪些难以解决的矛盾和问题？
2. 试分析当前电商创业的优势、劣势、机遇和威胁。
3. 对于资金不足、经验匮乏的创业者来说，更为合适的电商创业练手平台有哪些？
4. 与传统的创业模式相比，电商创业应该做好哪些方面的准备工作？

## 三、实训题

1. 请结合某一电商创业方式，讨论电商创业的准备流程。
2. 请举例说明如何用互联网思维进行电商创业。

## 本章参考文献

[1] 黄罡，曹志斌. 电商创业[M]. 北京：人民邮电出版社，2018.
[2] 陈晓鸣. 电商创业[M]. 北京：人民邮电出版社，2016.
[3] 人社部职业能力建设司. 网络创业培训教程[M]. 北京：中国劳动社会保障出版社，2017.
[4] 薛雯霞，杨从亚，周彬. 电子商务基础与创业实务[M]. 天津：天津大学出版社，2017.
[5] 魏莺. 电子商务创业教程 [M]. 北京：清华大学出版社，2019.

# 第十章 亚马逊跨境电商创业实操

## 学习目标

1. 了解亚马逊平台的注册流程及开店预算。
2. 熟悉亚马逊产品上传的步骤。
3. 掌握亚马逊产品 Listing 优化的方法。
4. 了解亚马逊站内广告的种类。
5. 掌握创建站内广告的技巧。
6. 掌握 FBA 物流发货的费用构成及发货技巧。
7. 了解跨境支付的主流支付方式。
8. 了解亚马逊后台指标数据的内涵及标准。
9. 熟悉亚马逊账号关联的技巧。
10. 熟悉导致账号风险的情况及原因。

## 任务一 亚马逊全球开店创业准备——了解亚马逊

### 任务引入

在国家“大众创业、万众创新”的号召下，李云同学跟几个志同道合的同学一起组织了自己的小团队，准备在跨境电商的蓝海中寻找商机，开创自己的事业。在学习了跨境电商的理论知识后，经过一番考察，李云决定借助亚马逊平台将中国制造的质优价廉的商品销往海外。

亚马逊是一个什么样的平台？它有哪些优势？平台的经营理念是什么？创业者在亚马逊平台开店运营的总体思路应该如何？带着这些问题，进入本任务的学习。

### 一、为何要选择亚马逊

亚马逊(Amazon)成立于 1995 年，是美国最大的网络电子商务公司，总部位于华盛顿州的西雅图。亚马逊已成为全球商品品种最多的网上零售商和全球第二大互联网企业。在“2018 世界品牌 500 强”榜单中，亚马逊排名第 1 位。

亚马逊及其销售商为客户提供数百万种独特的全新、翻新及二手商品，如图书、影视、音乐和游戏、数码下载、电子和电脑、家居园艺用品、玩具、婴幼儿用品、食品、服饰、鞋类和珠宝、健康和个人护理用品、体育及户外用品、玩具、汽车及工业产品等。

### 1. 亚马逊平台的优势

在电商全球化浪潮的影响下，2012 年，亚马逊启动全球开店项目，正式开始向中国卖家抛出橄榄枝。

中国现已成为亚马逊的重点战略市场，中国卖家数量及其销售额不断飙升。近年来，借助亚马逊平台走向国际市场的中国卖家数量增长了 13 倍，中国卖家可将商品销售给全球 3 亿多活跃用户，其中包括不断增长并具有较高消费能力的 Prime 优质会员群体。亚马逊平台之所以能够发展如此迅速，其吸引卖家的优势主要有：

(1) 接触亚马逊全球 3.04 亿优质客户。亚马逊拥有海量购物会员，其中数以千万计的优质客户群体—— Prime 会员，具有忠实回头客、全年不停购、忠诚品牌粉、服务要求高等特点。他们是亚马逊的忠实拥趸，他们对亚马逊的信任将自然而然地延伸到中国卖家身上。

(2) 涉足覆盖北美、欧洲及日本三大销售区域的全球业务。亚马逊拓展了全球业务，其拥有三大站点，涉及九个国家的业务。人、店在中国，足不出户，也能迅速将业务拓展到国外，接触全球海量的亚马逊客户。目前，中国卖家可入驻亚马逊的三大站，共计 9 个站点，具体如下：

北美站：美国、加拿大、墨西哥。

欧洲站：英国、德国、法国、意大利、西班牙。

日本站：日本。

(3) 在各国独特文化以及季节性消费趋势中，获得新的销售机遇。亚马逊全年不停卖，其拥有全球多个地区的客户源，这意味着中国卖家可以在全年销售季节性产品，充分利用文化或产品的流行趋势，调整销售策略，获得更多商机。

(4) 接触拥有强大消费能力的亚马逊 Prime 会员。亚马逊 Prime 会员有超高重复购买率。亚马逊为 Prime 会员提供包邮服务及其他各种出色服务，让客户拥有极高的品牌忠诚度，形成超高重复购买率。

**知识拓展**

**亚马逊 Prime 会员**

目前，亚马逊 Prime 会员数超过 1 亿，几乎是号称会员制鼻祖的 Costco 的 2 倍。2020 年，亚马逊 Prime 会员平均在亚马逊消费 1400 美元，非会员则平均消费约 600 美元。同年亚马逊订阅服务(包含 Prime 会员、有声书、电子书、视频、音乐和其他)收入为 141.68 亿美元，同比增长 45.75 %，2014—2018 年复合增速超过 50 %，会员满意度达到 93 %。同时，从亚马逊会员推出至今，亚马逊每年年报都标注了会员服务对营收增长做出的巨大贡献。

### 2. 亚马逊平台的商业理念

要想做好亚马逊，首先要了解它的规则，遵循它的规则，利用它的规则。亚马逊是个以客户体验为中心的平台，客户的满意度极高。这一切都源于它提出和坚持实践着的四大商业理念，即：重推荐、轻广告；重展示、轻客服；重产品、轻店铺；重客户、轻卖家。

下面将分别对这四个理念进行阐述。

(1) 重推荐、轻广告。卖家可以发现亚马逊平台上的站内推广形式很少，只有产品广告(Sponsored Products)、展示广告(Display Advertising)和促销活动(Promotion)三种推广形式。而且平台推广并不是亚马逊的关注点和盈利点。平台始终以客户体验为导向，过多的广告会引发客户的反感。

客户登录亚马逊以后，系统会根据其浏览习惯、搜索习惯、购物习惯、付款习惯等个性化数据，进行关联推荐和排行推荐，以拓展顾客的选择范围，增加访问深度。从结果上来看，这两种推荐方式的转化率较高，能有效触发客户的购买动作。亚马逊上有一个推荐位“Frequently Bought Together”，即“经常一起购买的商品”，比如客户在购买打印机时会向其推荐墨水，在购买读卡器时会向其推荐 SD 卡或 TF 卡。

另外，当客户再次登录亚马逊网站时，其之前浏览过的产品仍会被展示，继续对客户进行提醒和刺激。很多客户就是在这样的刺激下做出了购买决定。凭借这样的算法和技术，亚马逊在业内有着“推荐系统之王”的美称。据统计，亚马逊有 35%的销售额都与推荐系统相关。

(2) 重展示、轻客服。与其他电商平台不同的是，亚马逊没有即时在线客服。所以如果买家在购买产品前有疑问，只能通过邮件来咨询卖家，这一特点促使卖家必须在产品页面将所有的信息表达得尽量丰富、全面和完整，同时要不断地对产品进行优化，在标题、图片、五行描述、长描述等方面精心打磨，将买家想要了解的内容进行充分的展示。

这种邮件系统是亚马逊的特色，其目的是鼓励买家自助购物，尽可能简化整个交易流程，想买就下单等收货，不想买就换个产品继续了解，省心、省力、省时。

(3) 重产品、轻店铺。想要做好亚马逊，选品是重中之重。想要成为亚马逊上的成功卖家，绝不能靠多店铺或者多 SKU(库存进出计量的基本单元)来运作，因为在亚马逊进行关键词搜索时一般不会出现店铺，卖家只能靠不断优化产品，提升自己的产品排名来获得更多关注。很多优秀的亚马逊卖家的经营策略都是“少做产品，做精产品”，整个店铺可能只有十几款产品，少数几家的产品甚至在十款以内。仔细分析他们的产品会发现一个月内写好评的人数不少，这也说明了其销量确实不错。

这种经营策略会让卖家更有效地进行库存管理，集中精力做好产品，服务好买家。而在选品上，卖家要注意三个问题：一是要选择自己熟悉的，二是要选择有价格优势的，三是选择能满足市场需求的。

(4) 重客户、轻卖家。亚马逊设计了两套评价体系，一个是商品评论(Review)，另一个是卖家反馈(Feedback)。前者针对的是卖家提供的产品，后者针对的是卖家提供的服务等综合因素，这表明亚马逊非常鼓励客户表达真实的购物感受。

这两套评价体系对卖家的影响都比较大，前者影响的是销量和转化率，后者影响的是卖家的排名和黄金购物车(Buy Box)。如果评价星级非常低，不但没有什么曝光和流量，甚至会受到亚马逊的警告或者被移除销售权限。

## 二、亚马逊卖家如何运营

想要在亚马逊平台开店创业，卖家应按以下商业理念来指导自己的实际运营：

(1) 做好产品，深耕供应链。产品是做亚马逊的核心，而对供应链的把握则是核心中的核心。卖家需要找到品质非常好的产品，否则很难成为“爆款”。而在产品做起来以后，最怕的就是断货，因此在供应链上如果有优势，对后期的成长将会帮助很大。

如果产品、供应链、服务和营销加一起共有十分，那么产品占五分，供应链占两分，服务占两分，营销只占一分。有了好的产品并且拥有核心的技术，才能在亚马逊上越做越轻松。产品是与客户连接的最好媒介，更是一个活广告。

(2) 服务至上，引导买家留好评。有了高质量的产品和优质的服务，同时配合一定的引导策略，就能让一些买家留下好评。当产品的好评增加后，亚马逊的推荐也会随之增加，卖家的产品将在更多的买家面前予以展示，将流量自然转化成订单。

(3) 尽量做到专业化、本土化。卖家需要向专业化、本土化靠拢，进行全方位的包装。小到图片的拍摄、语言的表达、标点的使用，大到产品的包装、质检的标准、整体的定位，都要最大化地遵循买家当地的标准。例如，说明书用当地语言撰写，客服用当地语言沟通，退货方式符合当地习惯等。

(4) 要有整体运营思维。营销和运营是有差别的。开店初期卖家应侧重营销，不断地营销，寻找合适的站内推广和站外引流的渠道和方法，找到差异化的手段和模式。等到销量有起色的时候，就要更加侧重运营，让老客户再回来，让新客户沉淀下来，让自己在亚马逊上的生意滚动起来。

## 任务二　亚马逊全球开店起航——账号注册

### 任务引入

李云同学在亚马逊平台创业开店遇到的第一个难题就是账户注册。他打开亚马逊北美站的注册网页，作为初创卖家，到底应该注册个人卖家账号还是专业卖家账号呢？自注册和联系招商经理注册的区别是什么？注册前需要准备好哪些材料？在亚马逊注册开店的成本预算应该如何计算？带着这些问题，进入本任务的学习。

### 一、账号注册流程

#### 1. 亚马逊账号类型及特点

亚马逊的账号主要有两种，分别为专业销售计划(Professional Plan)和个人销售计划(Individual Plan)，也就是我们常说的专业卖家和个人卖家。

个人卖家账号的特点是无月租，没有批量操作功能，没有订单数据报告，不能创建促销产品等。如果只是偶尔销售一些商品，可以选择注册个人卖家账号。

专业卖家账号则要支付月租费。各个站点的月租费有所差别，美国站 39.99 美元/月，欧洲站 25 英镑/月，日本站 4900 日元/月。专业卖家账号拥有很多个人卖家账号没有的功能和优势。

#### 2. 全球开店的注册方式

企业进行全球开店注册有两种方式：自注册和联系招商经理注册。无论选择哪种方式，注册账号都是免费的。目前，较多人偏向于通过招商经理通道注册账号。

(1) 自注册。自注册门槛较低。直接登录亚马逊网站，在亚马逊中国网站的“全球开店”入口按照步骤即可注册(注册地址为 https://gs.amazon.cn/home.html?ref=as_cn_ags_footer_home)。亚马逊账号注册自注册入口如图 10-1 所示。

图 10-1　亚马逊账号注册自注册入口

自注册劣势比较明显。首先，自注册账号的安全性低；其次，没有招商经理扶持，无法报名秒杀(Best Deal)、日秒杀(Deal of the Day)等秒杀活动；再次，普通卖家在注册账号后无亚马逊官方相关培训的支持。

(2) 联系招商经理注册。卖家可联系亚马逊全球开店的招商经理，通过招商经理提供的注册链接进行注册。通过招商经理注册账号时，全程有招商经理辅导，有官方的培训支持，可以申请各个站点的秒杀活动，有助于卖家快速成长。

当然这种注册方式也存在劣势，比如注册周期较长，审核相对较严格，可能会触发二审(二审需要提供公司的水费账单和电费账单)。

有条件的卖家建议通过绿色通道注册，即通过全球开店注册去注册账号。这样不仅安全性有保障，而且招商经理的扶持是每个亚马逊卖家都需要的。

### 3. 全球开店的注册流程

这里以通过招商经理通道注册账号为例，详解全球开店的注册流程。

(1) 通过招商经理通道预登记。企业准备开店资料，使用招商经理专属链接进行开店预登记。企业预登记成功后，招商经理会以邮件形式联系企业，企业按照招商经理在邮件中的提示填写信息和提交资料，进行初步审核即可。

(2) 获取注册链接，完成注册。企业通过初步审核后，招商经理会给企业下发注册链接。注册链接有效期一般不会超过 30 天。所以企业拿到注册链接后要尽快注册。注册成功后可以参加在线培训，可以在卖家后台了解与亚马逊平台有关的业务知识和规则政策。

(3) 上架产品和获取销售权。通过招商经理通道注册的亚马逊账号，原来必须进行的考试环节已经改为了由审核团队抽查考试。亚马逊对卖家新店铺的产品上架数量无具体要求，但一旦注册成功后就需要扣月租，所以卖家最好尽早上架产品。

另外，亚马逊全球开店发布通知，从 2016 年 6 月 28 日起，新开店卖家不再有黄金购物车支持，改由系统根据产品表现自动分配。此政策适用于北美站、欧洲站和日本站。亚马逊的全球开店招商政策会随平台政策而有所调整，一般在上半年比较容易加入。不同时间段对新卖家的注册资质、审核要求也有所不同。例如，有段时期在北美站注册后需要在后台的“问题日志”处提交资料进行卖家身份信息验证。只有通过了亚马逊的审核验证，店铺才有销售权。

### 4. 全球开店的注册资料

(1) 注册北美站和日本站均需以下资料：

① 注册邮箱(建议使用 Hotmail、QQ 邮箱等，不建议使用网易邮箱)；

② 三证合一的公司营业执照；

③ 店铺名称(英文名称，卖家自拟)；

④ 双币信用卡(带 VISA、MasterCard 标志，法人代表、股东或其他自然人的都可以)；

⑤ 收款账户(P 卡、WF 卡、当地银行收款账户等)；

⑥ 未曾用于注册亚马逊平台的手机号码(法人代表或者其他自然人的都可以)。

(2) 注册欧洲站所需资料：

① 注册邮箱(建议使用 Hotmail、QQ 邮箱等，不建议使用网易邮箱)；

② 三证合一的公司营业执照；

③ 店铺名称(英文名称，卖家自拟)；

④ 法人代表身份证；

⑤ 占股 20%或以上的受益人信息(凡占股 20%或以上的受益人信息都需录入，录入的信息包括身份证号码/护照号码、名字、邮箱、出生日期、电话、居住地址)；

⑥ 双币信用卡(带 VISA、MasterCard 标志，必须是法人代表或者股东的)；

⑦ 收款账户(必须是公司名下的收款账户，P 卡、WF 卡、当地银行收款账户等都可以)；

⑧ 未曾用于注册亚马逊平台的手机号码(法人代表或者其他自然人的都可以)。

## 二、开店成本预算

下面以北美站为例，介绍在亚马逊平台开店都涉及哪些基本费用。

### 1. 月租费

专业卖家 39.99 美元/月；个人卖家无月租费。由此可以看出，月租费主要针对专业卖家。无月租费也是个人卖家的一个优势。一般情况下，开通一个站点的账号，可以在该站点所包含的几个国家的市场同时进行销售，但月租费是不变的。

### 2. 单件销售费用

专业卖家无须按件收费；个人卖家每售出一件商品，亚马逊将收取 0.99 美元。

综合月租费来看，虽然个人卖家有无月租费的优势，但是每销售一件商品将会被收取 0.99 美元。对于新手卖家，订单量不大的时候，个人卖家是有优势的，但随着订单量越来越大，显然还是专业卖家更有优势。

这里需要注意的是，即使专业卖家在亚马逊扣月租的前一两天将账号类型转为个人卖家，希望省下一个月的月租费，但下次将账号类型转回专业卖家的时候，这笔费用仍会被扣掉。

### 3. 销售佣金

所有类型的卖家，都需要为售出的每件商品支付销售佣金。不同品类商品的销售佣金比例和按件最低佣金都有不同的规定，亚马逊将收取这二者中的较高者。例如，一件体育用品的单价为 20 美元，其销售佣金百分比为 15%，其按件最低销售佣金为 1 美元，所以所需缴纳的销售佣金为 20 × 15% = 3 美元，因为 3 美元高于 1 美元。若该件体育用品的单价为 5 美元，经过计算其所需缴纳的销售佣金为 0.75 美元，小于 1 美元，此时亚马逊将收取此件体育用品 1 美元的销售佣金。

### 4. 交易手续费

对于售出的每件媒介类商品，个人卖家和专业卖家都需要支付交易手续费。图书、DVD、音乐、软件和电脑、视频游戏、视频、视频游戏机都是 1.35 美元。

总体来说，以上就是在亚马逊开店涉及的主要费用。此外，针对大批量商品亚马逊会收取大批量商品费；还有退款管理费，即当已付款的买家要求退款时，亚马逊会收取一定的退款管理费。如果后期做站内推广，还涉及广告费用，如果使用 FBA，还需交付仓储费、基础服务费(包括拣货、包装费等)以及配送费。

概括来讲，个人卖家和专业卖家涉及的相关费用为：

(1) 个人卖家：

存入卖家账户的总额 = 商品价格 + 由买家支付的运费 − 销售佣金 − 每件 0.99 美元

(2) 专业卖家：

存入卖家账户的总额 = 商品价格 + 由买家支付的运费 + 由买家支付的礼品包装费 − 销售佣金 − 月租 39.99 美元

## 任务三　亚马逊全球开店创业——产品上传

### 任务引入

李云同学的店铺终于开起来了，为了在店铺运营中有更多的经营空间和运营权限，他选择注册了专业卖家账户。李云又根据已经学习的跨境电商理论知识，提前在 1688 网站上选好了商品，并少量进货，准备“试水”亚马逊最大的站点—— 北美站。可是面对商品发布时的各种表格，李云又犯难了，所有的表格都要用英文填写，应该怎么填呢？应该发布新产品还是选择“跟卖”？亚马逊产品发布的规则是什么？标题应该怎么撰写？产品图片应该如何选择？关键词又该如何设置才能提高曝光率？

Listing 的打造和优化会直接影响销售表现，搞清楚上面这些问题，掌握 Listing 的优化技巧成为了李云创业路上需要攻克的新难关。

## 一、亚马逊商品发布

想要运营好亚马逊，刊登产品是一项基本功，那么如何练好这项基本功呢？

所谓的刊登，也就是我们所说的上传、发布产品。对于自建产品页面的卖家，亚马逊提供了两种上传方式：单个上传和批量上传。

把产品上架到 Amazon 时，要针对产品自身完善其标题、图片和关键字。产品标题和关键字都要使用英文，在写产品标题时建议把产品的卖点和优势写在前面；和国内电商平台使用的图片不同，产品图片要求是 1000×1000 的白底图，同时货品占比要达到图片面积的 80%以上；关键词部分有 5 点，每点不超过 50 个字符，建议与标题有所区别。

具体来讲，商品发布主要有以下几个步骤：

第一步：进入卖家后台，点击 Inventory，下拉至“Add a Product”，在“Add a Product”页面点击“Create a new product”创建一个新的产品，如果 10-2 所示。

图 10-2　亚马逊产品添加页面

第二步：在列表中选择商品详细品类(在搜索框里搜索关键词可以搜索品类)，点击 Select 确认品类，如图 10-3 所示。

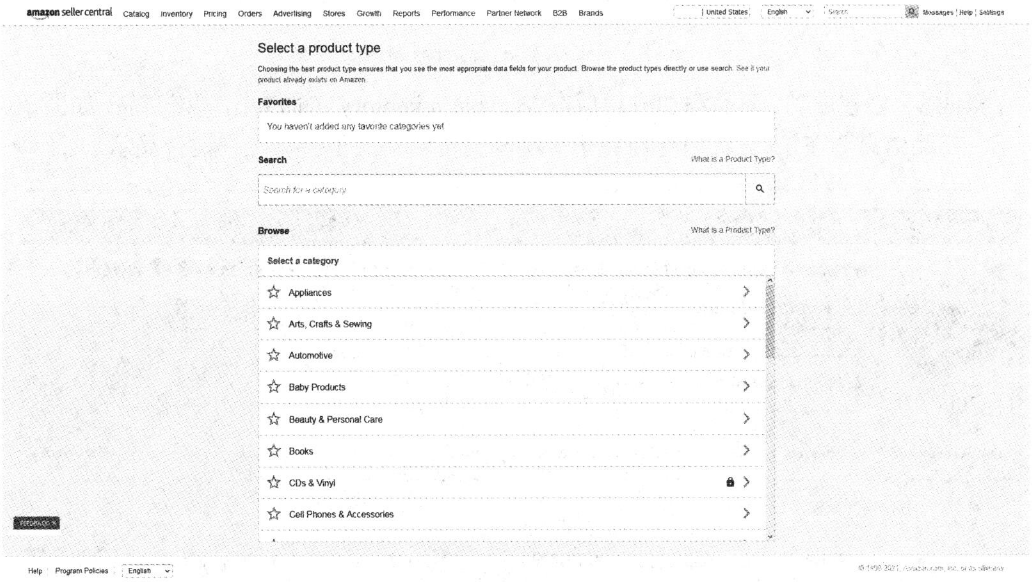


图 10-3　亚马逊产品品类页面

第三步：编辑保存。输入商品基本信息如 SKU、标题、描述、品牌、生产厂商、功能、图片、价格、关键词、UPC 码等。确认所有标识为红星的信息都填好以后，屏幕下方的“Save and finish”按钮会由灰色变成橘黄色，点击“Save and finish”创建商品，如图 10-4 所示。首次创建商品过程中图片不会马上上传，要等商品信息都输入完毕，点击“Save and finish”按钮的时候图片才会上传。

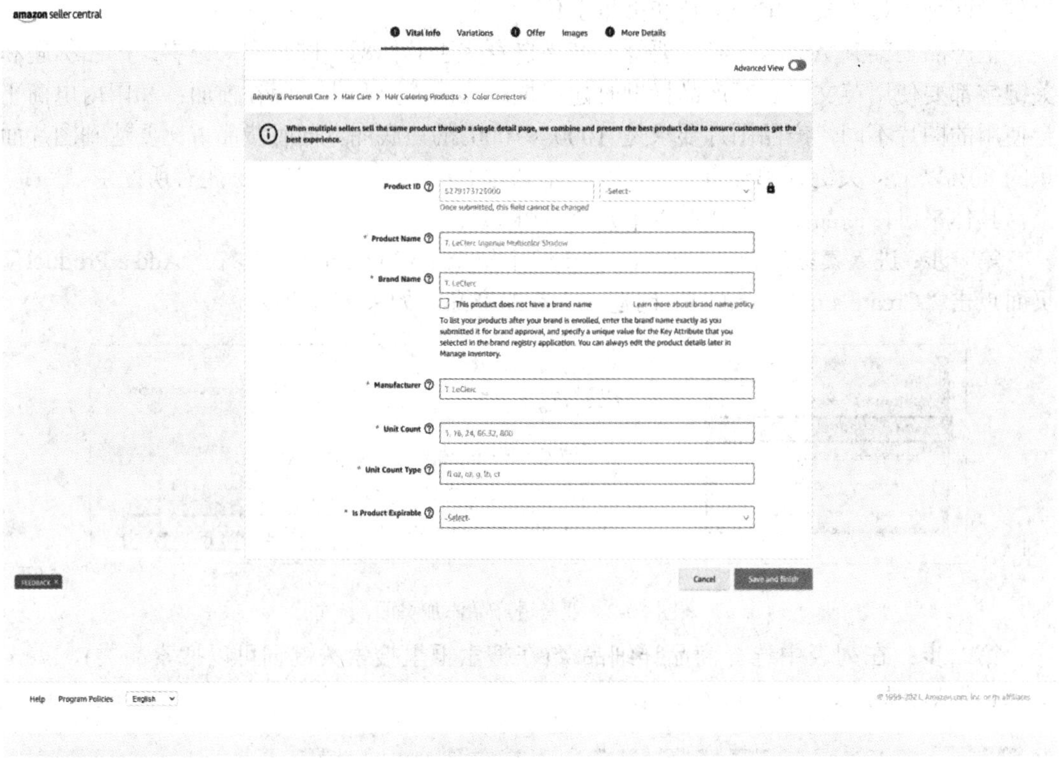


图 10-4　亚马逊产品信息保存页面

第四步：创建成功。商品添加成功后在 Manage Inventory 页面会出现该商品，如图 10-5 所示。商品信息会在 15 分钟内更新完毕，刚刚上传的商品不会马上在前台显示。

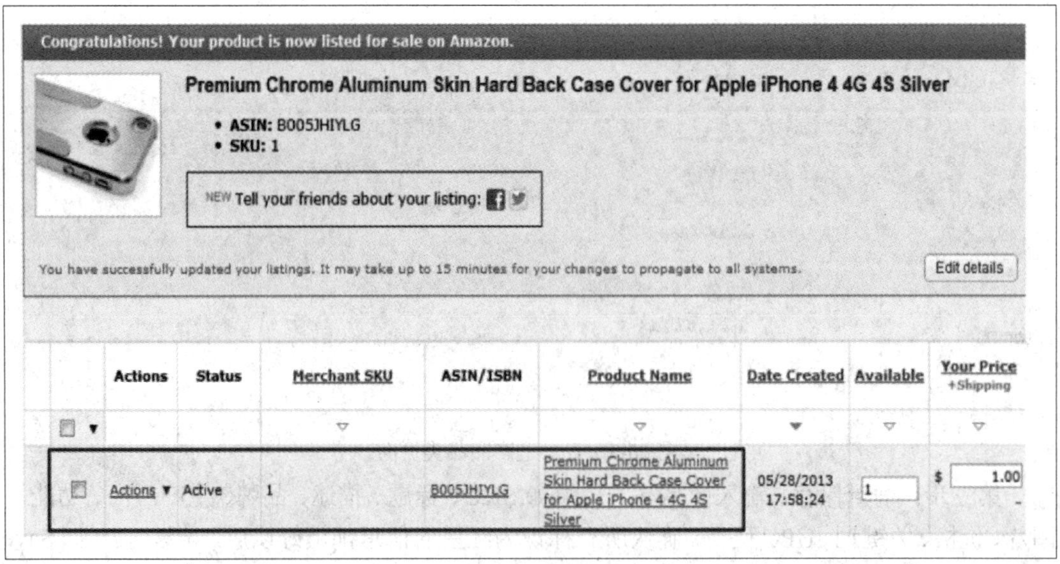


图 10-5　亚马逊产品信息创建成功页面

另外需要注意的是，卖家要遵守亚马逊的销售政策，不得上传涉嫌侵权、假冒伪劣的产品；某些类目的产品，上架前需要预先审核。

## 二、亚马逊 Listing 优化

### 1. 标题优化

标题之所以被认为是 Listing 基础建设的入门砖，是因为其能够嵌入主关键词，让买家搜索到产品的来源。好的标题可以提高产品的点击率和转化率。例如，天气变冷，一个客户想买条抓绒秋裤给女朋友，就会直接在电商平台的搜索框中搜索“女士抓绒秋裤”，如果其对面料有要求，可能会加上“莫代尔女士抓绒秋裤”，以便精准地搜索到想要的产品。所以，标题包括的产品关键属性越精准，所带来的转化率就越高。如果没有对标题进行优化，潜在买家就可能找不到你的产品，从而影响销量。在亚马逊上打造标题需要注意以下规则。

1) 标题的两个要素

亚马逊对标题的字符数量的限制为 250 个字符。标题一定要写满，尽量做到一个字符都不要浪费。要让关键词尽量嵌入产品标题中，以便增加 Listing 的权重。写标题有两个要素：一个是标题的可读性，另一个是标题的可搜索性。

(1) 标题的可读性。标题的可读性，顾名思义，是指打造的标题要有逻辑性，符合当地人的语言习惯，可以让人一目了然地知道所卖产品的属性是什么、颜色是什么等。

例如：Grill Mat Set of 5-100% Non-Stick BBQ Grill & Baking Mats-FDA-Approved，PFOA Free, Reusable and Easy to Clean - Works on Gas, Charcoal，Electric Grill and More - 15.75 × 13 Inch。

上面这个标题采用了关键词堆砌法，把产品的主关键词堆砌在标题靠前的位置，过于冗长、复杂，让买家在短时间内不清楚所售卖的产品是什么。可以把标题改成以下形式：

BBQ Grill Mat Set of 5 - FDA-Approved, PFOA Free, Reusable and Easy to Clean - Works on Gas, Charcoal, Electric Grill and More - 15.75 × 13 Inch。

先把关键词提前，再接着写产品的属性，买家就能在最短的时间内知道售卖的产品是 5 件套的烤肉垫。把关键词过多地堆砌到标题中会影响买家的体验，标题应该易于买家阅读。

(2) 标题的可搜索性。产品排名建立在亚马逊的 A9 算法上，该算法主要从产品的历史销售记录、文本相关性、价格和库存等因素考虑。其中，文本相关性涉及的主要是标题、Bullet Point、产品长描述和 Search Terms(搜索关键词)。在确定产品标题之前，可以先借助热搜词的工具确定相关词语的搜索热度，例如 MerchantWords 和 Google Ads Keyword Planner。

通过以上热搜词工具，可以选择适合的关键词嵌入标题，以达到标题的可搜索性。这里以“Wireless Charger (无线充电器)”为例，在 MerchantWords 的搜索框中输入“Wireless Charger”，根据数据可以找到适合的而且热度颇好的关键词：“Fast Wireless Charger (快速无线充电器)”等，如图 10-6 所示。

所以，该产品标题可以写为“Fast Wireless Charger”。这样的标题不但具备可读性，而且具备了可搜索性，一举两得。

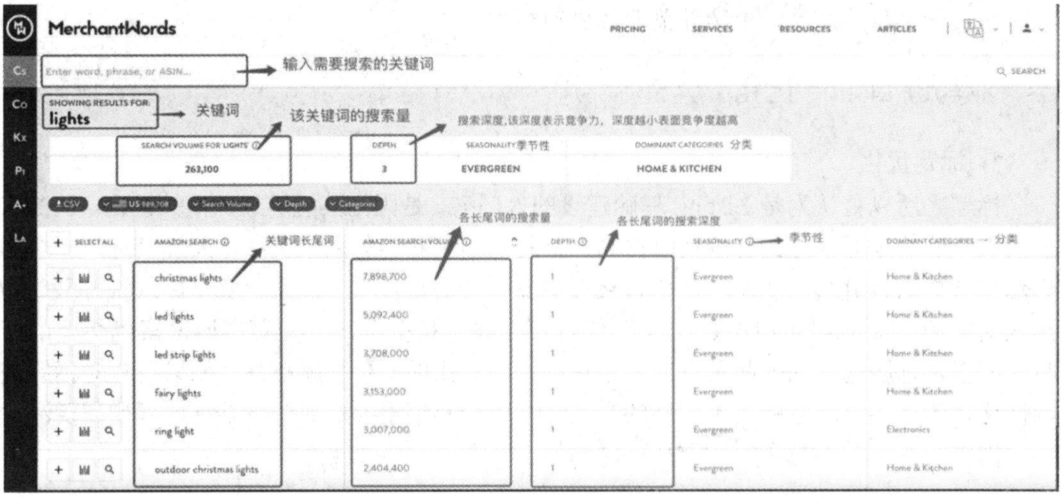


图 10-6　MerchantWords 搜索结果

**注意:** 要把最重要的关键词放在前五个单词里。如果产品的品牌并没有一定的知名度，那么建议把品牌放在后面。

2) 标题制作的要求

亚马逊官方对于标题给出了一些具体的要求。

(1) 大写每个单词的首字母。每个单词的首字母必须大写，但 a、an、for 等例外。

例如：OtterBox Commuter Series Case For iPhone 8 & iPhone 7 (NOT Plus)、Indigo Way (Maritime Blue/ Admiral Blue)不规范。

符合规范的写法应为：OtterBox Commuter Series Case for iPhone 8 & iPhone 7 (NOT Plus) - Indigo Way (Maritime Blue/Admiral Blue)。

(2) 所有数字都应该是阿拉伯数字。如果标题中有数字，那么需要用阿拉伯数字。

例如：BBQ Grill Mat Set of Five...的正确写法应为：BBQ Grill Mat Set of 5...。

(3) 除非是品牌名称的一部分，否则不得在标题中使用诸如“&”“;”“%”“$”“#”“and”等特殊符号或词语，这些特殊符号或词语在品牌名称内包含的情况下可以出现。

(4) 如果尺寸不是相关细节，那么不要在标题中列出，不要在标题中填写无关的信息。

(5) 如果产品没有多种颜色，那么标题中不应该注明颜色。

(6) 不能有促销、运费等与销售无关的词语，如“Free Shipping(免运费)”“Hot Sale(热销)”等。

(7) 如果自有品牌不是知名品牌，那么可以不用放在开头。

(8) 标题的字符为 250～500 个。在后台独立上传单个产品时只可以填写 250 个字符，当通过表格批量上传产品时可以填写 500 个字符。(注意：一个标点或者一个空格也算一个字符)。

(9) 避免使用自我赞美的词语，如“No.1 Seller”。

3) 标题打造的方法

(1) 主关键词和次关键词结合。如图 10-7 所示，该标题放在最前面的是该产品的品牌名。当然，该品牌已经在市场上有一定的知名度，所以放在前面是可以的。如果品牌没有知名度，就不必放在标题的前面了。紧接着品牌名的是该产品的主关键词和产品的属性，然后是产品的次关键词和产品的适配场景。也许有人会问，这种写法与关键词堆砌法有什么区别呢？我们可以清楚地看到，主关键词和次关键词以产品的属性间隔开，这样写并不会让读者感到疑惑，也能让关键词获得较大程度的曝光。

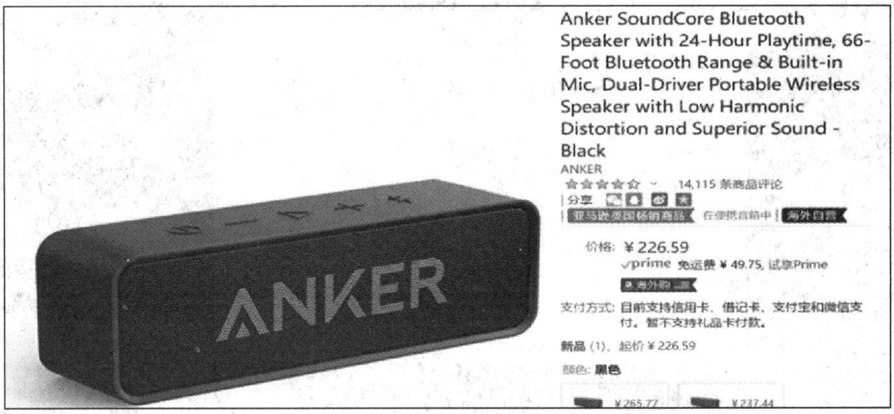


图 10-7　亚马逊某商品详情页标题

主关键词和次关键词结合的标题格式可以拆解为：品牌名＋产品的主关键词＋产品的属性＋产品的次关键词＋产品的适配场景。

其优点是一目了然，既满足了标题的可读性，又符合亚马逊对 Listing 的要求，

其缺点是没有最大限度地获取流量。

(2) 标题包含关键词。这个方法的使用，需要密切留意热搜词。例如，已知适合的产品关键词为"Wax Warmer(熔蜡机)""Purple Wax Warmer(紫色熔蜡机)""Wax Warmer 25Watt"，标题可以写为："Purple Wax Warmer 25 Watt..."。

这样用有逻辑性的方法把关键词串联在一起对于产品的搜索排名优化很有帮助。

以下是亚马逊官方给出的一些不同类目的标题模板：

① Style for Cookware, Cutlery: Brand + Line + Size + Product Type。

厨房用品：品牌＋尺寸＋产品类型。

② Style for Sheets, Mattress Pads, Blankets: Brand + Line/Pattern + Thread Count + Material + Size + Product Type, Color。

床上用品：品牌＋款式＋织物经纬密度＋材质＋尺寸＋产品类型/颜色。

③ Style for Laptops and Desktops; Brand + Model Number + PC Type( Processor Speed + MB of RAM + Hard Drive Size + Optical Drive)。

电脑：品牌＋型号＋电脑类型。

其他类目模板可浏览亚马逊官方网站获知。

**例题 10-1**：已知关键词如何撰写标题

已知关键词"Blackhead Remover(黑头吸除器)""Blackhead Remover Vacuum(黑头吸除器真空)""Nose Blackhead Remover(鼻子黑头吸除器)""4 in 1 Blackhead Remover(4 合 1 黑头吸除器)"，以主关键词和次关键词结合的方法写一个标题。

答案：4 in 1 Blackhead Remover + 产品属性 + Blackhead Remover Vacuum。

4) 标题中的关键词来源

(1) 常用的热搜词工具。通过关键词每月在亚马逊上的搜索量，可以知道该产品的需求量；每月的搜索量越大，产品的需求量越大。常用的搜索工具主要有前台搜索框的提示(见图 10-8)、MerchantWords 热搜词工具、Google Ads Keyword Planner、广告报告。

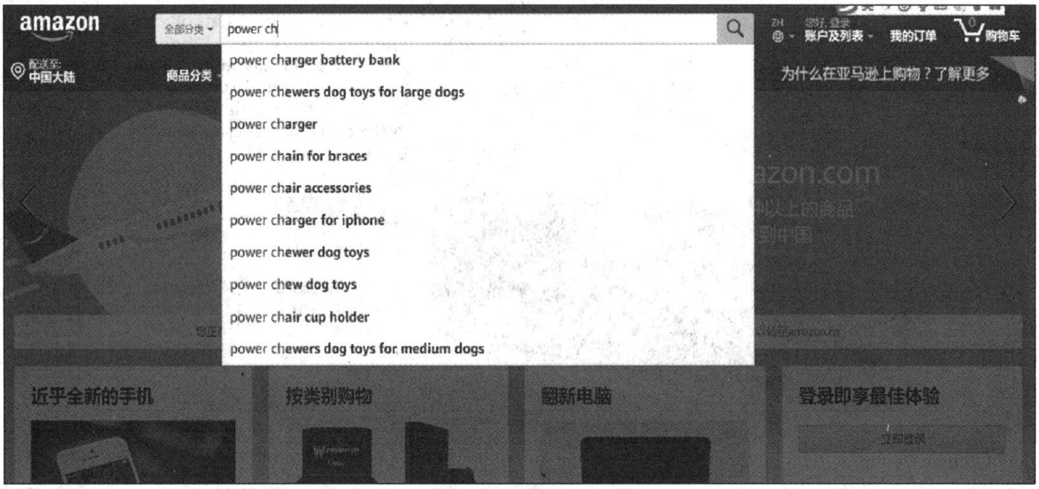


图 10-8　亚马逊前台搜索框提示关键词

(2) 同行撰写的标题。知己知彼，百战不殆，做亚马逊运营也一样。我们需要密切关注做得好的同行的标题、Bullet Point 和产品长描述以及图片，最好把它们收集在 Excel 里，以便分析和学习。但同行的标题也不一定都准确，所以要客观地判断，学习同行做得好的地方，不断地优化标题。

(3) 竞品 Review 的提炼。大多数 Review 是目标买家留下的真实评论，可以收集销售得比较好的 ASIN (Amazon Standard Identification Number，亚马逊标准识别号码)的评论，并对其做数据分析，把买家提到次数最多的单词或者短语提炼出来，看能不能将其放在标题、Bullet Point 或者产品长描述里。当然，不需要查看所有产品的 Review，只需要挑选销售得比较好的产品即可。可以打开亚马逊美国站的主页，输入产品的关键词，挑选销量好的 Listing。先从负面评论开始看，把买家反映的通用缺陷放在 Excel 里，接着再看好的评论，找出买家对这个产品认同的地方，逐一收集，并和负面评论一起分析。有时一些简单的调整，便可以让产品更具竞争力。

### 2. 图片优化

一张好的产品图片可以极大地提高产品的点击率和转化率。63%的买家认为产品图片比描述更重要，多数人只会阅读网页文字的 20%，但会查看每一张图片；53%的买家认为图片比评论重要。

所以，图片的重要性不容忽视。如何在众多竞争者中脱颖而出？产品图片可以作为一个突破点。做好亚马逊 Listing 的九张图片需要注意以下事项。

1) 图片的来源

非法使用有版权问题的图片会被起诉，遭到罚款。所以，一定要选择没有版权问题的图片。切忌使用来源不明的图片，否则会引起商业侵权。图片的来源可以为外国的网站或国内的网站。建议使用外国的网站来寻找需要使用的图片，因其能更好地贴合外国人的审美习惯，而国内的网站提供的素材大多为中国风元素。如果想让自己的图片与众不同，又符合当地人的审美习惯，也可以请外国摄影师进行产品拍摄。

2) 图片如何选择

亚马逊让卖家仅通过九张图片展示产品，因此要充分利用好每一张图片。

(1) 产品主图。第一张图片一般是产品的白底主图，产品最好占主图的 80%，见图 10-9 的例子。

图 10-9 亚马逊某产品正面主图

(2) 产品侧面图。产品侧面图可以让买家多角度了解产品。尤其对一些款式型的产品来说，侧面图尤为适合，如衣服、鞋子等，见图 10-10 所示例子。

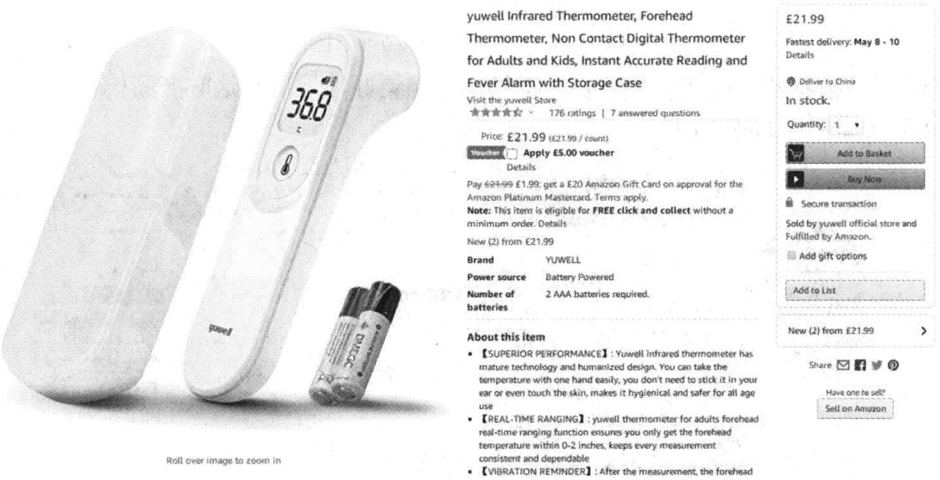


图 10-10 亚马逊某产品侧面图

(3) 产品功能图。产品功能图以图文的方式呈现产品的功能，让买家更清楚产品的功能，如图 10-11 所示。

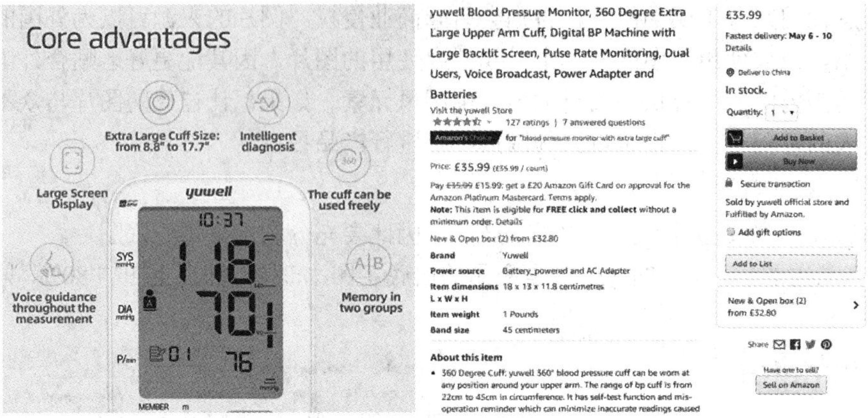


图 10-11　亚马逊某产品功能图

(4) 产品细节图。产品细节图突出产品的重要细节，可以增加产品的竞争力，让买家对产品特点一目了然，如图 10-12 所示。

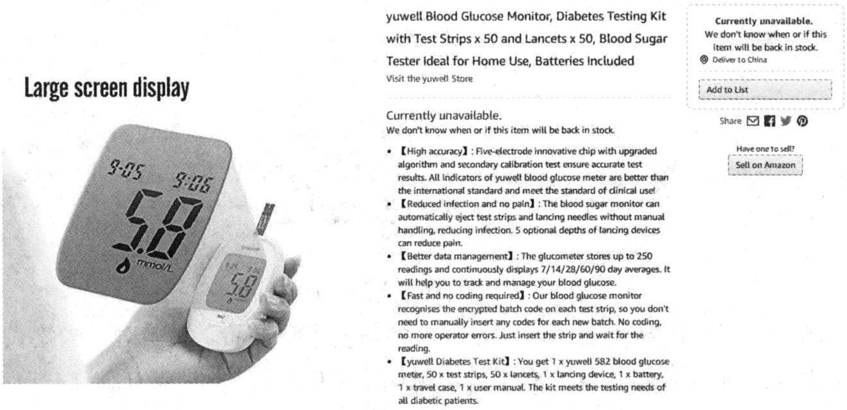


图 10-12　亚马逊某产品细节图

(5) 产品模特图。有些产品需要模特烘托才能更好地展现，这时产品模特图就要纳入产品图的布局中，如图 10-13 所示。

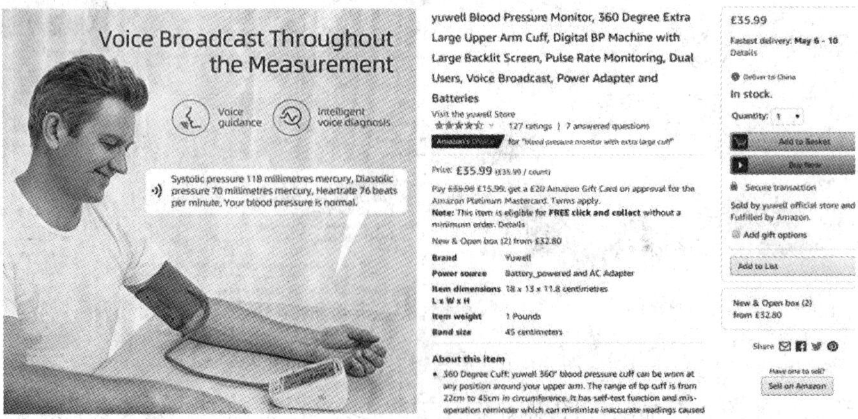


图 10-13　亚马逊某产品模特图

(6) 产品尺寸图等。在图中，要标好产品的具体尺寸或重量，以免买家在 Bullet Point 或者产品长描述里来回查找产品尺寸或者重量，如图 10-14 所示。

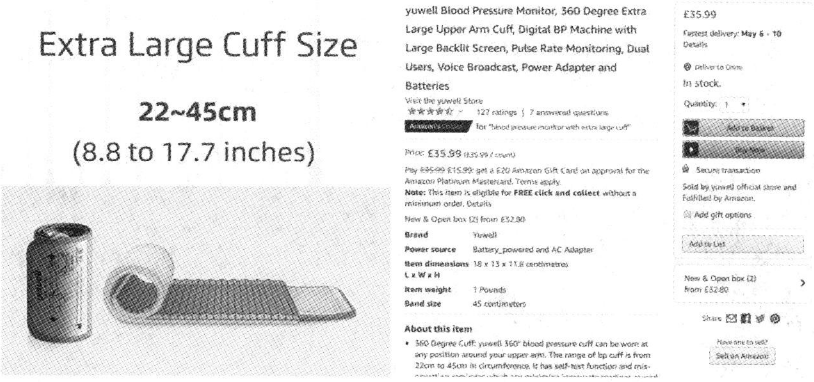


图 10-14 亚马逊某产品尺寸图

(7) 产品使用说明图。大多数产品都有说明书，但是这并不妨碍再做一份产品使用说明图。比起枯燥的文字，人们更容易接受图片，如图 10-15 所示。

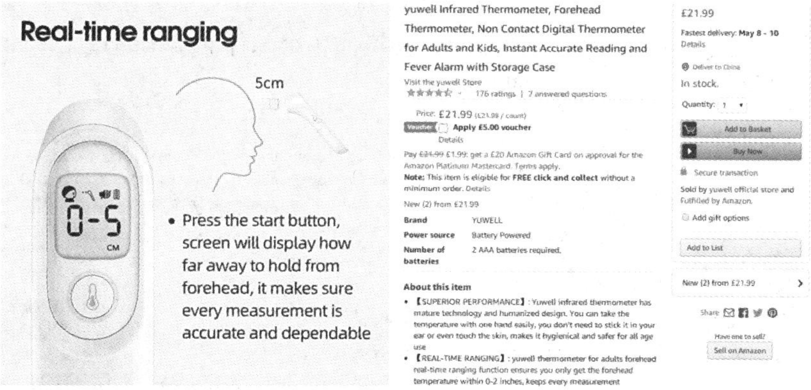


图 10-15 亚马逊某产品使用说明图

(8) 产品包装图。产品包装图不仅是展现产品的盒子，还要告诉买家在买了这个产品后将会收到什么，如图 10-16 所示。

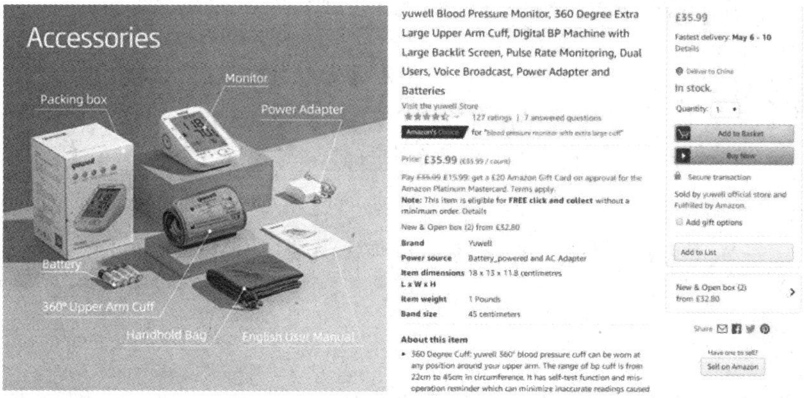


图 10-16 亚马逊某产品包装图

(9) 场景应用图。场景应用图可以让买家知道该产品能应用在什么地方，或是能适配哪些其他类型和型号的产品，如图 10-17 所示。

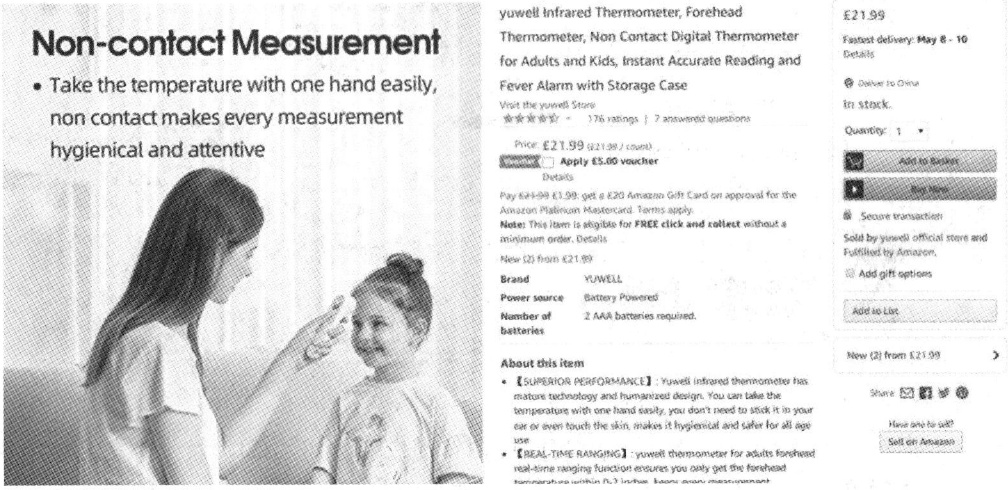


图 10-17　亚马逊某产品场景应用图

(10) 拆解结构图。产品拆解结构图可以将产品各个部件的结构通过立体图呈现出来，让买家对产品的结构一目了然，如图 10-18 所示。

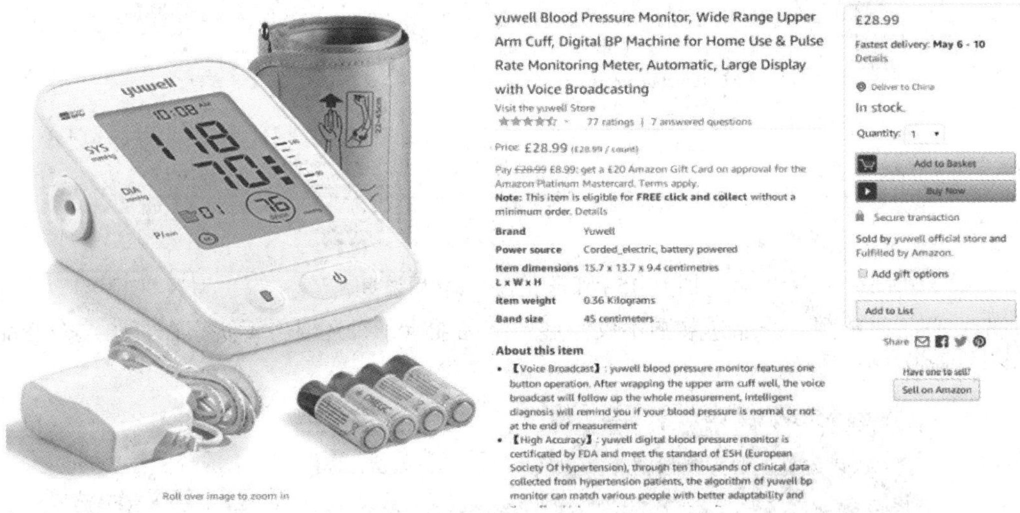


图 10-18　亚马逊某产品拆解结构图

**注意：** 在作图的同时要考虑图片的统一性，如字体需要统一，不要第一张图用 A 字体，第二张图用 B 字体。同理，图片的色调也要一样，不要部分图片选用冷色调，部分图片选用暖色调。这会让买家感觉不协调。

3) 亚马逊官方对图片的要求

在亚马逊上销售产品，一定要遵守亚马逊制定的产品主图格式与标准。提交到亚马逊的产品图片必须符合的要求如表 10-1 所示。

**表 10-1　亚马逊官方对图片的要求**

| | |
|---|---|
| 技术要求 | ① 图片格式为 TIFF、JPEG、GIF、PNG；<br>② 图片的长度或者宽度至少为 1000 像素；<br>③ 图片的颜色模式为 sRGB 或 CMYK；<br>④ 图片的文件名必须包含产品标识符(ASIN、ISBN、EAN 或 UPC) + 句号 + 扩展名，不可以包含空格、短画线或其他字符，如 ASIN.jpg |
| 产品图片要求 | ① 必须是产品的专业照片，不能是绘图或者插图；<br>② 不能包含非订单内的配件、道具；<br>③ 必须专业拍摄或扫描，色彩要逼真、边缘要光滑；<br>④ 书籍、音乐和视频/DVD 的图片应该是其对应的封面，并填充主图 100%的空间；<br>⑤ 产品应该占图片的 85%或更多的空间；<br>⑥ 图片需要包含完整的产品；<br>⑦ 图片的背景色是纯白色；<br>⑧ 图片不可以包含其他文字、图形和图片；<br>⑨ 不得包含色情和攻击性内容 |
| 辅图标准 | ① 不可以是非销售的产品图片；<br>② 必须专业拍摄或扫描，色彩要逼真、边缘要光滑；<br>③ 允许使用辅助道具进行产品说明；<br>④ 产品和道具应该占图片的 85%或更多的空间；<br>⑤ 允许对图片进行裁剪或特写；<br>⑥ 允许其他背景和环境；<br>⑦ 允许添加文字和图形；<br>⑧ 不得包含色情和攻击性内容 |

4) 如何做好九张图片

九张图一般包括一张产品主图和八张产品辅图。产品主图是显示在亚马逊页面的第一张图，是最能展示产品的图片。其余八张辅图可以是产品的拆解结构图、产品的尺寸图、产品的场景应用图、产品的细节图等。做好这九张图，关键是设法图文并茂地突出产品的卖点。而定位产品的卖点，可以从以下信息中找到关键所在。

(1) 产品信息。最直接的方法是从产品信息中了解产品的卖点。以电子驱蚊器为例，我们了解到产品具有“捕蚊率高、健康、环绕式光催化紫光灯、舒适、静音、母婴适用”的卖点。首先从买家角度思考：买家在买了一个驱蚊器后最担心的问题是什么？是有辐射吗？是会不会太吵吗？是能不能灭蚊吗？然后再与产品的特点匹配。“会不会太吵”与“舒适”“静音”匹配，我们就可以把“舒适、静音”这个特点作为卖点。

(2) 关注买家评论与反馈。买家的声音永远是最真实的。这里不仅指买家发来的邮件，还包括买家退货时留下的“Customer Comments(客户评论)”。例如：买家发邮件反馈 XX 金属探测器经常在不使用的情况下鸣叫。看到这样的评论或者客户反馈，应该立刻与采购人员沟通，看是否可以改善该问题。如果可以改善，那么这反而会是产品的一大亮点。如果不可以改善，也没有关系，可以在 Bullet Point 或者产品长描述中提醒买家。

(3) 利用 QA 中的信息。QA 就是 Questions & Answers(问题与回答)。我们可以收集买家的问题，找到买家重复提出的重点问题，写到图片里。

(4) 展示各项认证和证书。关于产品的各种认证证明和证书最能体现产品的功能、技术、质量、品质等优势。亚马逊上常用的认证和证书主要有：美国食品和药物管理局认证，主要针对药品、化妆品、医疗用品等；美国联邦通信委员会认证，主要针对电脑、电脑配件、电动工具等；CE 认证(CE Conformity)是一种安全认证而并非质量合格认证，通常被认为是制造商打开欧洲市场的通行证；儿童产品证书(Children' s Product Certificate，CPC)，但凡在亚马逊美国站售卖的儿童玩具和儿童产品都必供儿童产品证书；DOT 证书，主要证明汽配类产品的安全性；美国保险商试验所认证，主要针对充电器、充电宝、手机电池等的安全性认证。

以上所列的认证和证书，并不是要求每个卖家都去申请，卖家只要根据自己的需求申请便可。

**注意：**只要产品有以上任意一种认证或证书，就可以把认证的图标加入产品主图或者辅图。这样买家可以在短时间内就知道售卖的产品通过了认证。

5) 如何防止图片被盗用

产品图片万一被人盗用怎么办？一定要养成保存设计图和图片源文件的习惯。在发现别人盗用图片后，可以向亚马逊客服反映，并提供相关的证据。

在图片被盗用后，需要的申诉资料包括：① 盗用图片的 ASIN；② 投诉人的信息；③ 投诉人的联系方式。

具体投诉步骤如下：

第一，在后台联系客服或者单击“Reports Infringement(举报侵权行为)”，根据页面所提示的内容填写即可。

第二，在“Allegation of Infringement(侵权指控)”中填写“Right Owner(产权所有人)”“Copyright Concerns(产权疑虑)”和“the Image is Used Without Authorization on the Product Detail Page(产品详情页面上的图片未经授权被盗用)”。

第三，填写自己的品牌名和图片版权的问题。

第四，填写盗用图片的 ASIN。

**3. 关键词优化**

潜在买家不只看产品标题，有的买家甚至会看产品卖点和详情描述，所以要在短时间内抓住买家的眼球，说服他们这才是最优选择，就要在设置关键词时首先了解亚马逊官网对详情页的规定。

1) 撰写 Listing 的相关规定

第一，亚马逊对不同类目的产品有不同的规定，要明确自身的产品类目，并选择相应的模板进行填写。所有的产品可参考“Service Quick Start Style Guide(快速启动风格指南服务)”，部分特殊产品可参考“Templates for Specific Categories(特定类别的模板)”。

第二，除了描述中的换行符</ br>，产品详情内页不可使用 HTML、Javascript 或其他类型的代码。

第三，标题、长描述、Bullet Point 和图片不可以包含以下内容：

(1) 色情淫秽或冒犯性内容。

(2) 电话号码、地址、邮件地址、网址信息。

(3) 引导到外部网站下单或提供运费优惠(如免费送货)的链接。

(4) 对书、音乐和视频剧透(透露故事结局)。

(5) 评论、引用或证明。

(6) 要求好评的内容。

(7) 图片和视频上的广告、宣传、水印。

(8) 参观、研讨会或讲座的时间信息。

第四，包括空格在内标题最多为 250 个字符，部分类目的标题字符数更少(详情参考“Templates for Specific Categories for Details”)。

第五，需遵循以下产品上架标准，否则会导致销售权限被移除。

(1) 准确分类，可参考“Product Classifier(产品分类)”和“Browse Tree Guide(品类指南)”。

(2) 标题、长描述、Bullet Point 必须清晰和易懂。

(3) 产品图片需符合亚马逊标准，具体见“Product Image Requirement”。

第六，添加详情页面的政策规定：

(1) 除了在亚马逊平台上架产品，库存文件不可用于其他目的。

(2) 不可使用虚假的产品标识信息(包括 UPC 和发布日期)。

(3) 已有产品不可创建产品详情页面。

(4) 不可交叉销售、推广产品。

(5) 对于书籍、音乐、视频和 DVD 类产品，一个详情页面不可宣传多个产品。

(6) 不可包含受限制的产品。

(7) 所有产品必须符合北美产品安全标准，具体参考“Choking Hazard Warning Requirements(窒息危险警告要求)”。

(8) 不可使用现有 Listing 创建新产品(包括颜色、尺寸、材料、特征、产品名)，应该为每个新产品创建新的 Listing。

2) 关键词设置技巧

为了让买家可以更精准地定位到产品，在后台“Search Term”框中填写买家可能会搜索的关键词非常有必要。亚马逊要求关键词的长度短于 250 个字符，而且仅有一行填写 Search Terms。

(1) Search Terms 里关键词的填写要求。亚马逊官网可查阅对 Search Terms 的介绍，填写时要注意以下几点：

① 长度要在 250 个字符内。

② 可以填写产品的同义词。

③ 单复数只需要选填其中一种，不需要两者都填。

④ 切勿使用标点符号，如“；”“””“,”“:”“-”。

⑤ 切勿重复填写关键词。

⑥ 切勿填写 ASIN。

⑦ 切勿填写“a”“and”“by”“for”“to”“the”“with”等词。

⑧ 切勿使用不雅用语。

在上网搜索时可能会发现关于 Search Terms 的填写要求一直在变化，有的信息显示 Search Terms 可以填写 5 行，有的信息显示 Search Terms 的字符限制为 1000 个等。其实这些信息都没有错。亚马逊对 Search Terms 的填写要求做出了很多变化，具体如下：

① 2017 年 1 月，Search Terms 的字符限制为 1000 个字符，第一行的权重最高。

② 2017 年 7 月，亚马逊只索引前 2350 个字符。

③ 2018 年 7 月，Search Terms 暂时成为一个不重要的排名因素。

④ 2018 年 8 月，Search Terms 从 5 行减少到 1 行，且字符缩小到 250 个，又重新纳入排名的一个重要因素。

(2) 关键词的填写技巧。应对亚马逊提出的要求，在填写关键词时应注意以下几点。

第一，避免与标题重复的关键词。亚马逊官方建议，在 Search Terms 中填写的关键词要尽量与标题中的关键词错开。例如，标题中已经含有关键词 A，那么在 Search Terms 中就不要再填写关键词 A，可以填写其同义词或者关键词 A 的长尾词。

第二，用长尾词替代短语。已知产品的关键词是“Sports Shoes(运动鞋)”，就可以在 Search Terms 中填写其对应的符合产品特性的长尾词。例如，产品受众是女性，产品颜色有白色、红色、黑色等，就可以填写“White Sports Shoes for Women(白色女运动鞋)”。

第三，不断优化 Search Terms。Search Terms 不应该一成不变，应该定期根据市场数据情况调整 Search Terms 里的关键词。

(3) 设置了 Search Terms 却找不到产品的原因。在 Search Terms 中设置了关键词，却在首页搜不到自己的 Listing，是大多数卖家都会遇到的问题，其原因主要有以下几点：

第一，设置的关键词与 Listing 的相关性不高。假设产品是白色女运动鞋，如果在 Search Terms 中填写了黑色女运动鞋，那么亚马逊会检测到此关键词和 Listing 的相关性不高，这个关键词的评分就会降低，会导致产品排名靠后或搜索不到。

第二，Listing 可能新增了差评。如果因收到差评而使得 Listing 的整体星级低于同行，那么也会影响排名情况。

第三，Listing 可能很久没有转化。Listing 如果长期处于一个低曝光量、低点击量、低转化率的状态，亚马逊就会默认这个 Listing 是一个没用的 Listing，这也会使排名受到影响。

## 任务四　亚马逊全球开店创业——广告营销

### 任务引入

李云已经掌握了如何在平台上发布产品，他每天都会跟创业伙伴一起查看上架产品的销售情况，根据数据优化产品 Listing。经过一段时间的经营，李云发现，虽然每天都有几个订单，但是订单很少，降价和优化 Listing 对订单的增长效果都不明显。经过团队的讨论分析，原因可能是产品曝光度不高，于是团队一致决定通过站内营销手段，提高曝光率。但是亚马逊的站内广告有哪些？不同广告方式的侧重点是什么？如何创建广告？带着这些问题，李云和团队成员开始学习如何利用亚马逊站内广告做好站内引流。

在竞争日趋激烈的今天，要想在亚马逊平台运营中取得好的业绩，主动推广已经成为必不可少的手段。随着 AMS(Amazon Marketing Service，亚马逊营销服务)成为品牌投放广告的重点，了解各类广告的差异，学习如何利用策略挖掘广告的潜力非常重要。目前，亚马逊有三种站内广告类型，分别是付费广告(Sponsored Ads)、标题搜索广告(Headline Search Ads)和产品展示广告(Product Display Ads)。

## 一、付费广告

对于亚马逊卖家来说，亚马逊站内 CPC 付费广告是引流的必杀器，是亚马逊站内广告，属于付费推广(Sponsored Product)，又称 Pay Per Click 或 Cost Per Click(PPC/CPC)。CPC 付费广告具有引进流量多而精准、点击成本不高、转化率相对较高的特点，因此也是使用最为广泛的广告，适合产品推广和关键词推广。

### 1. 亚马逊站内 CPC 付费广告的条件

(1) 产品必须有 Buy Box(购物车)才可以参加点击付费广告活动。

(2) 必须是专业卖家(Professional Seller)。

(3) 不要设置与自己的产品完全不相关的关键词，如果出售电子类产品，却使用了珠宝类的关键词，那么亚马逊的系统可以自动对其识别并且将其屏蔽。

了解亚马逊付费广告出现的位置可以以关键词 Yuwell 为例。在前台输入“Laptop(笔记本电脑)”，在搜索结果界面中出现的带有“Sponsored(赞助)”标志的就是付费广告产品，如图 10-19 所示。

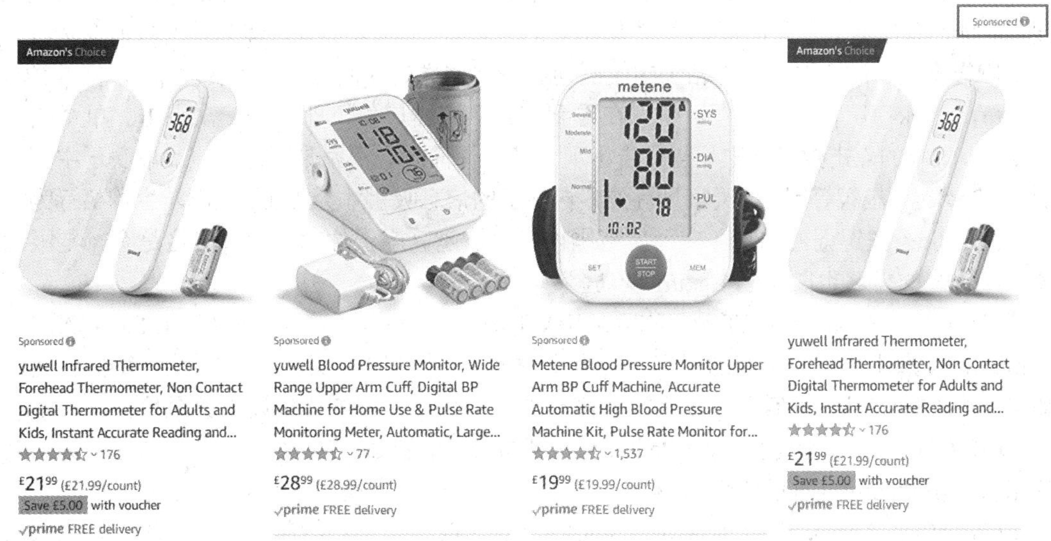


图 10-19　亚马逊前台“Yuwell”搜索结果的付费广告展示位

## 2. 付费广告的创建

### 1) 注册广告服务

可以有两种途径注册亚马逊广告服务。

(1) 通过卖家后台“广告”功能标签进入。广告标签在卖家后台，点击后输入付款信息并且阅读并同意合同条款。

(2) 通过点击亚马逊服务的主页中的商品推广服务页面进行注册。其中，US 站点链接为 http://services.amazon.com/content/sell-on-amazon/sponsored-products.htm？ld = SCSPStrip login(见图 10-20)。UK 站点链接为 http://services.amazon.co.uk/ services/sponsored- products/how-it-works.html。点击后输入付款信息并且阅读并同意合同条款。

图 10-20 亚马逊广告服务

此外，卖家还应对以下广告术语的含义以及相关注意事项进行充分的了解。

(1) Daily Budge：Campaign 的每日预算。如果超过了每日预算，广告就会自动停止运行。所以，要每天关注预算的花费，避免预算不足无法扣费。

(2) Impression：广告曝光量。广告曝光量表示广告的买家搜索量。买家输入所需产品的关键词进行搜索，如果这个关键词恰好是卖家设置的广告词，那么卖家的广告将会出现在搜索界面，买家看到产品的概率大大提高，带来相应的流量。因此，曝光量的数值意味着产品的广告流量。注意不要用不相关的关键词引流，这样会降低点击率和转化率，得不偿失。

(3) Click：广告的点击数。买家在看到广告后点击广告，即记为一次点击。单个买家在 24 小时内的点击数算一次。当广告出现在搜索界面时，买家是否点击产品取决于主图、价格、Review、星级等因素。买家只有被广告展示的信息吸引才会点击，从而产生购买行为。

(4) Bid：关键词的出价。在一定范围内，出价越高广告位越靠前，但这是有一定限制的，广告位的排名也取决于 Listing 的质量。

(5) CTR：点击率。CTR 全称为 Click Through Rate。计算公式为：CTR = Click/Impression。点击率反映了产品对买家的吸引程度，广告越吸引买家，点击率越高。换言之，如果一个产品的点击率低，那么卖家就需要考虑如何优化主图、标题，甚至价格。

(6) CPC：CPC 全称为 Cost Per Click，即按点击付费。CPC 的价格由第二名与第一名的出价，以及 Listing 的质量决定。

(7) ACoS：ACoS 全称为 Advertising Cost of Sale，即广告的花费和广告的销售收入的比例，是投入产出比的体现。其计算公式为：ACoS = 广告的花费/广告的销售收入。例如，花了 30 元的广告费，最后卖出了 100 元的产品，那么 ACoS 就等于 30%。在保持一定的销售额的情况下，ACoS 越低越好，这说明投入产出比很高。从赢利的角度上考虑，ACoS 应该小于或等于产品的毛利率。如果 ACoS 过高，说明广告带来了亏损。当然，在产品不同阶段对 ACoS 的期许也不同，产品初期主要目的是促进排名，在这一阶段 ACoS 较高也是可以接受的。

(8) Conversion Rate：转化率，简称 CR，是广告订单数和点击数的比值，代表产品的表现。计算公式为：CR = Order/Click。转化率可以说是产品在亚马逊排名的一个核心因素，这个因素的决定因素是产品详情页面，转化率高说明 Listing 表现很好，转化率低说明 Listing 的产品详情页面需要不断优化。

2) 创建广告活动

可以登录亚马逊卖家后台(http://sellercentral.amazon.com)，通过“广告”功能按钮，点击“广告活动管理”按钮进入到管理活动的操作界面(见图 10-21)。

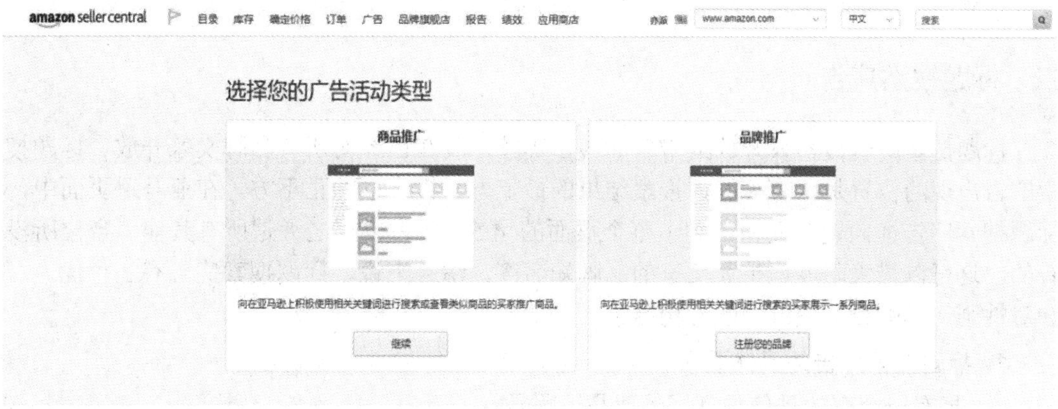


图 10-21 亚马逊创建广告活动页面

### 3. 亚马逊付费广告的种类

亚马逊付费广告分为自动广告和手动广告。这两种类型对于日常运营都必不可少。自动广告是前期测试关键词的主要手段，手动广告在后期广告的精准投放上发挥着不可忽视的作用。

(1) 自动广告。在新品刚开始销售的初期，如果不知道如何设置关键词，可以选择为这个产品做自动广告。创建自动广告的过程很简单，只需要选择 SKU，设定广告词出价。在自动广告开启后，亚马逊会根据 Listing 匹配最适合的关键词去投放广告。

自动广告通常在相关的 Listing 详情页的中间位置优先展示，其流量主要通过其他相关的 Listing 页面引入。亚马逊会在有销售记录的产品页面中，将卖家相关的产品尽可能地推荐给买家，让买家能在不同的产品中选择最适合的购买。

自动广告的优势是不需要自己添加关键词，曝光量大，可以通过自动广告找到打手动广告的关键词。其劣势是针对性不强、转化率低、ACoS 高、费用较高。

(2) 手动广告。亚马逊官方对手动广告的释义为：Your ads appear when a customers search matched keywords that you provide(当客户的搜索与您提供的关键词匹配时，您的广告就会展示)。从官方释义中可以看出，手动广告围绕的是“Keywords”。

当买家使用卖家设置的关键词进行搜索时，Listing 才有机会展现在买家眼前。卖家还要考虑关键词匹配方式的选择。在运营中，考虑到投入产出比，相比自动广告的 ACoS 相对较高的特点，手动广告相对更为可控。卖家可以设置想添加的关键词，并给出出价，买家只有在搜索卖家设置的关键词时，产品才会出现在搜索页面。这在很大程度上降低了一些不必要的词的花费，从而降低了广告成本。

手动广告在投放过程中会根据设置的关键词进行曝光和引流，因此关键词至关重要。其优势是针对性强，转化率比自动广告高。其劣势是需要自己添加关键词。

**注意**：在做了一段时间的广告后，为了节约广告成本，减少垃圾流量，可能想只开手动广告，关掉自动广告。但是我们建议不要关掉自动广告，因为做广告的目的是增加产品的流量。自动广告会优先展示在别的 Listing 详情页内的广告推荐位，并且定期下载广告报告可以筛选出转化率高的关键词，将这些关键词放入手动广告，可以获得更多的精准流量。另外，对于新品，可以在新品期先开两周左右的自动广告，然后下载广告报告分析，将转化率高的关键词放入手动广告，这样可以降低自动广告的预算，提升手动广告的预算。

## 二、标题搜索广告

标题搜索广告最初只开放给 VC 和 VE 卖家，现在已经对所有品牌卖家开放。标题搜索广告出现的位置是所有关键词搜索结果的最上方、搜索框的正下方。在亚马逊页面中，标题搜索广告横向覆盖面积占到了整个页面的 4/5，所占位置之大是所有其他广告位所没有的。这可以最大限度地扩大卖家的品牌知名度。综合来说，标题搜索广告有 3 个优点：针对性强、最醒目、关键词匹配精准。

### 1. 标题搜索广告的具体要求

(1) 拥有一个有效且信誉良好的亚马逊账号。

(2) 能够发货到美国各地。

(3) 要提供有效的信用卡。

(4) 要推广的产品属于适用分类。

(5) 要推广的产品为全新产品。

### 2. 标题搜索广告的展示位置

如图 10-22 所示，在这个位置放置的广告是显而易见的。买家在搜索需求产品时首先看到的便是这个大广告，它可以极大地吸引买家的注意力，提高推广产品和品牌的知名度。

图 10-22　亚马逊前台“laptop”搜索结果的标题搜索广告展示位

**注意**：标题搜索广告显示在搜索结果的顶部，每个广告显示 3 个产品。如果亚马逊认为其中任一个产品不合格，广告会被暂停。亚马逊确定产品不合格有多种原因，如产品缺货或者产品无法使亚马逊获得足够的利润。为了避免因产品不合格而被暂停广告，需要多选几个产品作为备选。

## 三、产品展示广告

### 1. 产品展示广告的具体要求

产品展示广告(Product Display Ads)与付费广告一样，但更突出品牌，而不突出广告。

产品展示广告与其他两个广告不同的是，它是基于买家兴趣或关注产品展示的，而不是关键字。这意味着卖家可以选择根据消费者的兴趣或他们研究的特定产品(可能是你的产品，也可能是竞争对手的)来对他们进行定位。

### 2. 产品展示广告的展示位置

产品展示广告拥有多个展示区域(见图 10-23)，可以展示在产品详情页面的侧面和底部，买家评论页、亚马逊以外的网站以及优惠信息页面顶部，甚至还可以出现在竞争对手的产品详情页面上。

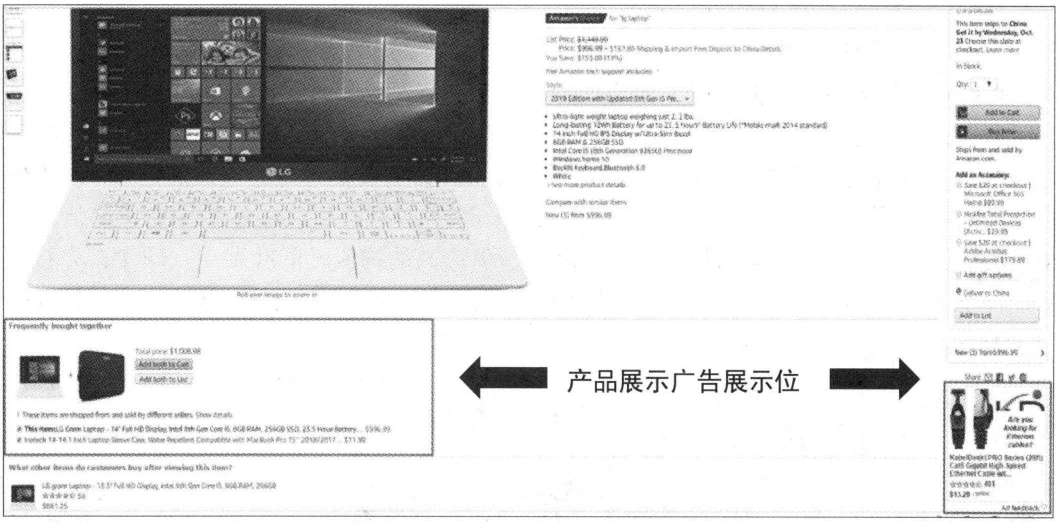


图 10-23　亚马逊详情页中的产品展示广告的展示位

### 3. 产品展示广告的策略

对于这类广告，品牌卖家最经常使用的两种策略是“征服”策略和“防御”策略。

(1) 征服策略。征服策略顾名思义是指将广告展示在竞争产品的详情页上，将浏览该产品的消费者吸引到相应的页面。应用这一策略，除了广告本身，需要对自己产品页面的图片、评论、产品定价进行优化，不断测试和分析最佳的表现组合。

(2) 防御策略，即守住自己产品详情页的广告位，不被竞争对手占领，为达到这个目的可以选择购买该广告位。这一策略的诀窍在于，尝试为消费提供升级版本产品或其他能够升级产品效果的附加品、高端版本，或者创建捆绑销售的产品，鼓励消费者消费。假设销售 iPhone 手机，可以捆绑销售手机膜、手机壳等。

# 任务五　亚马逊全球开店创业——物流设置与支付设置

## 任务引入

物流到底应该是选择自发货还是亚马逊的FBA物流呢？经过一段时间的经营，李云一直是选择传统的自发货，可是在多次收到客户反馈物流时间长、当地配送慢、无法退换货和货到付款等客户体验差的问题后，李云决定尝试一下亚马逊的FBA物流。据说FBA物流操作方便，除了配送速度快，能够给客户提供更优良的物流服务，还可以帮助卖家提高搜索排名，有利于获取“Buy Box”，还能多站点、跨平台提供物流。

但是FBA物流的流程具体是怎样的？费用如何计算？FBA发货要怎么操作，注意点是什么呢？这些知识的掌握，对利用好FBA帮助卖家经营，更加准确地计算成本提升利润都非常重要。那我们一起来学习吧。

## 一、亚马逊平台物流及FBA设置

### 1. 什么是FBA物流

美国亚马逊公司目前拥有四大核心业务，包括网络购物平台、Kindle和Fire系列相关数字内容、亚马逊物流FBA以及云计算服务AWS。FBA全称为Fulfillment by Amazon(亚马逊物流)，即亚马逊提供的海外仓储及代发货业务，其实质是海外仓模式的延伸，国内供应商仅需将商品运输到Amazon在中国的FBA库房即可，后续的运输、通关等流程由Amazon负责，省去了繁琐的物流流程，减少了供应商的物流时间和费用。即卖家先将产品发往亚马逊FBA仓，再由亚马逊提供仓储、拣货打包、配送、收款、客服、退货处理等一条龙物流服务(见图10-24)，对此亚马逊会收取一定的费用。

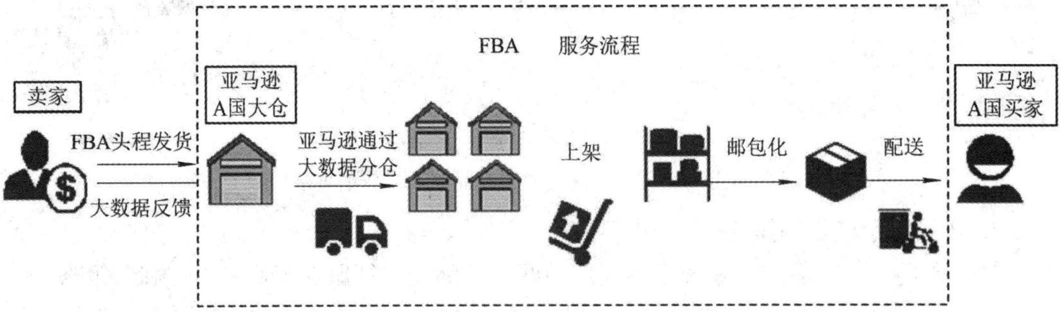


图10-24　FBA的服务流程

1) FBA对买家的优势

(1) 缩短收货时间。亚马逊有多年丰富的物流经验，仓库遍布全世界，有强大的、智能快捷的物流体系，能够缩短客户的收货时间、提升购物体验，客户更愿意选择使用FBA发货的产品。

(2) 有全天候的亚马逊专业客服，客户购物体验更佳。

(3) 产品更有保障。有些买家可能不愿在第三方卖家店铺购买商品，但会比较相信 FBA 商品。而能进入 FBA 仓的产品，经过卖家挑选，也有亚马逊把关，质量更有保障。

(4) 参加平台促销。FBA 产品会不定期做包邮促销活动，买家可以享受更优惠的价格。

(5) 优质的售后服务。买家如果对购买的产品不满意，可以把产品直接退到亚马逊 FBA 仓。

2) FBA 对卖家的利弊

目前亚马逊平台上有 80%的货物会选择 FBA 物流。当然，选择 FBA 物流对卖家来说有利有弊。

(1) 对卖家的优势。FBA 物流对卖家的好处主要有：

① 亚马逊的信誉。亚马逊的标志和产品旁边的“Fulfillment by Amazon”框对获得消费者的信任大有帮助。

② 亚马逊 Prime。当使用 FBA 时，将自动获得亚马逊 Prime 和 Prime Shipping 的资格。在产品 Listing 旁边有一个 Prime 标志，这对那些想要快速订购的顾客更有吸引力。

③ 多通道选项。FBA 不仅仅适用于亚马逊的订单，还可以满足来自其他销售渠道的订单，包括 Shopify、BigCommerce、Magento、WooCommerce 和 3dcart 上的多通道配送(MCF)程序。这意味着在这些平台上的订单也可以由亚马逊完成，卖家只需手动向他们发送客户订单，或者使用与 FBA 集成的解决方案自动将这些订单发送到亚马逊。

④ 赢得购买框(Buy Box)。亚马逊的算法会优先把 Buy Box 给 FBA 卖家，赢得 Buy Box 将成倍地增加产品的可见性。

⑤ 客户服务。亚马逊为其 FBA 卖家提供客户服务，该平台以其全天候的客户服务而闻名，这为卖家节省了自己处理客服问题的时间和麻烦。

⑥ 低运输成本。使用 FBA 完成订单的主要优势可能是其较低的包装和运输成本。亚马逊的费率通常远低于其他订单配送的提供商，具体费率取决于产品本身。

⑦ 快速运输。亚马逊在世界各地拥有数百个仓库。当客户下订单时，亚马逊会自动确定哪个配送中心离客户最近。使用他们的系统意味着客户将很快收到他们的货物。

⑧ 便捷的退货。亚马逊不仅为客户服务，还会代为处理退货和退款，这让卖家省去了很多麻烦。

⑨ 庞大的仓储空间。使用 FBA 意味着随着业务的增长，卖家不必担心寻找额外的存储空间，业务扩展要容易得多。因为当产品需求增加时，卖家将拥有更多的仓储空间。

(2) 对卖家的弊端有：

① 每月都需缴纳仓储费。FBA 虽然可减少卖家的时间和配送成本，但 FBA 的仓储费用也不便宜。

② FBA 头程费用高。FBA 仓库不会为卖家的头程发货提供清关服务，当然参与了亚马逊龙舟计划的商品除外。

③ 卖家失去发货、退货的操控权。下了 FBA 订单的买家如果对收到的产品不满意产生退货情况，只支持退回当地 FBA 仓，卖家无法跟进售后情况。

④ 客户退货率高，产品坏损率高。FBA 仓在收到 FBA 订单退货后不会做产品损耗程度的鉴定，而是直接做退货退款处理。被退回的产品是原路退回给卖家还是销毁，由卖家决定，但造成的损耗大部分也由卖家自己承担。

### 2. 适合使用 FBA 的产品及 FBA 限制产品

(1) 适合使用 FBA 的产品。适合使用 FBA 物流的产品主要具备以下两点特征。一是产品质量、性能过硬的产品。这样的产品一般不会出现退换货情况，可以很大程度上减少卖家损耗。二是体积小、利润高的产品。产品体积小，易于运输，可以节约成本。但需要注意的是，产品售价不宜设得过低。建议发 FBA 的产品的售价定在 6 美元以上。因为由 FBA 发货会产生相关的手续费和各种交易费用，如果产品售价过低，利润也会降低。

(2) FBA 限制的产品。易燃易爆的危险品，不符合包装要求的、存在残损或缺陷的商品是不能使用 FBA 发货的。如果不遵守亚马逊物流商品封装要求、安全要求及商品限制条件，也可能会导致库存遭到拒绝、处理和退货，日后的配送遭到阻止，或者对额外的封装工作及违规行为收取额外的费用。

另外 FBA 不接受下列商品的物流服务：在亚马逊平台上明令禁售的产品(如酒精、枪支火药、易腐烂产品、有毒有害物品、药品等)；礼品卡、礼券、其他储值工具产品；特大或者特重的产品；损坏和有缺陷的产品；非法复制或生产的产品；任何没有遵循亚马逊平台和卖家之间合约条款的产品。

### 3. FBA 费用构成

卖家使用 FBA 物流需要对其服务进行付费，该费用包含亚马逊物流配送费用、月仓储费用、库存配置服务费三个部分。

(1) 亚马逊物流配送费用。这指使用 FBA 发货时亚马逊收取的费用，一般按件收取。每件收多少费用与产品的重量、尺寸相关，且物流配送费用在不同时期会有相应调整。欧洲站的物流配送费用，已有店铺的卖家可以在欧洲站店铺后台搜索查看，未开店的卖家可以登录全球开店网站(https:/gs. amazon. cn)了解。

(2) 月仓储费用。亚马逊的产品根据尺寸可以分为标准尺寸和超标准尺寸，根据性质又可以分为媒介产品和非媒介产品。而卖家销售的商品绝大部分属于标准尺寸的非媒介产品。当卖家使用 FBA 发货时会使用 FBA 仓服务，就需要交 FBA 仓租，每月按体积(立方英尺)及一定比例收费。

(3) 库存配置服务费。库存配置服务费即合仓费用：当卖家将发货方式转换为 FBA 发货时，亚马逊会将卖家的商品随机分仓到 1～3 个仓库。亚马逊默认是分仓的，如果卖家觉得分仓会增加自己的头程费用，在转换为 FBA 配送方式之前可以先设置合仓。如果没有设置合仓就不用支出这笔库存配置服务费，合仓费用按件收费，具体费用取决于选择的目的地数量。

### 4. FBA 的分仓、合仓

FBA 产品被集中放在同一个 FBA 仓中，这种情况叫作 FBA 合仓。亚马逊将卖家创建的一票货或同一个 SKU 的产品分到 1～3 个 FBA 仓里，这种情况叫作 FBA 分仓。

FBA 默认分仓的原因主要是：亚马逊根据每个 FBA 仓的设施条件、气温、湿度和其他因素，以及卖家的产品类型分仓，以合理利用仓储，防止仓库出现爆满或空置的两极分化情况。另外，亚马逊极为注重买家消费体验，会将 FBA 产品安排在热销区或者需求量较大的区域内的 FBA 仓中。

卖家倾向于合仓主要是为了减少 FBA 头程费用，有利于其集中管理产品库存和及时补货，同时可以避免出现因单品分散而产生产品积压、滞销的情况。

卖家可以在后台进行合仓设置，设置路径为：“Account Setting”→“Fulfillment by Amazon”→“Inbound Setting”→“Inventory Placement Option”→“Inventory Placement Service”。

### 5. FBA 发货步骤及注意事项

(1) 亚马逊 FBA 发货前的操作步骤：

第一步：进入“管理亚马逊库存”。登录卖家后台，在“库存(Inventory)”标签中点击“管理亚马逊库存(Manage FBA Inventory)”进入库存管理界面(见图 10-25)。

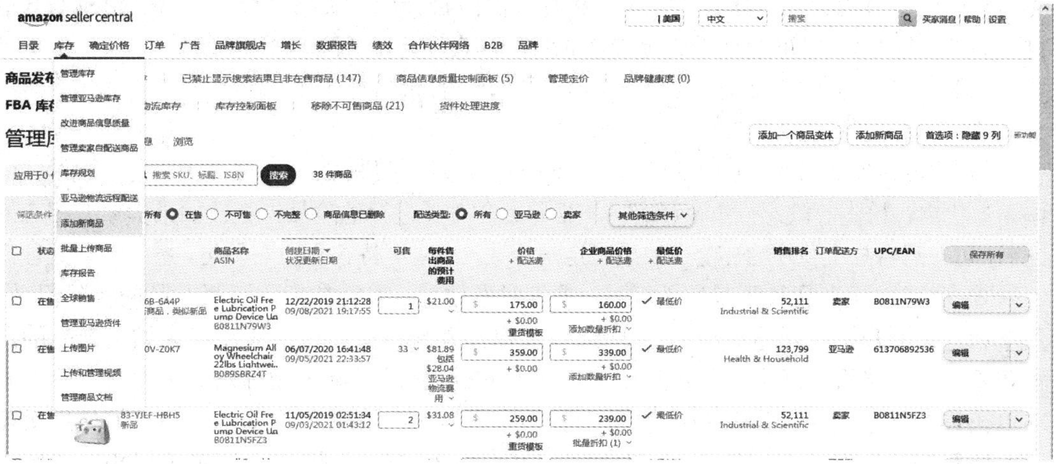


图 10-25　进入库存管理界面

第二步：“转换为‘FBA’配送”。在亚马逊开店的卖家在库存管理页面，可以通过搜索 SKU、标题、ISBN 来找到要转换为 FBA 发货的产品。在这个页面可以看到商品发货属性，以“商品状态(所有、有售、不可售)”、配送类型(所有、亚马逊、卖家)为主要筛选条件，当然，也有其他筛选条件。在进行转换为 FBA 时，“配送类型”要选“所有”。

如果在亚马逊开店的卖家只对单个 Listing 进行 FBA 转换，可以直接在该 Listing 最左边的方框中打“√”，同时在该 Listing 最右侧的“编辑(Edit)”项中点击“转换为‘亚马逊配送’(Change to Fulfilled by Amazon)”(见图 10-26)。

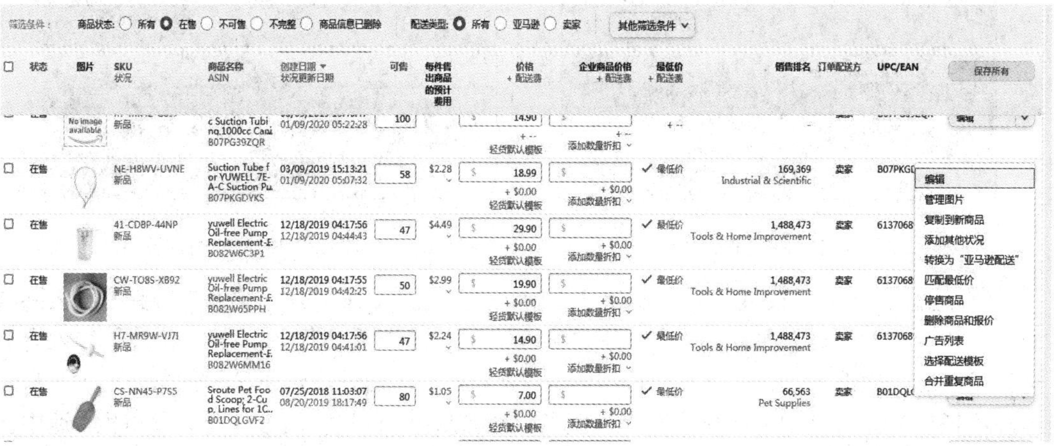


图 10-26　转换为亚马逊配送

第三步：装箱，并为货件(装箱后的商品)贴标签，包装并发货。

(2) 选择适合的亚马逊物流计划。亚马逊的物流计划设置分为标准计划和轻小计划。亚马逊 FBA 标准计划适用于商品尺寸不超过 144 英寸 × 96 英寸 × 96 英寸(365.76 厘米 × 243.84 厘米 × 243.84 厘米)或重量不超过 150 磅(68.04 千克)的商品。亚马逊 FBA 轻小商品计划适用于快速移动的、价格通常低于 15 美元的轻小商品的配送解决方案。该计划为所有亚马逊买家(无论买家是不是 Prime 会员)提供免费标准配送服务(4 至 8 个工作日)，将符合条件的商品配送至美国的任何地方。轻小商品计划旨在降低快速移动的轻小商品的配送费，使卖家可以将节约的成本让利给买家。该计划面向符合如下资格标准的合格 ASIN(亚马逊自己的商品编号)，即重量小于或等于 1 磅(约 0.45 千克)，尺寸小于或等于 16 英寸 × 9 英寸 × 4 英寸(40.64 厘米 × 22.86 厘米 × 10.16 厘米)，且价格低于 15 美元。

(3) FBA 发货的注意事项。

① Listing 转换成为 FBA 发货的 Listing 时要注意：某些 Listing 可能因为包含电池，液体、膏状物、粉尘等敏感性产品(部件)，亚马逊会对其进行危险品审查。如果卖家有相应的证书，可在后台提交供平台审查，如果确定是普通产品，等待 3 天左右即可，系统自动处理。

② 填写实际产品和外包装的尺寸、重量时要注意：需要准确地填写产品的实际尺寸、重量和包装的尺寸、重量。FBA 采用红外线扫描入仓，计重也极其精确。如果产品的尺寸和重量填写错误，可能导致被分配到错误的 FBA 仓或影响入仓时效。FBA 发货标准要求单箱重量不超过 50 磅(约 22.7 千克)。如果出入过大，FBA 仓会重新核算。但如果卖家过大填写产品的重量和包装尺寸，FBA 仓未必会做出更改，以至于卖家多承担相关费用。

③ 粘贴标准产品标签和外箱标签时要注意：按照亚马逊的物流要求，卖家要做好产品标签(见图 10-27)和外箱标签(见图 10-28)，注意标签与实际物品相符。产品标签要贴在产品包装上，外箱标签需要贴在外包装箱上。产品标签有两种选择：Manufacturer Barcode(制造商标签)和 Amazon Barcode(亚马逊标签)。建议卖家选择 Amazon Barcode 作为产品标签。

图 10-27　FBA 产品标签

图 10-28　FBA 外箱标签

④ 注意实际发货数量和后台发货计划中数量的统一。在 FBA 发货中，要注意实际发货数量和后台发货计划中填写的数量是否一致，否则会导致入仓慢，甚至会被拒绝入仓。且如果产品发生遗失，亚马逊只会按照创建 FBA 发货计划时后台所填写的数量补偿。只有当产品抵达 FBA 仓后 FBA 仓才会提供服务，产品从出厂到进入 FBA 仓这段路程，途中出现的任何问题都由卖家负责。

## 二、亚马逊平台支付设置

### 1. 亚马逊收款方式介绍

目前市面比较主流的四种亚马逊收款方式是：WorldFirst、Payoneer、PingPong 卡、香港银行账户和美国银行账户，如图 10-29 所示。

图 10-29 亚马逊收款方式

据悉，欧洲站最新政策要求收款账户必须是公司名下的账户，个人名下的收款账户将不再被接受。

### 2. 亚马逊支付与结算方式对比

Payoneer、WorldFirst、PingPong、美国银行账户、香港银行账户的收款方式，在提现人民币、注册费、入账费、提现费用、年费和提现速度等方面的对比如表 10-2 所示。

表 10-2 亚马逊收款方式对比

| 名称 | Payoneer | WorldFirst | PingPong | 美国银行账户 | 香港银行账户 |
|---|---|---|---|---|---|
| 提现人民币 | √ | √ | √ | × | × |
| 注册费 | 免费 | 免费 | 免费 | 1～3 万注册美国公司的费用 | 500～5000 不等注册香港公司的费用 |
| 入账费 | 无(累计入账 20 万以下的，只有美元入账收 1%) | 无 | 无 | 无 | 3%～5%兑换成港币的费用(亚马逊资金需要强制换成港币) |
| 提现费用 | 最高 2%，根据累计入账量可调低至 1% | 1%～2.5% | 最高 1%，提现越多越便宜 | 45 美元/每笔 | 与具体银行有关 |
| 年费 | 无，有实体卡才有年费 | 无 | 无 | 有 | 有 |
| 直接收取 | 是 | 是 | 是 | 否 | 否 |
| 支持币种 | 美元、欧元、英镑、日元 | 美元、欧元、英镑、日元 | 仅支持美元 | 仅支持美元 | 均需要先兑换成港币 |
| 提现速度 | 1～3 个工作日 | 1～3 个工作日 | 1 个工作日，最快可当天到账 | 7 个工作日内 | 7 个工作日内 |
| 备注 | 总费用最低 1% | 最低费用仅 2.5% | 最高费率 1%，无任何汇损 | 需要注册美国公司 | 强制换成港币，有美金账户也需要先换成港币 |

(1) 卡的性质。Payoneer 可以开通无卡账户，也可以申请实体卡用于购买海外消费；而 WorldFirst 和 PingPong 金融均只能开通无卡账户；美国银行账户和香港银行账户只能开通实体卡。这里所述的无卡账户，均是指虚拟账号。

(2) 注册地址。Payoneer、WorldFirst、Pingpong 的注册地址分别为：

① Payoneer 官网申请注册地址为：https://www.payoneer.com/zh/。

② WorldFirst 官网申请注册地址为：https://www.worldfirst.com/cn/online-sellers/。

③ PingPong 的官网申请注册地址为：https://www.pingpongx.com/zh/index.html。

(3) Amazon 亚马逊支付与结算流程。买家支付订单的钱会先存入 Amazon，他们每隔一段时间打款给卖家。亚马逊的打款周期是 14 天，有两个付款周期。如 7 月 27 日～8 月 10 日是上次付款周期，在 8 月 11 日 Amazon 会将买家付的钱，扣除掉各种费用后，转到卖家绑定的 Payoneer 账号。如 8 月 10 日～8 月 27 日是当前付款周期，假设今天是 8 月 13 日，Amazon 还没有打款，那么暂存在 Amazon 的钱叫账号余额。

(4) WorldFirst、PingPong 金融。

① WorldFirst，简称为 WF 卡。WF 卡无需缴纳年费，没有有效期限制，没有提款额度限制。以个人名义申请的 WF 卡只可以提款到申请人的银行账户；以公司名义申请的 WF 卡只能提款到公司银行账户内，不能提款到任何私人银行账户。

② PingPong 金融。PingPong 卡可以提出美金，也可以提出人民币。如果是提美金到香港公司或大陆公司的对公账户，大陆公司必须要有进出口资质证明，并且 10000 美金起提；如果是提人民币到大陆公司的对公账户或者企业法人的个人账户，500 美金起提。而且接收金额的账户必须是借记卡，不能是信用卡。

### 3. 亚马逊美国站不同收款方式的操作流程

Payoneer 和 WorldFirst 是亚马逊卖家选择最多的收款方式，其中 Payoneer 是亚马逊官方推荐的收款方式之一，可以用 Payoneer 的欧美银行账号从 Amazon 的大多数站点进行收款。

# 任务六　亚马逊全球开店创业——账号风险

## 任务引入

李云在亚马逊开店创业逐渐有了起色，对平台规则和运营技巧也越来越熟悉。但是，在跟其他亚马逊卖家交流时他才知道，由于近年来大量良莠不齐的卖家涌入亚马逊，导致亚马逊被封号的卖家非常多，所以很多卖家稍微出点问题，账户就会被停用，需要待卖家提供更进一步的资料和计划来判定是否能够继续在亚马逊经营。

在亚马逊做卖家，最担心的事情莫过于账户被封了。李云决定组织团队成员一起学习亚马逊账号安全的相关规定，在经营中严格遵守规定，谨防辛苦经营的账号和产品付诸东流。

## 一、如何避免关店

在众多跨境电商平台中，亚马逊颇受中国卖家青睐。为了保证卖家的利益，同时打造极致的客户购物体验，亚马逊设定了详细的经营规则。规则不可破，底线不能碰，否则将面临封店的危险。那么，哪些行为会导致店铺被关呢？

1. 侵权

众所周知，欧美国家对知识产权的保护相当严格，所以，做国外市场时，在保护自己的知识产权之外，还必须做到不侵犯他人的知识产权。在亚马逊平台也一样，如果卖家被投诉侵权，轻则下架产品，重则直接封账户、关店铺。

在运营过程中，比较容易触线的就是跟卖。对于大多数新手来说，跟卖是一个很好的开局模式，跟着卖热销产品，截流大卖家流量，从而快速接单，打开局面。但是新手如果过多模仿，触线的概率很大。那该怎么躲避高压线呢？

如果要做品牌产品，要先获得授权。新手在决定跟卖之前，一定要对跟卖产品的商标等信息进行检索查询，确保安全后再行跟卖。不要试图使用处理过的其他卖家的图片，也不要自作聪明地使用别家品牌名的变形词或者衍生词，也不要发布模仿知名品牌代表性图案的图片等。如果出现侵权，亚马逊会发警告，一个月收到 2 次警告，店铺就会被关闭。

2. 卖假货

无论是什么平台，都是禁止销售假货的，而亚马逊平台的要求更为严格。亚马逊中国副总裁罗可仪曾表示：亚马逊卖家第三方销售假货的，一旦发现会立刻调查，一旦证实销售假货，会立即关闭该店铺。对于假货，亚马逊持零容忍的态度，这一点其实与亚马逊重客户、轻卖家的核心理念是一致的。

3. 账户关联

为了防止卖家重复铺货，影响竞争，同时也为了提供最优质的商品给买家，亚马逊规定一个公司只能有一个账户，禁止同一个公司申请多个账户。而“关联”就是指亚马逊通过技术手段，获取卖家相关信息，通过匹配关联因素，判定多个店铺账号属于同一卖家。

亚马逊会通过电话、邮箱、收款账号、地址、产品信息、网络 IP 等因素来判断账号是否关联。某个单一的因素相同，引发关联的可能性相对来说会小一些。但是，若多个因素雷同，被亚马逊检测到关联的可能性就很大，封店的风险也就越高。特别是当其中一个账户出现问题(如侵权)，就会影响其他与之相关联的账号。所以，要尽量避开或减少关联因素来降低账户风险。

此外还需要注意的一种情况是，A 账号被关，注册新的 B 账号去跟卖 A 账号的产品。在这种情况下，注意不要一开始就跟卖 A 账号的所有产品。要先在新的 B 账号里面上传一些与 A 账号无关的类目产品，再间隔跟卖 A 账号产品。

## 二、如何防止账号关联

要提高防关联的意识，不要抱有侥幸心理。账号防关联的技巧主要有：

1. 电脑端

坚决不要在同一台电脑上操作多个账号。一个亚马逊账号(包括账号绑定的邮箱)最好只在一台固定的“干净”的电脑上登录。此外，还要保证电脑网卡、系统、浏览器是全新的。需要指出的是，这里说的“干净”以及“全新”是针对亚马逊平台而言的，也就是说这些信息从未在亚马逊平台上注册、登录以及使用过。

### 2. 网络端

亚马逊对于账号关联的监测有着很复杂的算法，网络 IP 地址相同是关联因素的一种。所以不要在同一个外网 IP 操作多个账号，要保证 IP 路由、网卡是全新的。

### 3. 账户信息

多账号的账户信息要保持差异，不要使用身份相同的账户(包括信用卡、收款账号、电话号码、邮箱等)。不仅不要一样，也不要相似。

### 4. 产品信息

同一个产品在不同账号上的产品页面雷同度不能太高，建议修改图片的尺寸、产品描述。不同店铺的产品也不要相同，也可以通过修改产品信息来避免产生关联。

### 5. 操作习惯

多个账号操作时不要长时期同一时间处理发货，也不要在绑定 A 账号的手机端上登录 B 账号的邮箱。

### 6. 账号密码

密码也是关联的因素之一，亚马逊是不允许多账号操作的。所以，不同组别的账号、密码不要设置成一样的。

## 三、哪些情况导致账号风险

亚马逊是一个相对公平、公正的平台，卖家们各凭所长赢得客户。不过，不排除个别卖家出现一些“小动作”。无论是有意还是无心，这些“小动作”一旦累积起来，就会给账户带来风险，如被警告、被限制、被暂停、被封账号。导致账号风险的情况主要有以下几个方面。

### 1. 产品质量陷阱

卖家的产品存在功能缺陷、产品过期或者是产品不正宗等质量问题，存在疑似欺诈买家的行为，这些问题和行为容易引起差评或索赔纠纷，会影响到订单缺陷率指标。一旦严重超标的话，账号容易被审核、受限制或被暂停。所以，卖家需要严格控制自家产品的质量。

### 2. 服务态度差

卖家对买家发来的站内短信、邮件咨询不处理；或者在日常运营中，遇到比较挑剔的买家时直接拒绝对方的要求并发生纠纷。这些行为容易导致买家留下差评或产生 A to Z 索赔，影响账号的订单缺陷率指标，导致账户被审核、受限制或被暂停。所以，卖家要尽可能减少与买家的分歧与冲突。

### 3. 存在延迟发货或单号录入有误的行为

(1) 延迟发货。亚马逊规定，卖家需要在 2 个工作日之内给买家发货，最晚不超过 3 个工作日。超时未发货，就会被计入延迟发货订单。亚马逊指标迟发率需要小于 4%。如果超标的话，可能会收到亚马逊的警告邮件。情节严重者，很有可能会导致账号受限制。

(2) 单号录入有误。买家无法用卖家录入的订单追踪编码跟踪物流信息，或者有未收到货却显示包裹已被签收的情况。这可能是因为卖家粗心大意，录错了包裹的追踪编码。虽然亚马逊并没有用指标对这种行为进行约束，但是也会令卖家账号存在风险。

#### 4. 存在物流运输瓶颈

针对卖家自配送的商品，亚马逊要求有效追踪率达95%以上。根据亚马逊平台的规定，一般要求物品在下单后的17～28个工作日到达买家手中。如果超时，容易导致买家投诉或索赔。一旦投诉或索赔成立，则容易导致账号被审核或受限制。所以，建议卖家使用时效较快的商业快递、FBA或其他海外仓配送模式，保证买家准时收货。

#### 5. 卖家账号表现异常

(1) 新账号在前三个月表现异常。卖家刚开店的前三个月是关键期。一般来说，因为卖家要花时间上架产品，所以流量及转化率是比较低的，销量会呈平缓的增长趋势。但如果销量突飞猛涨，超水平发挥，那么很容易被亚马逊质疑有刷单行为，容易导致被警告或被审核。所以在建店初期，卖家切不可急功近利，需要循序渐进，将重心放在优化产品详情页面上，而不是采取“灌水”措施。

(2) 平常运营账号表现不稳定。店铺销量忽高忽低，存在私自关闭交易、延迟回复等一系列问题。账号表现不稳定，很容易让店铺陷入被审核状态，严重的话，账户会受限制或被暂停。

(3) 频繁更改后台的重要信息。如卖家更换用来扣月租的双币信用卡或者是收款账号(P卡或WF卡)，亚马逊会有审核通知，但如果频繁修改，会导致账号出现较大的波动，会有不良影响，尤其是在欧洲站。这点是需要卖家注意的。

#### 6. 使用非正规渠道获得UPC码

如果通过非正规渠道购买UPC码，或者用自动生成器拼凑，都会导致冒用他人UPC码的风险系数增高。一旦被使用正规UPC码的卖家投诉，下架产品是必然的，甚至可能被封账号。所以，卖家需要通过正规渠道去购买有效的UPC码。2016年7月，亚马逊出台了新政策来规范产品标识符，其中UPC码若不符合规定将被视为无效，被查出来的产品将被亚马逊下架，而且有可能暂时或永久性限制卖家创建ASIN并冻结销售权。

#### 7. 用非正常手段刷评

对于好评，卖家是求之不得的。但卖家采取好评返现的手段诱惑买家，或者是雇“水军”的行为是不被亚马逊所接受的，会有被警告或被暂停账户的风险。

#### 8. 卖家存在重复铺货行为

卖家将一个产品当成多个产品重复上传。被亚马逊发现后会被警告。所以建议卖家在上传产品之前，要用标题或UPC码、ASIN码查询，确保没有重复上传。另外，卖家也要注意产品分类问题，分类错误会影响店铺的日常运营，也会有封账号的风险。

#### 9. 违反亚马逊的产品标题规则

违反亚马逊的产品标题规则的情形有以下几种：

(1) 直接抄袭其他卖家的产品详情页面，包括标题、图片、详情描述等，尤其是使用品牌卖家图片的行为容易被人投诉侵权。

(2) 在产品标题中加入秒杀、大促、降价等诱导性广告词语，或在产品标题中出现公司、促销、物流、运费或其他任何与商品本身无关的信息。

(3) 产品信息不准确，产品图文介绍与实物严重不符。

以上情况都容易导致账号被审核、受限制或者被暂停。建议卖家遵守亚马逊的产品标题规范，根据产品实物如实填写产品描述信息，保证产品实物与图片一致。

#### 10. 产品缺乏相关认证

一些产品需要有验证机构出具的相关认证才能上架销售，如产品授权认证、安全认证等(如在欧洲站，机械、人身保护设备、玩具、体外诊断医疗器械等需要取得 CE 认证)。关于产品认证，买家购买前可能会咨询，亚马逊审查时也会要求卖家提供，如果卖家无法提供认证，很容易给账户带来风险，包括下架产品、被警告甚至是封账号。所以建议卖家在选品时或上架前就解决好认证问题。

#### 11. 违反亚马逊政策

(1) 违反亚马逊关于禁售商品的政策。亚马逊卖家后台禁止出售某些商品，如果卖家销售弹药、枪械或相关配件，非法动物制品，未注册的婴儿配方奶粉，不符合使用能效标准的照明商品，被召回或受到安全警告的药品等，会严重违反亚马逊政策，被封账号处理。

(2) 销售仿货或假货。亚马逊自营的产品一般比较有质量保证，但不排除存在一些以专门销售仿货或假货赚快钱的卖家。常见假冒产品的类目有电影、DVD、电子数码产品、美妆及个护等。如果被亚马逊查到，卖家账号也会被封掉。

(3) 账户关联。同一套身份信息在同站点注册多个账户，产生关联，容易导致被警告或暂停账户。建议卖家不要用同一套身份信息在同站点注册多个账户，也要保证电脑、IP 是“干净”的。

(4) 侵权。卖家出售的产品可能并不是名牌产品，但可能是已注册的品牌产品。若卖家在上架产品前没有去查询它的商标注册情况，直接进行售卖或者跟卖，就容易被品牌代理商或买家投诉侵权，被亚马逊暂停账号。所以，卖家一定要先查询产品的商标注册情况。

(5) 引流到其他平台。有些卖家选择在亚马逊上开店，同时也选择在别的平台上开店。为了“肥水不流外人田”，卖家通过发送邮件、站内短信或者在站内的产品标题、图片中添加促销内容，引导买家到站外平台购买，这些行为会受到亚马逊警告或被审核。其实，引流到其他网站的行为在每个平台都是被禁止的。

## 四、卖家账户被封的原因分析

如果卖家收到亚马逊通知，称其账户已经被移除了销售权限，就表示账号被封了。卖家必须马上登录后台，仔细阅读亚马逊发来的通知，设法拯救账户。

账户被封即账户冻结的状态。卖家账号被封的原因一般有以下几种：

#### 1. 账户表现差

亚马逊给卖家设定了四项绩效指标(订单缺陷率＜1%，配送前取消率＜2.5%，迟发率＜4%，有效追踪率＞95%)。如果卖家账户的某些指标表现得不好，可能会受到亚马逊的警告，但是还是会给卖家时间来改善。但如果经过很长一段时间后，卖家的绩效指标还是不理想，或者根本没采取改善措施，那么账户被封的风险就会变大。

### 2. 违反亚马逊关于禁售商品的政策

卖家违规上架亚马逊明令禁止销售的产品会导致账号被封。有些卖家之所以会违反政策，可能由于是新手卖家，不了解亚马逊有关禁售商品的政策。

### 3. 违反亚马逊销售政策

违反亚马逊销售政策，包括关联、侵权、卖仿货或卖假货。如果同站点多账号运营，现有账户关联到一个被亚马逊关闭的账户上，很容易被封店。而侵权、卖仿货或卖假货，是侵犯知识产权的行为。一旦被有授权的卖家或品牌商以及买家投诉，也很容易被封店。

## 本章小结

本章模拟跨境电商创业者在亚马逊平台创业时的真实场景，从创业准备开始，以任务分解的形式帮助创业者了解和掌握相关知识技巧。本章主要讲解了亚马逊平台的优势和特点、亚马逊账号注册、卖家中心后台操作、产品发布的流程和 Listing (产品)优化技巧、站内广告营销的设置和投放技巧、FBA 发货相关操作和注意事项、FBA 物流的优势和设置流程、支付收款的后台设置及操作、如何在亚马逊规范经营保障账户安全等诸多运营细节和技巧。

## 课后练习题

### 一、思考题

1. 为什么要选择亚马逊平台创业，它的优势和特点是什么？

2. 在亚马逊 80%的商品选择 FBA 发货，那么亚马逊 FBA 物流的优势是什么？费用有哪些？

3. 一个健康的亚马逊账户主要看哪些指标？经营中应该注意什么？

4. 经营中哪些行为会使亚马逊账号出现风险甚至被封号？

### 二、实操题

1. 注册一个亚马逊卖家账号。

2. 选择五个不同类别的五种商品，分别计算他们的成本和利润率，并尝试将他们发布在亚马逊平台上(注意标题、图片和关键字)。

### 三、分析题

1. 选择一种商品，收集亚马逊平台上销量前十位的卖家的 Listing，并对他们的标题、主图、价格、详情页介绍、销量、评价等进行分析。

2. 运用 SEO 优化原理，为两件产品设置 CPC 付费广告，注意关键词的出价，定时分析广告效果，并及时对广告和商品进行调整，记录广告成本和效果，并形成书面分析报告。

## 本章参考文献

[1] 陈祎民. 跨境电商运营实战：思路. 方法. 策略 [M]. 北京：中国铁道出版社，2016.
[2] 于霏. 跨境电商亚马逊运营实战宝典[M]. 北京：电子工业出版社，2018.
[3] 杨舸雳. 亚马逊跨境电商运营实操手册[M]. 北京：电子工业出版社，2019.
[4] 老魏. 亚马逊跨境电商运营宝典[M]. 北京：电子工业出版社，2018.